基础会计学

JICHU KUAIJIXUE

（第二版）

主编 李红梅 张 波 李香花 李世辉

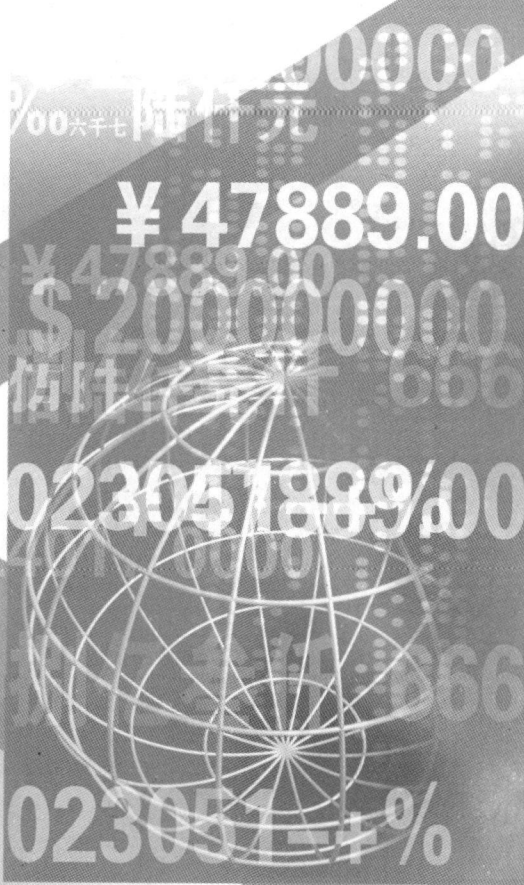

¥47889.00

中南大学出版社
www.csupress.com.cn ·长沙·

前　言

　　《基础会计学》是经济管理类专业的专业基础课程，更是会计学专业的入门课程，主要探讨会计的基本理论、基本技能和基本方法，为进一步学习其他经济管理类课程奠定基础。为此，本书共分为九章，第一章阐述会计的基本理论，包括会计的含义、职能、目标、对象、会计核算的基本前提、会计等式、会计方法以及会计规范体系等内容。第二章阐述了复式记账的基本原理及借贷记账法。第三章是借贷记账法在企业的具体应用，选取了一个工业企业为案例，对工业企业日常经营中常见的业务如何运用借贷记账法进行会计核算进行了分析说明。第四章是对账户按经济内容和用途结构进行的分类阐述，进一步加强对账户的理解和认识。第五章、第六章和第八章分别是填制和审核会计凭证、会计账簿和财产清查，这三章对上述会计核算方法进行了详细阐述与应用举例。第七章是账务处理程序，阐述了企业从业务发生开始到报表为止的整个财务流程安排，需要特别说明的是在这一章添加了在会计电算化环境下的企业账务处理流程。第九章是编制会计报表，以案例阐述说明四大财务报表的编制方法。

　　该教材以最新企业会计准则为依据，充分考虑了会计学专业以及其他经济管理类专业学生的特点，以案例为基础，注重内容与方法的实用性以及体系的科学性，力求做到深入浅出、循序渐进。为了方便教学和自学，在每章前配了本章学习要求，章后附有复习思考题和练习题。所有的复习思考题都添加了二维码，扫码可以查看复习思考题参考答案。练习题部分除第三章之外亦都附有二维码，扫码可见参考答案。第三章的练习题是本教材的重点和难点部分，为了确保学生掌握这一部分的内容，建议把这部分练习作为课堂或者课后作业，要求学生独立完成，因此不附二维码，有需要的老师可以发邮件到 179804709@ qq. com 进行索取。本书不仅适合于会计专业、其他经管类专业在校学生课内学习使用，也适合于非在校学生自学使用。

本书由中南大学商学院李世辉、李香花编写第一章和第二章，由李红梅编写第三、四、五、六章，由张波、李世辉编写第七章，由张波、李红梅编写第八、九章。俞青青、米虹俐、李倩怡三位同学收集整理了部分资料。李绍璇、谭梦思、胡晶晶等同学对本书进行了文字方面的修订。最后由李红梅对全书进行了修改、定稿。

本书在编写过程中得到了学院相关老师的支持与帮助，在此一并致谢！

由于时间仓促，加之我们水平有限，书中内容安排和语言表述可能还存在缺点或者错误，恳请读者及同行批评指正。

目标催人奋进

目 录

第一章

总 论

本章学习要求

本章是会计学的导言，概述了会计学产生的根源和会计学的基本原理方法，是以后各章节学习的基础。通过本章学习，了解国内外会计发展历程，掌握会计的含义、本质和特点，掌握会计的基本职能、会计的核算对象及核算方法，熟练掌握会计六要素的内容、分类，能运用相关理论进行会计要素的判断，了解会计基本准则、制度和相关法规。

第一节　会计的产生与发展

会计学作为一门社会科学，是社会发展到一定历史阶段的产物。同时，会计学科的产生与发展同客观环境密切相关，经济、政治、法律、社会、文化、教育等因素都在一定程度上影响着会计学科的发展。在对会计这门学科进行系统的学习之前，我们有必要对会计的产生与发展进行一个简单的认识。本节将从会计产生动因角度切入，以时间为轴线，将会计发展划分为三个阶段：古代会计阶段、近代会计阶段和现代会计阶段，以期让读者更清晰地了解会计的产生与发展过程。

一、会计产生的动因

古典经济学家李嘉图（David Ricardo）认为，经济效益的实质是用尽量少的价值创造尽量多的使用价值。换句话说，是在尽量少的劳动时间里，创造出尽量丰富的物质财富。人类进行生产劳动，必然关心自己的劳动成果，关心获得这些劳动成果所耗用的劳动时间、所耗费资源的种类及数量，进而通过对生产过程中劳动耗费和劳动时间进行记录、计算、分析和比较来确定经济效益的状况。因此，为了使所得多于耗费，人们在改进技术的同时，开始记录账目，并对劳动成果及劳动耗费进行记录、计算、分析和对比。人们通过这种会计活动，控制和掌握生产活动的过程和结果，引导自己的生产经营活动按照预期的目标进行。

马克思在《资本论》中论述流通的作用时说："过程越是按社会的规模进行，越是失去纯粹个人的性质，作为对过程控制和观念总结的簿记就越是必要，因此，簿记对资本主义生产，比对手工业和农民的分散生产更为必要，对公有生产比对资本主义生产更为必要。但是簿记的费用随着生产的集聚而减少，簿记越是转化为社会的簿记，这种费用就越少。"马克思这里所讲的"簿记"就是指会计。马克思不仅强调了会计在公有制条件下的重要性，也第一次从理论上提出了社会化大生产需要建立社会会计的思想。

因此，会计产生和发展的动因是生产力的发展，经济越发达会计越重要，因为发达的经济社会中效益显得尤为重要，各项经济活动需要会计来及时计量反映其经济效益。

二、会计的发展

（一）古代会计

会计从其产生到复式记账法应用之前这段时间，为古代会计阶段。在原始社会，私有制尚未产生，客观上不需要对经济活动的进程和结果进行核算，因此也就不存在会计。

当人类进入奴隶社会和封建社会时期，生产力进步，私有制经济逐步繁盛，会计活动也逐渐发展。会计在欧洲的发展主要集中于庄园之中，庄园主聘任并委托管家对庄园进行日常管理，庄园主需要了解管家是否对其财产进行了有效和忠实的管理，而管家需要将其对庄园的管理成效向庄园主报告，因此，在欧洲的庄园中逐渐形成了"述职报告"，即管家向庄园主呈交的管理工作成果汇报。这种报告的出现，一方面孕育了现代会计中的定期财务报告，另一方面也为审计的出现提供了契机。

我国对会计活动最早记载的典籍是《周礼》。据《周礼》记载，我国早在西周时期就设立了最早的会计职位"司会"。司会专职负责政府财政收支的核算，掌管国家与地方的财产物资。由此形成了"以参互考日成，以月要考月成，以岁会考岁成"这种比较严密的会计钩稽制度。此时，官厅会计以单式记账法进行会计记录。这种会计记录以流水账为主，采用序时记录的方式记录经济活动，佐以文字解释和说明，类似于现代的日记账。随着社会的发展，人们又在序时账的基础上发明了类似分类账性质的总账，并根据业务特点增加了专门体现借贷往来和不同业务地点的明细记录。同时，官厅会计开始将钱粮的收支分为四个部分——"原管、新收、已支、现在"——来反映财产的增减变化。随着这一方法传入民间，经过不断完善，在宋代形成了"四柱清册"，即"旧管＋新收＝开除＋实在"，大致相当于今天的"期初余额＋本期收入＝本期支出＋期末余额"。

（二）近代会计

近代会计是从运用复式记账法开始的。1494年，意大利数学家卢卡·帕乔利在《算术、几何、比及比例概要》一书中阐述了复式记账法的基本原理。在该书中，围绕商业经济与财产权益问题，提出了资产、负债、资本、损益各要素之间客观存在的平衡关系，并把数学中的平衡法则与平衡原理应用于复式记账法的定期结算，使其沿着对应转账的路径，顺理成章地走向试算平衡，最终把考核的重点落实到业主权益方面，从而集中体现了会计对于产权的反映与控制。

在近代会计阶段，会计开始以货币作为主要计量单位，管理职能作为独立的会计职能逐渐从生产职能中分离出来。与古代会计以官厅会计为主不同,近代会计以企业会计为主,采用复式记账法,逐渐形成了一套完整的财务会计核算方法体系。实践证明,相对于单式记账法,只有复式记账法才能对经济活动进行科学、全面地反映和控制,也只有复式记账法才能使会计与统计相区别,并带动其他会计方法的发展,使会计逐渐成为一门科学。

(三)现代会计

进入 20 世纪后,科技革命使生产力得到了极大的提高,新产品不断涌现,极大地繁荣了市场经济。随着金融市场与现代公司制度的产生和发展,企业组织的所有权与经营权相分离。基于这个特征,会计产生了"同源分流",逐步形成了财务会计与管理会计两个相对独立的领域。现代管理会计的出现,标志着会计已经进入一个更高的层次,同时也标志着近代会计发展为现代会计。①

之所以认为财务会计与管理会计是"同源分流",主要是因为它们都基于会计核算所提供的会计信息,但侧重点不同。主要表现在:财务会计以会计主体为核心,侧重于为企业组织的外部利益相关者提供有助于决策的信息,强调过去已发生的经济业务,注重信息的可验证性和货币性。同时财务会计是一种强制性会计,即任何企业组织都必须按照相关要求定期地提供财务报告。而管理会计强调多维的主体观念,侧重于为企业组织内部经营管理者提供相关信息,强调现在与未来并重,财务(货币)性信息与非财务(货币)性信息并重,注重信息的时效性和延伸性。同时管理会计是一种非强制性会计,企业经营组织可以根据自身需求提供相关信息。

及时复习得高分

第二节 会计的本质、特点、职能和目标

一、会计的本质

会计的本质是会计本身所固有的,决定会计性质、面貌和发展的基本属性。人们从不同的侧面形成对会计本质的不同认识。有观点认为会计是一门商业语言,它是用规范精确的语言描述每个经营主体的财务状况和经营成果及其变动情况;还有观点称会计是一门专业技能,通过系统的学习,培养会计思维,从会计视角核算和反映经营主体的经营活动。会计的本质可以从以下几个方面来解释。

(一)会计是一种计量技术

在我国"会计"一词产生于西周,《孟子》一书中曾出现"孔子尝为委吏矣,曰'会计当而已矣'"。清代学者焦循在《孟子正义》中,将"会"和"计"二字解释为"零星算之为计,总合算之为会"。这说明会计不单单是进行连续的个别核算,也要将其汇总,进行系统性、综合性、

---

① 另一种说法是现代会计出现的标志是 1939 年 GAAP 的颁布。但为了强调财务会计与管理会计的区别与发展,本书采用了上述说法。

全面性的核算，而这一核算过程都依赖于计量技术。同时，会计又利用货币作为价值尺度进行价值核算，进一步表明会计是一种计量技术。

（二）会计是一个经济管理信息系统

从系统论的角度来看，经济管理是一个大系统，由生产管理子系统、销售管理子系统、质量管理子系统、会计管理子系统、人事管理子系统等若干子系统构成。其目标是对人力、物力、资金、信息等各种资源进行合理配置与有效利用，以实现经营目标。会计管理子系统主要是为管理控制的各种功能提供信息，包括进行财务业务分类、编制标准财务报表、制定预算以及对成本数据进行分类汇总与分析等。因此，从会计在经济管理中的地位这一点来看，会计又是一个经济管理信息系统。

（三）会计是一种管理活动

会计是以货币为主要计量单位，通过系统地计量、记录、分析和检查，对企业或行政事业单位的各项经济活动进行连续、系统、全面、综合的核算和监督。但计量、记录、分析和检查仅仅是会计的手段方法，会计的目的是通过这一系列的方法获得企业经营状况与成果数据，进而对经济活动进行分析、考核、检查与合理预测，为企业生产和经营决策提供依据，提高经济效益；为行政事业单位管理决策提供必要资料，提升管理成效及效率。从这一点来看会计的本质是管理，会计是一种管理活动。

（四）会计是一门完整的科学

会计产生于生产经营活动的实践中，同时服务于社会生产实践。这也就是说会计作为一项经济管理活动，其本身就是一项为生产经营活动服务的社会实践。同时，通过实践经验的总结和概括，会计也形成了自身的理论体系，为会计工作提供指导思想。从这两方面理解，会计既包括会计理论，也包括会计实践，是一门完整的科学。

综上所述，会计作为一个经济管理信息系统，是经济管理活动的重要组成部分，是一种运用货币的计量职能，通过一系列专门的方法，对经济信息进行核算与传递，对经济活动进行组织、控制、调节和指导的管理活动。而正如前文所说，现代会计"同源分流"，形成了财务会计和管理会计两大分支。两者在经济活动中各有侧重，共同为经济管理活动保驾护航。

二、会计的特点

会计的特点主要体现在会计核算阶段，包括以下四个特点：

（一）以货币为主要计量单位

货币是具有价值尺度的特殊商品。在商品经济条件下，经济活动也表现为价值的运动，由于经济活动的复杂性与多样性，会计唯有采用货币计量，才能为经济活动提供口径一致的计量信息。与此同时，会计也将实物计量与劳动计量作为辅助计量单位，使经济活动得到全面反映，便于考核和控制。

（二）以凭证为主要依据

会计信息讲究真实、可验证。所以，会计所搜集到的经济信息必须真实可靠，这样通过处理后形成的财务信息才能客观地反映经济活动。为了确保搜集到的经济信息真实可靠，我们就要求经济业务必须有所凭据，也就要求企业对所有的经济活动必须取得或填制合法的凭证。会计核算以搜集到的合法的凭证作为载体，并充分发挥会计监督职能，对凭证的真实性、合理性和有效性进行严格审查，确保经济活动进入会计系统的过程准确无误。

（三）对经济活动进行综合、连续、系统、全面的核算和监督

综合性表现在会计的货币计量，货币计量能够提供总括反映不同经济活动情况的价值指标；连续性是指对各种经济活动能按其发生的时间先后顺序不间断地进行记录；系统性表现为在对各项经济活动进行相互记录的前提下，对纷繁杂乱的信息进行必要的、科学的分类，以保证能获得不同的信息资料，为管理决策提供有效信息；全面性则表现在对各项经济活动的来龙去脉完整地进行计量和记录，确保没有重复与遗漏。会计利用货币计量，将经济活动从横向和纵向上完整地进行核算与监督，构成完整的会计信息网络。

（四）对会计方法的广泛约束性

会计方法的选择对会计信息结果有着重要影响，为了保证各方信息使用者的利益不受侵害，有关方面对会计核算过程中所采用的方法有着明确的限定。这些规定或限定都具有法律效力或权威性。会计可以在法律或法规允许采用的方法中进行科学选择，但不能超越规定。

三、会计的职能

会计的职能是会计本质的体现，是指会计在经济管理过程中所固有的功能。由于会计的本质是由社会化大生产决定的，特别是由商品经济的客观需求决定的，所以会计的职能，尤其是基本职能具有客观性和相对稳定性。马克思在《资本论》中说道："过程越是按社会的规模进行，越是失去纯粹个人的性质，作为对过程控制和观念总结的簿记就越是必要"。此处的"簿记"指的就是会计，此处的"过程"指的是社会再生产过程即经济活动的全过程。这段话体现了会计的核算与监督两项基本职能。随着经济的不断发展、经济关系的日益复杂化以及管理水平的不断提升，会计职能的内涵不断得到充实，会计职能日益得到拓展。

（一）会计的基本职能是核算和监督

会计核算职能也称为反映职能，即马克思所指的"观念总结"，一般是指反映经济活动的情况。会计作为经济管理信息系统，其基本使命或基本功能就是提供财务信息和其他经济信息。经济信息是经济活动的反映，会计核算职能从事后反映发展到预测未来。

会计监督职能又称会计控制职能，即马克思所指的"过程控制"，是指利用会计信息对单位经营活动进行有效的指导、控制和调节，包括事前、事中和事后的监督。会计作为经济管理信息系统本身具有一定的控制功能。为保证会计核算的真实、合法、有效，会计控制包括前馈控制和反馈控制两方面。前馈控制通过会计确认来实现。反馈控制是会计控制职能的主要表现，通过反馈控制，可以帮助会计主体纠正偏差、修订计划或预算，引导人们在经济活

动中权衡利弊、比较得失,从而达到提升效益的目的。

会计核算职能是会计监督职能的基础,会计监督职能又贯穿会计核算的全过程。会计核算是会计监督的依据,会计监督是会计核算的质量保证,二者相辅相成,既相互独立,又紧密联系,缺一不可。

(二)会计职能的分化与组合

现代会计拥有财务会计和管理会计两大分支,随着会计主体经营活动的日益复杂化,会计职能不断得到充实与扩展。为加强经济管理与提升经济效益,会计工作职能除了核算和监督两项基本职能以外,还必须包括管理会计所涉及的多项职能:预测经营前景、提供决策支持、分析经营活动、评价经营绩效。

四、会计的目标

会计作为一个经济管理信息系统,有其一定的目标作为系统运行的基本导向。同时,会计作为一种主观的、有目的的管理活动,其总目标应该与经济管理的总目标一致。从根本上来说,经济管理是为了解决资源有限性和社会需求无限性之间的矛盾。为了解决这种矛盾,经济管理就需要以提高经济效益为总目标。也就是说会计的总目标也是提高经济效益。会计的具体目标是会计职能的具体化,换言之是向会计信息使用者提供相关的会计信息,反映企业管理层受托责任的履行情况,帮助会计信息使用者做出决策。

要解决会计目标是什么的问题,必须理顺三个问题:一是会计信息的使用者是谁,二是会计信息使用者需要什么样的会计信息,三是会计如何提供这些信息。

(一)会计信息的使用者

会计信息使用者可以分为内部信息使用者和外部信息使用者。内部信息使用者是指会计主体中各层次的管理人员以及企业、单位内部职工和工会等。外部信息使用者主要是指政府有关部门、企业的投资人、企业的债权人及社会公众等。不同的会计信息使用者出于自身对企业经营成果的不同需求,对会计信息的需求各有侧重。

(二)会计信息使用者需要什么样的会计信息

会计信息使用者对会计信息的需求各有侧重,在每一类会计信息使用者内部之间对信息需求也有差异。内部信息使用者为了实现经营目标,就必须对经营过程中遇到的重大问题进行正确决策。他们需要将大量数据转换为有用的会计信息,以便为企业管理决策提供依据。

对于外部信息使用者,不同主体的需求亦有差别。政府及有关部门作为经济的管理和监督部门,关注经济资源分配的公平合理,关注市场秩序公正、有序,他们需要真实可靠的会计信息为他们的宏观决策提供依据;企业投资者关心企业获利能力和发展前景;企业债权人关注企业的偿债能力和财务风险,即企业是否能够如期偿还贷款并支付利息;而社会公众关注企业对所在地区做出的经济贡献。

尽管不同信息使用者对会计信息的侧重点有所不同,但他们共同关注的信息包括:

(1)企业特定时点的财务状况信息;

(2)企业特定会计期间的经营成果信息;

（3）现金流入、流出的数量及分布信息以及一个企业在特定会计期间的现金净流量的信息；

（4）所有者权益变动信息。

这些信息通过财务会计中的四张财务报表，即资产负债表、利润表、现金流量表、所有者权益变动表及附注可以获得。而针对不同信息使用者对会计信息的特殊需求，就需要对财务报表进行再次加工、分析获得。

（三）会计如何提供这些信息

财务会计为了科学地对经营成果进行会计核算，采用了确认、计量、记录和报告四个基本程序，运用了设置账户、复式记账、填制凭证、登记账簿、货币计量、成本计算、财产清查和编制会计报表等基本会计核算方法，通过这些程序和方法，将杂乱无章的经营数据转变为有序有效的会计信息。

会计目标的确定是一个动态的、发展的过程，不是一成不变的。现代企业所有权和经营权的分离，使企业投资人与经营管理层构成了一种经济上的委托与受托关系。同时为维持这种关系，企业经营者需要定期向所有者提供财务报表，使所有者了解其对受托责任的履行情况，并以此为依据进行相应的评价和决策。现代资本市场的发展及企业组织形式的复杂化，也使得包括潜在投资者在内的企业投资者和债权人不断增多且分散。他们需要依据财务会计提供的会计信息做出决策。而企业在进行经营活动时，空间上的非独立存在性会对其所在地区及公众产生影响。社会公众在受企业经营活动影响的同时，也对企业产生监督作用。

综上所述，会计的具体目标主要有以下三个层次：

（1）提供与受托责任履行情况有关的信息；

（2）为各类投资者和债权人提供进行投资与信贷决策的信息；

（3）提供企业履行社会责任的有关信息。

及时复习得高分

第三节 会计核算对象

会计核算对象是指会计所要核算与监督的内容。马克思关于会计的"对过程控制和观念总结"论述中明确"过程"即为社会再生产过程。这一过程中包括了生产、分配、交换、消费等环节，社会再生产过程中经济活动内容也纷繁复杂。会计是以货币计量的，因此，会计所要反映和核算的对象只能是用货币表现出来的那部分经济活动的内容。简而言之，会计对象就是社会再生产过程中的资金运动。

一、会计对象的抽象化——资金运动

企业从事生产和服务的行业不同，其经济活动内容有所差异。但无论何种行业，都需要一定数量的资金来保证正常经营，并且这些资金以不同的价值形态存在于企业，它将随着经济活动的进行不断转化。

下面将以生产企业为例，展现资金运动的静态过程与动态过程。

（一）资金运动的静态表现

资金运动的静态表现是指企业在一定时点上的资产总值和权益总值，其结果在资产负债表中体现。

资产是企业资金的占用。对于生产企业而言，其资产的主要分布及形态就是房屋及建筑物、机器及设备、材料物资、库存商品、银行存款、库存现金以及结算过程中涉及的应收及预付账款等债权。

权益是对资产的所有权，是企业资金的来源，包括企业债权人权益和所有者权益两部分。债权人权益的主要形式是向债权人借入的短期借款、长期借款及结算过程中涉及的应付、预收账款等债务。所有者权益的主要形式是股东投入资本及企业生产经营过程中形成的留存收益等。

（二）资金运动的动态表现

资金运动的动态表现是资金的循环和周转。通过资金的循环和周转，企业在一定期间内获得了经营成果。它是资金在生产经营过程各个阶段不断转变形态的结果，表现为收入、费用和利润。其内容反映在利润表中。

生产企业的主要经济活动是制造商品、销售商品。在生产经营过程中，其资金运动从货币形式开始，依次经过采购、生产和销售阶段，依次转变为材料物资、半成品、商品等，通过销售过程又回到货币形式。这样一个资金形式依次变化的过程，称为资金循环。周而复始的资金循环，称为资金的周转。企业对净利润进行分配后，一部分资金就退出了循环。图1-1所表现的就是生产企业资金周而复始的循环、周转过程。

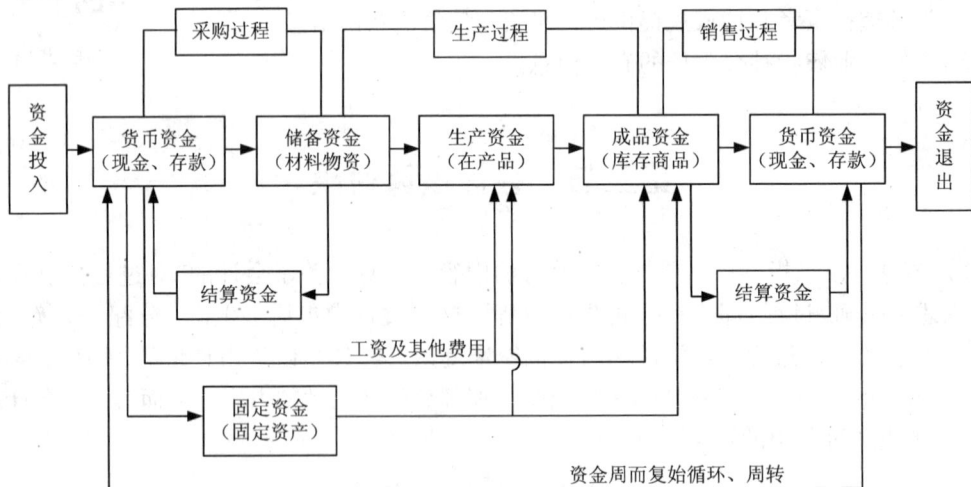

图1-1 生产企业资金循环图

图1-1中，投入资金—购买原料—制成产品—销售产品—再回收资金的整个时间段称之为企业的一个营业周期。不同性质的企业，营业周期长短不一。一般情况下重工业企业营业周期长于轻工业企业，多数行业一年有几个营业周期。

二、会计对象的具体化——会计要素

会计要素是按照会计核算对象的经济特征，对会计对象所做的分类项目，也称为财务报告要素或会计报表要素。会计要素既是财务报告最根本的组件，也是设置账户、会计确认、会计计量和记录的基础。为了适应现代经济社会中经营活动的多样性，也为了便于记录这些经济活动，将会计对象按照性质特征归纳为几个大类，即资产、负债、所有者权益、收入、费用、利润等，这些就是会计要素。

(一)资产

1.资产的概念与特征

会计中的资产与通常意义上的财产有着不同的含义。会计中的资产指的是企业过去的交易或者事项形成的，由企业拥有或控制的，预期会给企业带来经济利益的资源。资产的基本特征如下：

(1)资产代表企业通过过去交易或事项获得的一项财产的所有权或实际支配权。这项财产可以用货币数量表示，且能为企业带来经济利益，则会计上将该项财产作为企业的资产予以确认。预期在未来发生的交易或者事项不确认为资产。

(2)由企业拥有或者控制是指企业拥有某项资源的所有权，或者是虽没有该项资源的所有权，却能够实际控制这项资源。比如，通过租赁方式租入固定资产，该项资源的所有权没有转移，但其收益和风险全部转移给了承租方，承租方对该项固定资产也就有了实际控制权。

(3)预期会给企业带来经济利益是指该项资源可以直接或者间接使现金或现金等价物流入企业的潜力。

会计上对于资产的确认，不但要求该资源符合资产定义，且必须同时满足以下两个条件，方能确认为资产：

(1)与该资源有关的经济利益很可能流入企业；

(2)成本或者价值能够可靠地计量。

2.资产的分类

企业资产一般是根据其流动性进行分类。所谓流动性是指资产的变现能力或者资产变现的快慢程度。根据资产变现的快慢程度不同，可以将资产划分为流动资产和非流动资产两大类。

(1)流动资产。流动资产指的是现金以及其他能在一年或一个营业周期内变现或者被耗用的资产。对于营业周期短于一年的企业，其资产以年为划分标准，分为流动资产和非流动资产。而对于一些营业周期超过一年的企业，则以营业周期为划分资产流动性的标准，分为流动资产和非流动资产。

流动资产主要包括库存现金、银行存款、交易性金融资产、应收票据、应收账款、预付账款、存货等。

(2)非流动资产。非流动资产是指在一年或一个营业周期以上才能变现或者被耗用的资产，主要包括可供出售金融资产、持有至到期投资、长期股权投资、固定资产、无形资产等。

(二)负债

1. 负债的概念和特征

负债是指企业过去的交易或者事项形成的，预期会导致经济利益流出企业的现时义务。现时义务是企业在现行条件下已承担的义务，未来发生的交易或者事项形成的义务不属于现时义务，不应当确认为负债。会计上对于负债的确认，不但要求该义务符合负债定义，且必须同时满足以下两个条件，方能确认为负债：

(1)与该现时义务有关的经济利益很可能流出企业；

(2)未来流出的经济利益的金额能够可靠地计量。

确认为企业负债的现时义务，也具有共同的特征：

(1)负债是企业的现时义务，即负债是由于过去发生的交易或者事项形成的。

(2)负债的清偿预期会导致经济利益流出企业。无论是由于承担法定义务(指企业在经济管理或经济协调中，根据法律法规必须履行的义务)还是承担推定义务(指企业在特定情况下产生或推定出的责任，如企业自愿参与社会公益)而形成的负债，其履行均会导致经济利益流出企业。

2. 负债的分类

企业的负债根据其流动性划分，分为流动负债和非流动负债两大类。

(1)流动负债。流动负债是指偿还期在一年或一个营业周期以内，预期需动用流动资产或以新的流动负债偿还的债务，主要包括短期借款、应付票据、应付账款、预收账款、应付职工薪酬、应交税费、应付股利等。

(2)非流动负债。非流动负债亦称为长期负债，是指偿还期在一年或一个营业周期以上的各种债务，通常包括长期借款、应付债券等。

(三)所有者权益

1. 所有者权益的概念

所有者权益是指企业资产扣除负债后，由所有者享有的剩余权益。公司的所有者权益又称为股东权益。

所有者权益的来源包括所有者投入的资本、直接计入所有者权益的利得和损失、留存收益等。直接计入所有者权益的利得和损失，是指不应计入当期损益、与向所有者投入资本或者利润分配活动无关但会引起所有者权益增减变动的利得和损失。利得是指由企业非日常活动形成的、与所有者投入资本无关的、会引起所有者权益增加的经济利益流入。损失是指由企业非日常活动发生的、与所有者利润分配无关的、会引起所有者权益减少的经济利益的流出。

所有者权益金额取决于资产和负债的计量。

所有者权益和负债都对企业资产享有要求权，但两者有着本质上的不同：

(1)性质上：负债是债权人对企业资产的要求权，所有者权益是投资人对企业净资产的要求权。净资产是指企业的全部资产减去全部负债后的余额。

(2)偿还期上：负债一般有规定的偿还期，企业需要在相应的偿还期内偿还此项债务；所有者权益没有偿还期，在企业持续经营的条件下，所有者权益不能收回(法定程序减资除外）。只有在企业解散清算时，清算财产扣除企业负债、清算费用以后，如有剩余，方能返还给出资人。

（3）享有的权利上：负债只能表明债权人与企业之间存在债权债务关系，债权人只享有收回债务本金和获得利息的权利，无权参与企业的生产经营管理和利润分配。所有者权益表明的是所有者与企业之间的投资与被投资关系，所有者有权参与企业的生产经营管理并参与利润分配。

（4）承担风险上：债权人只按照借款条件获取偿付的本金及利息，不参与企业利润分配，故企业盈利或亏损与债权人无直接关系；所有者参与企业利润分配，唯有企业盈利，所有者方能获得利润或者股利。故而，所有者承担的风险大于债权人。

2. 所有者权益的构成

所有者权益包括实收资本（股本）、资本公积、盈余公积、其他综合收益和未分配利润等。

实收资本是投资者按照企业章程或合同、协议约定实际投入企业的资本。实收资本是企业长期周转使用的主要经营资本。

资本公积是企业在接受投入资本的过程中，收到投资者出资额超出其在注册资本或股本中所占份额的部分。直接计入所有者权益的利得和损失也包括在资本公积中。

盈余公积是指企业从税后利润中提取的各种累计资金，包括法定盈余公积和任意盈余公积等。

其他综合收益是指企业根据其他会计准则规定未在当期损益中确认的各项利得和损失。

未分配利润是指企业实现的净利润超过已分配利润而留待以后年度进行分配的利润。

（四）收入

1. 收入的概念与特征

收入是指企业日常活动中形成的、会导致所有者权益增加的、与向所有者投入资本无关的经济利益的总流入。只有在经济利益很可能流入企业从而使企业资产增加或者负债减少且流入额可以可靠计量时，才能确认收入。

收入除了具备由定义所描述的特征之外，还具备以下基本特征：

（1）从日常活动中产生，而不是从偶发的交易或事项中产生。如工商企业销售商品、提供劳务的收入等。有些不属于企业的日常活动的交易或事项，也可以给企业带来经济利益流入，此部分属于利得，而非收入。

（2）收入可能表现为企业资产的增加、负债的减少，或者两者兼而有之。即收入可能表现为银行存款、应收账款等的增加，或者预收账款等的减少，亦或既有银行存款的增加又有预收账款的减少，即销售的货款中部分抵偿债务，部分收取现金。

（3）收入能使企业所有者权益增加。由于"资产＝负债＋所有者权益"，而收入可能带来资产增加，或负债减少，则所有者权益必然会有所增加。这里所说的所有者权益的增加，仅仅指收入本身对所有者权益的影响，不是指收入扣除相关成本费用后的利润对所有者权益的影响。

（4）收入只包括本企业的经济利益流入，不包括为第三方或客户代收的款项。因为代收款项在使企业资产增加的同时，负债也同步增加，对所有者权益不产生影响。

2. 收入的分类

收入是企业在日常经营活动中产生的，表现为一定期间的现金流入、其他资产的增加或负债的减少及所有者权益的增加。

按照收入的性质可分为：商品销售收入，如工业企业的产品销售收入；劳务收入，如修理公司的修理修配服务收入；他人使用本公司产品而取得的收入，如固定资产出租租金等收入。

按照企业经营业务的主次可以将收入分为主营业务收入和其他业务收入。如对于工业企业而言，销售本企业生产的产品获得的收入属于主营业务收入，出租固定资产获得的租金属于其他业务收入。

同时对于企业而言，只要已经提供商品或者服务，无论顾客是否已经支付，即无论是现金增加或者应收账款增加，企业均可确认收入。反之，无论顾客是否支付，只要企业尚未提供商品或者服务，企业均不能确认收入。

（五）费用

1. 费用的概念与特征

费用是指企业在日常活动中发生的、会导致所有者权益减少的、与所有者分配利润无关的经济利益的总流出。只有在经济利益很可能流出企业，从而使企业资产减少或者负债增加且流出额可以可靠计量时，才能确认费用。

费用的特征：

（1）从日常活动中产生，而不是从偶发的交易或事项中产生。对于偶然发生的，不是在日常交易或事项中产生的经济利益的流出，不确认为费用。如企业对外投资会发生经济利益的流出，但此类流出不属于企业的日常经营活动，企业进行对外投资的目的是将来获得经济利益，不作为费用处理，而确认为资本性支出，计入资产的成本。

（2）费用是企业为销售商品、提供劳务而发生的经济利益的流出。如果不是企业销售商品或提供劳务过程中发生的经济利益流出，则不能视为费用。

一般来说，企业在获取收入的过程中会付出一定代价，这种代价即为费用。企业为生产产品、提供劳务等发生的可归属于产品成本、劳务成本等的费用，在确认产品销售收入、劳务收入时计入当期损益。

而对于一些不产生经济利益的支出或者是即使能够产生经济利益但不符合或者不再符合资产确认条件的，应当在发生时就确认为费用，计入当期损益。

当企业发生的交易或者事项导致其承担了一项负债而又不确认为一项资产的，应当在发生时确认为费用，计入当期损益。

综上所述，可以发现，费用表现为企业在经营过程中发生的各种支出或者耗费。费用的发生，必然导致资产减少或负债增加，同时所有者权益也相应减少。由此可见，能否以最小的费用换取最大的收入，成为衡量企业经营绩效的标尺。

2. 费用的分类

费用主要分为营业成本、税金及附加、期间费用、所得税费用及资产减值损失等。

营业成本是指企业对外销售商品、提供劳务等主营业务活动所发生的实际成本，以及销售材料的成本，处置固定资产和无形资产、出租包装物等经营活动所发生的实际成本。

税金及附加是指企业经营活动应负担的相关税费，包括消费税、城建税、教育费附加等。

期间费用是指企业为销售商品而发生的销售费用，行政管理部门为组织和管理生产经营活动而发生的管理费用，企业为筹集生产经营所需资金而发生的财务费用。

所得税费用是指企业经营利润应交纳的所得税。它依据应税所得额与所得税税率计算而来，是从企业利润总额中扣减的费用项。

资产减值损失是指资产的可收回金额低于其账面价值而形成的损失。

（六）利润

1. 利润的概念

利润是企业在一定期间的经营成果。利润包括收入减去费用后的余额、直接计入当期利润的利得或损失等。直接计入当期利润的利得或损失，是指应当计入当期利润、与所有者投入资本或者利润分配活动无关的、最终会引起所有者权益发生增减变动的利得或损失。

利润金额取决于收入、费用和直接计入当期利润的利得或损失金额。在一个会计年度，企业的收入与直接计入当期利润的利得之和大于费用与直接计入当期利润的损失之和，表示实现利润；反之则表示发生亏损。

2. 利润的内容层次

利润包括营业利润、利润总额和净利润三个层次。

（1）营业利润 = 营业收入 −（营业成本 + 税金及附加 + 销售费用 + 管理费用 + 财务费用 + 资产减值损失）+ 投资净收益；

（2）利润总额 = 营业利润 + 营业外收入 − 营业外支出；

（3）净利润 = 利润总额 − 所得税费用。

及时复习得高分

第四节　会计等式与经济业务

一、会计恒等式

企业为了保证经济活动的正常进行，必须具有供经营活动使用的资产。企业的资产最初来源于企业的投资者，这部分资产代表了投资者的权益，表示投资者对企业资产的求偿权。而在持续经营过程中，企业也可以通过银行借款、发行债券等向债权人借债的方式取得所需资产。那么，债权人也就拥有了对企业资产的求偿权，并且债权人的求偿权要优先于投资者。

投资者的投资和债权人的借款成为企业资产的来源，投资者和债权人也通过投资和借款拥有了对企业资产的权益。也就是说，这种权益代表了企业资产的来源。资产是企业资金的占用形态，即资金进入企业以后使用在哪里、以什么形式表现；权益反映了企业资金的来源，即谁提供资金，谁就拥有与提供资金相对应的要求权。二者在数量上相等。即：

$$资产 = 权益$$

而拥有权益的是企业的债权人和投资者，债权人的权益是企业的负债，投资者的权益为企业的所有者权益，所以，上述公式可以写为：

$$资产 = 负债 + 所有者权益$$

这一方程式就是会计恒等式,也称会计等式。它表明了资产、负债、所有者权益这三个会计要素之间的基本关系,反映了企业在某一特定时点企业资产与债权人和投资人对企业资产要求权的状况。这一会计恒等式是会计中设置账户、进行复式记账和编制会计报表(尤其是资产负债表)的依据。

如果希望得知投资者对企业净资产的要求权,可以通过数学上的移项规则对上述公式进行处理,即:

$$所有者权益 = 资产 - 负债$$

会计上又将资产总额超过负债的部分称为净资产。故而,净资产在金额上也等于所有者权益的金额。即:

$$净资产 = 资产 - 负债$$

企业运用资产进行经营活动,在经营活动中获取收入,同时也会付出一定费用作为获取收入的代价。在一定时期内,企业实现的收入与发生的费用的差额,就是企业的经营成果。当收入大于费用时,表明企业获得利润。当收入小于费用时,表明企业发生亏损。用公式表示,即:

$$收入 - 费用 = 利润(亏损)$$

投资者所拥有的权益与企业在一定时期内的经营成果密切相关,即企业利润(亏损)对所有者权益产生影响。这是因为,企业收入的增加会使资产增加或负债减少,同时使所有者权益增加;而费用的增加会使资产减少或负债增加,同时使所有者权益减少。也就是说,收入与费用的增减变动将对所有者权益产生直接影响。收入、费用的增减变动在对应的会计要素中进行记载,在特定日期再将两者结转至利润类科目,最终转化为所有者权益。

二、会计事项对会计等式的影响

会计事项通常是指使企业资产、负债和所有者权益发生增减变动的经济业务。在经济社会中,企业日常发生的经济活动日趋复杂,凡能客观地用货币进行度量计价,并且足以影响会计要素之间发生变动的经济业务,都属于会计事项,应加以进行会计核算处理。一般而言,会计事项必须具备两个条件:①能客观地用货币度量计价;②可以引起会计要素的增减变动。

依据会计事项与企业关系的不同,可以将其分为对外会计事项和企业内部会计事项。对外会计事项是指以企业个体为中心与外界发生的交易行为,这些行为涉及企业以外的个体,如向供应商购货、向客户销售货物、向银行贷款等活动;内部会计事项是指不涉及企业本身以外个体的会计事项,主要指企业内部费用和成本消耗、各要素之间的调整与冲转,如经营过程中物料消耗计算与结转、职工工资的分配、机械设备的折旧计提与分配、应收款项坏账准备计提等。

依据营业性质的不同,可以将会计事项分为营业内会计事项和营业外会计事项。营业内会计事项主要指日常经营活动中所发生的、与生产经营过程有直接关系的各项经济活动,如采购、销售等;营业外会计事项主要指与日常生产经营过程无直接关系的各种经济业务,如固定资产清理、支付公益性救助捐赠等。

在企业生产经营过程中,随着交易事项的不断发生,企业资产、负债及所有者权益也不断随之增减。根据前述会计等式,以下例说明企业的经济业务对会计等式的影响。

[**例1-1**] 所有者对企业投资。20××年1月，在校大学生王明为方便同学们购买文具，决定在校内开设一家文具用品店。王明投资20 000元在学校成立了优贝文具商行。办理了企业注册手续后，从个人银行存款账户中提出20 000元存款，作为对企业的初始投资，并以企业的名义在银行开立账户，将资金存入该企业账户。

此时，优贝文具商行接受了王明20 000元的投资后，拥有了20 000元的资产，王明也享有了公司20 000元的权益。

上述业务对会计等式的影响如表1-1所示。

表1-1 优贝文具商行成立资产权益表

金额单位：元

	资产	=	所有者权益
	银行存款		实收资本
增加存款	+20 000		
增加投入资本			+20 000
余额	20 000	=	20 000

[**例1-2**] 租店面。王明在学校的商业街找到一处月租800元的临街店面，并以银行存款的方式一次性支付了三个月的租金2 400元。

这项经济业务，使得商行拥有了店面三个月的使用权，在会计上将这种权利视为资产。由于预付的租金在以后的三个月内受益，应在受益期内摊销，所以就计入预付账款这一资产项目。同时，该商行减少了2 400元的银行存款。

上述业务对会计等式的影响如表1-2所示。

表1-2 支付租金后优贝文具商行资产权益表

金额单位：元

	资产	=	所有者权益
	银行存款+预付账款		实收资本
上次余额	20 000		20 000
增加房屋使用权	+ 2 400		
减少存款	-2 400		
余额	17 600 + 2 400	=	20 000

[**例1-3**] 用银行存款购买设备。王明通过银行转账支付了购进电脑、货物架等设备设施的5 000元货款。这项交易中，商行购买所得的电脑及货物架，由于其使用时间长，属于资产中的固定资产，即固定资产增加；而商行支付了5 000元的银行存款，使商行货币类资产减少。

上述业务对会计等式的影响如表1-3所示。

表 1-3 购置固定资产后优贝文具商行资产权益表

金额单位：元

	资产			=	所有者权益
	银行存款+预付账款+固定资产			=	实收资本
上次余额	17 600	2 400			20 000
增加设备			+5 000		
减少存款	-5 000				
余额	12 600	2 400	5 000	=	20 000

[例 1-4] 赊购所需商品。在进行了店内设施的购置后，王明从文具批发商处采购了一批货物，包括钢笔、签字笔、练习本等，价值 10 000 元。王明与批发商达成协议，承诺收到货物 30 日内付款。这样，王明的优贝文具商行与文具批发商构成了债权债务关系。文具批发商成为王明的优贝文具商行的债权人。优贝文具商行在承担了 10 000 元债务的同时，获得了 10 000 元的库存商品。

上述业务对会计等式的影响如表 1-4 所示。

表 1-4 购置商品后优贝文具商行资产权益表

金额单位：元

	资产				=	负债	+	所有者权益
	银行存款+预付账款+固定资产+库存商品				=	应付账款	+	实收资本
上次余额	12 600	2 400	5 000					20 000
商品增加				10 000				
增加负债						10 000		
余额	12 600 +	2 400 +	5 000 +	10 000	=	10 000	+	20 000

[例 1-5] 偿付欠款。20 天后，优贝文具商行如约偿付 10 000 元货款。

上述业务对会计等式的影响如表 1-5 所示。

表 1-5 偿付债务后优贝文具商行资产权益表

金额单位：元

	资产				=	负债	+	所有者权益
	银行存款+预付账款+固定资产+库存商品				=	应付账款	+	实收资本
上次余额	12 600	2 400	5 000	10 000		10 000		20 000
减少存款	-10 000							
减少负债						-10 000		
余额	2 600	2 400	5 000	10 000	=	0	+	20 000

[例1-6] 获得订单及收入。优贝文具商行正式开业后获得了4 500元的订单收入，其中收到2 000元货款存入银行，另有2 500元货款暂未收到。订单收入使优贝文具商行的银行存款增加2 000元。同时未收取的2 500元货款形成了优贝文具商行的一项债权。这项债权会计上称之为"应收账款"资产，是资产的一个组成部分。该项业务也引起营业收入增加4 500元。

上述业务对会计等式的影响如表1-6所示。

表1-6 获得收入后优贝文具商行资产权益表

金额单位：元

	资产					=	负债	+	所有者权益	
	银行存款	+预付账款	+固定资产	+库存商品	+应收账款				实收资本	+营业收入
上次余额	2 600	2 400	5 000	10 000	0				20 000	
增加存款	+2 000									
增加应收账款					2 500					
增加收入										+4 500
余额	4 600	+ 2 400	+ 5 000	+ 10 000	+ 2 500	=	0	+	20 000	+ 4 500

[例1-7] 收回欠款。上述欠款总额2 500元收回。这项业务使得优贝文具商行的银行存款资产增加了2 500元，同时也使应收账款资产减少了2 500元。

上述业务对会计等式的影响如表1-7所示。

表1-7 回收账款之后优贝文具商行资产权益表

金额单位：元

	资产					=	负债	+	所有者权益	
	银行存款	+预付账款	+固定资产	+库存商品	+应收账款				实收资本	+营业收入
上次余额	4 600	2 400	5 000	10 000	2 500				20 000	4 500
减少应收账款					-2 500					
增加存款	+2 500									
余额	7 100	+ 2 400	+ 5 000	+ 10 000	0	=	0	+	20 000	+ 4 500

[例1-8] 结转销售商品成本。企业在销售商品的同时，其库存商品也会减少，也将导致所有者权益的减少。月末，通过盘点，优贝文具商行当期销售商品的成本为3 000元。即出售库存商品使其资产减少3 000元，库存商品的减少又使所有者权益减少3 000元。

尽管经营中发生的成本、费用会导致所有者权益的减少，但在编制会计报表前总是将成本、费用与所有者权益分开列示，以便准确了解当期发生的费用总额，进行管理控制。

上述业务对会计等式的影响如表1-8所示。

表 1-8　结转销售成本后优贝文具商行资产权益表

金额单位：元

	资产				=	负债	+	所有者权益		
	银行存款+预付账款+固定资产+库存商品							实收资本+营业收入-营业成本		
上次余额	7 100	2 400	5 000	10 000		0		20 000	4 500	
减少商品				-3 000						
增加费用										-3 000
余额	7 100 +	2 400 +	5 000 +	7 000	=	0	+	20 000 +	4 500	-3 000

[例 1-9]　其他费用的支出。企业在生产经营过程中也需支付一些费用，如雇佣人员工资和水电费等。王明为了解决人手问题，聘请了一位同学，当月以银行存款支付工资 1 200 元。该业务导致银行存款资产减少 1 200 元，营业成本增加 1 200 元。

上述业务对会计等式的影响如表 1-9 所示。

表 1-9　支付工资之后优贝文具商行资产权益表

金额单位：元

	资产				=	负债	+	所有者权益		
	银行存款+预付账款+固定资产+库存商品							实收资本+营业收入-营业成本		
上次余额	7 100	2 400	5 000	7 000		0		20 000	4 500	- 3 000
减少存款	-1 200									
增加费用										- 1 200
余额	5 900 +	2 400 +	5 000 +	7 000	=	0	+	20 000 +	4 500	- 4 200

上述经济业务发生后，优贝文具商行资产总额 20 300 元，负债及所有者权益总额 20 300 元。该企业经济业务的发生引起了会计要素具体项目的增减变动，但该企业资产总额仍等于权益总额。

及时复习得高分

第五节　会计基本假设、会计基础及会计原则

一、会计基本假设

会计基本假设即会计核算的基本前提，是企业会计确认、计量和报告的前提。它是为了保障会计工作正常进行，保证会计信息质量，对会计核算的空间和时间范围、内容、基本程序和方法所做的合理限定。由于会计核算对象所处的社会经济环境变化不定，为了保证会计工作顺利开展，会计人员应对会计工作的先决条件做出合理的推断和人为的规定，即形成会计假设。会计核算的基本前提是会计基本理论的重要组成部分，也是会计工作的重要前提。

根据国际惯例及我国实情，我国的《企业会计准则——基本准则》明确规定了会计基本假设包括：会计主体、持续经营、会计分期和货币计量。

（一）会计主体

会计主体，是指会计确认、计量和报告的空间范围，是企业财务报表中所要反映的特定单位或组织。在经济活动中，若干具体的经济活动相互联系，构成一个整体。但会计所要反映的是特定的对象，则必须将所需反映的对象与其他经济实体区分开来，明确特定经济实体为会计核算的对象，才能保证在认定经济业务时不会错乱。会计主体应具备的基本条件为：有独立的资金，能独立开展经济活动或财务活动，是能独立进行经济核算的经济组织。这个组织可以是营利性的，也可以是非营利性的。对于会计主体，我国的《企业会计准则——基本准则》第五条指出：企业应当对其本身发生的交易或者事项进行会计确认、计量或者报告，反映企业本身所从事的各项经营活动。只有明确会计主体之后，会计人员才能站在特定的会计主体立场上开展核算工作。

会计主体的明确对日常会计核算具有一定的意义：

首先，划定会计所要处理的交易或事项的范围。会计实务中，资产、负债的确认及费用、收入的发生都是针对特定会计主体而言的，只有明确了会计主体，才能保证会计报表中反映也仅反映影响企业本身经济利益的交易或事项。

其次，把握会计立场。确认会计主体，方能明确一项经济活动对企业产生的具体影响。例如商品买卖这一项经济活动，对卖方企业而言，是形成一笔收入，同时带来了一项资产的增加或者负债的减少。而对于买方企业而言，是存货增加的同时带来一笔资产的减少或者负债的增加。

最后，区分主体交易事项。明确会计主体，可以将会计主体的交易或事项与会计主体所有者及其他会计主体的交易或事项区分开来。为了反映会计主体的财务状况、经营成果和现金流量，必须将会计主体的经济活动与会计主体所有者的经济活动区分开来。同时，我们应该明确，会计主体与法律主体不是同一个概念。一般来说，法律主体必然是一个会计主体，而会计主体不一定是一个法律主体。

（二）持续经营

持续经营是指企业的会计核算应以持续、正常的生产经营活动为前提，不考虑破产清算等停止生产经营的情况。会计主体确定后，唯有在持续经营的假定前提下，才能使会计原则与会计程序建立在非清算的基础之上，才能保证会计信息处理的一致性和稳定性，也才有必要和可能进行会计分期，采用权责发生制合理地进行损益核算。在会计实务当中，比如资产按实际成本计价、固定资产的折旧、无形资产的摊销都是在持续经营的前提之下进行的。企业一旦不符合持续经营的前提了，其会计核算也应相应改变，并且在会计报表附注中应加以说明。

（三）会计分期

会计分期是指将一个企业持续经营活动的过程，划分为一个个连续的、等距的期间，并按照期间结算账目，编制会计报表。《企业会计准则——基本准则》第七条规定，企业应当划分会计期间，分期结算账目和编制财务会计报告。会计核算是以持续经营为前提的，为了得到确定的企业经营成果，只能将持续不断的经营活动划分为若干个相等的期间，分期进行反映。会计期间分为年度和中期。《中华人民共和国会计法》第十一条规定："会计年度自公历1月1日起至12月31日止"，因此，会计年度和中期均以公历起止日期来确定。一般来说，年度为一个完整的会计分期，所以半年度、季度和月度称为会计中期。企业可以根据内部需要自己决定会计分期，编制内部报表。但企业的外部会计报表，必须根据法律规定来确定。上市公司应当按照季度、半年度、年度来提供财务会计报表，国有企业的部分报表需要按月报送。

（四）货币计量

货币计量是指会计主体采用同一种货币作为统一的计量单位来反映其会计信息。《企业会计准则——基本准则》第八条规定：企业会计应当以货币计量。我国企业一般以人民币作为记账本位币，但是准则也规定，对于业务收支主要以人民币以外的货币为主的单位，也可以选定其中一个币种作为记账本位币，但在对外提供会计报表中，必须折算为人民币。货币计量假设还衍生出币值稳定不变假设，即采用货币计量时不考虑宏观环境诸多因素对货币价值的综合影响。只有当遇到恶性通货膨胀或金融危机时，才采用通货膨胀会计调整事项。

上述四项会计基本假设综合起来就是：会计工作首先必须明确为之服务的特定单位，采取统一的货币尺度，在持续经营前提下运用会计方法对其日常经济业务进行记录、计算和反映，并按规定的会计期间正确及时地编制会计报告。

二、会计基础

会计基础是会计核算中确认收入与费用、计算盈亏的方法或标准，包括权责发生制和收付实现制。

（一）权责发生制

权责发生制是指在收入和费用实际发生时予以确认，对实际收到现金或支付现金的时间不予考虑。即凡在当期取得的收入或者应当负担的费用，不论款项是否收付，都在此会计期间予以确认；凡是不属于当期的收入或费用，无论款项是否收付，都不能在当期予以确认。

在市场经济中，物权的交付与现金的收支往往存在时差；在持续经营中，企业所发生的支出也常常会在几个会计期间之后才收到相应的回报。例如，有些款项已经收到，但销售并没有实现；有些货物已经验收入库，但货款暂未支付；有些款项已经支付，但收益期间为今后若干年等。权责发生制很好地解决了收入、费用确认时点和支出分摊期间的问题。《企业会计准则——基本准则》第十六条规定，企业会计核算应当以权责发生制为基础。也就是说企业必须采用权责发生制原则确认收入和费用。

（二）收付实现制

收付实现制与权责发生制相对应，是指在现金收到或者付出当期就确认收入和费用，与经济活动发生期间无关。即与收入和费用相关的款项只要是以现款收到或付出，不论其是否属于本期均应计入本期的收入或费用。反之，凡本期还没有以现款收到的收入和没有用现款支付的费用，即使它归属于本期，也不作为本期的收入和费用处理。过去我国行政事业单位会计核算采用收付实现制，现在逐步改为权责发生制。

三、会计信息质量要求的原则

会计信息质量要求是对会计核算所提供信息的标准要求，是处理会计业务的基本依据。《企业会计准则——基本准则》提出了会计核算和提供会计信息的八大质量要求：客观性、相关性、清晰性、可比性、实质重于形式、重要性、谨慎性、及时性等。

（一）客观性要求

客观性要求是指会计主体应当以实际发生的交易或事项为依据进行确认、记录、计量和报告，如实反映符合确认和计量要求的各项会计要素，保证会计信息真实可靠，内容完整。

客观性要求是对会计核算工作的基本要求。会计信息是国家宏观经济管理及投资者决策的重要依据。会计信息的真实可靠性对经济管理有着重要影响。如果会计信息不能真实反映经济活动的实际情况，会计工作就失去了意义，对会计信息使用者带来不利影响。所以，为了保证会计信息的客观真实，会计核算应当正确运用会计原则和方法，真实客观地反映企业的财务状况、经营成果和现金流量。为达到这一要求，必须严格执行会计制度，加强会计核算的基础工作，提高会计人员的素质，建立健全内部控制制度和会计核算资料的稽核制度。为保证会计信息质量，满足客观性要求，应做到如下几点：

（1）必须如实反映各个经济事项；

（2）必须注重会计事项的客观证据；

（3）必须坚持科学的分析方法，客观判断，防止主观臆断。

（二）相关性要求

相关性要求是指企业提供的会计信息应当与财务会计报告使用者的经济决策需要相关，有助于财务会计报告使用者对企业过去、现在或未来的经营做出合理判断与预测。相关性与客观性相对应。客观性着眼于对经济活动的真实反映，相关性强调会计信息应当对决策有用。相关性要求会计工作者在收集、加工、处理和提供会计信息过程中，应当对所有会计信息使用者的信息需求进行综合考虑，对具有共性的会计信息需求进行核算与报告。对于特定用途的信息，可以采用其他形式加以提供，不一定都通过财务报告加以提供。

《企业会计准则——基本准则》规定，企业提供的会计信息应当与投资者等财务报告使用者的经济决策需要相关，有助于投资者等财务报告使用者对企业过去、现在或者未来的情况做出评价或者预测。

（三）清晰性要求

清晰性要求是从会计信息使用者角度出发，要求企业提供的会计信息清晰明了、易于被会计报告使用者理解和利用，会计指标简洁易懂，报表项目排列有序，钩稽严密，数据文字说明要能一目了然地反映经济活动及其结果的基本情况，并对需要解释的情况做出必要说明。

提供会计信息的目的在于供利益相关人使用，要使用会计信息就必须了解信息的内涵，弄明白会计信息的内容。为了避免会计信息使用者因为信息的模糊不清产生误解从而导致错误的决策，就要求对有关会计主体的各种经济信息在会计报表中做出全面充分的反映，不能掩饰任何可能影响信息使用者决策的事实或项目。同时，会计所提供的信息必须清晰、简洁、易懂，对复杂的经济业务应用规范的文字表述进行说明，便于信息使用者理解、评价和利用。

（四）可比性要求

可比性要求是指企业提供的会计信息应当具有可比性，具体包括纵向可比和横向可比。在经济分析和经济决策中，比较法是一个重要的方法。在进行投资决策或经济管理过程中，有时我们需要对企业或企业之间的财务状况、经营成果和现金流量进行比较。为了便于进行比较，对于同样的或类似的经济业务，就应当采用一致的会计政策和同样的会计方法与程序，不得随意变更。当外部环境发生变化，确实需要变更时，应当在报表附注中予以说明。

纵向可比是指企业的会计政策、会计估计和会计核算方法应当前后各期保持一致，不得随意变更，以便同一会计主体的前后期会计信息具有可比性；横向可比是指企业会计核算应当按照规定的会计处理方法进行，会计指标口径一致，以便不同会计主体间具有可比性。

可比性要求的目的在于增强会计信息对决策的有用性，提高会计信息使用的社会化程度。

（五）实质重于形式的要求

实质重于形式的要求是指企业应当按照交易或事项的经济实质进行确认、计量、记录和报告，而不以交易或事项的法律形式为核算的唯一依据。

经济活动在实质上与其法律形式有时会出现一定程度的脱节。比如固定资产租赁，在法律形式上，固定资产的所有权并未转移给承租方，但是如果承租方对该固定资产的租入时间长，接近于固定资产的使用寿命，在租赁结束后，承租方有优先购买该固定资产的权利。而且承租方在租赁期内使用该固定资产，为企业带来经济利益。这种情况下，从经济实质上来说，承租方能够控制该固定资产未来创造的经济利益。所以，会计处理中，将企业租赁的固定资产作为使用权资产处理，对其价值以折旧的形式摊销。

《企业会计准则——基本准则》中规定，企业应当按照交易或事项的经济实质进行会计核算，不仅仅以交易或者事项的法律形式作为会计核算的依据。

（六）重要性要求

重要性要求是指企业提供的会计信息应当反映与企业财务状况、经营成果和现金流量有关的所有重要交易或事项。

重要性要求在会计核算过程中，应对经济业务的性质和规模及经济业务对经济决策影响的大小加以区分，选择合适的会计方法和程序，使企业提供的会计信息反映与企业财务状况、经营成果和现金流量有关的所有重要交易或者事项。如果一笔业务的性质较为特殊，对企业经济成果的影响较大，不单独反映就有可能遗漏一个重要事实，则在会计核算和报表列示中，应该对其严格按照规定的会计方法和程序进行核算并单独披露。而对于金额占收入、费用或资产总额很小的业务，就可以采用较为简单的方法和程序进行核算。对经济业务重要性的判断，更多来自会计人员的职业判断。一般来说是从质和量两方面进行判定。从性质上来说，当某一事项有可能对决策产生一定影响时就属于重要项目；从数量上来说，当某一项目达到一定规模时就可能对决策产生影响。

《企业会计准则——基本准则》规定，企业提供的会计信息应当反映与企业财务状况、经营成果和现金流量有关的重要交易或事项。

(七)谨慎性要求

谨慎性要求是指企业在对不确定的事项进行预估时，保持必要的谨慎，不能高估资产或者收益，也不能低估负债或者费用。谨慎性要求对风险进行合理估计，充分预计可能发生的费用或损失。同时可以更真实地反映企业的经营情况和财务状况。例如，企业拥有一批存货，由于市场情况的变化，其成本高于可变现净值，出于谨慎性考虑，就应对该批存货计提存货减值准备。

(八)及时性要求

及时性要求是指企业对已经发生的交易或事项，应当及时进行确认、计量、记录和报告，不得提前或推后。及时性要求反映会计信息应注意时效性，只有能够满足经济决策的及时性需要，信息才具有价值。及时性要求企业的会计核算应在经济业务发生时及时进行，定期算账、结账，定期编制会计报表，便于会计信息的及时利用与传递。当今信息社会中，会计信息的时效性尤为重要，会计信息如果不能及时传递，其有用性就会降低，过时的会计信息可能给信息使用者造成错觉，从而产生错误的决策，导致经济损失。

《企业会计准则——基本准则》规定，企业对于已经发生的交易或者事项，应当及时进行会计确认、计量、记录和报告，不得提前或者延后。

四、会计确认和计量的一般原则

(一)会计确认

会计确认是指把某项经济活动的内容作为企业资产、负债、所有者权益、收入、费用或者其他会计要素加以正式记录或列入最终财务会计报表之中的过程。

会计确认包括两个步骤，第一步是将经济业务或会计事项传递的数据利用文字和金额归集于账户之中，第二步是将其在财务会计报告中进行表述。前者可以认为是初次确认，后者则是再次确认。

广义的确认涵盖了计量、记录和报告三个环节。确认的主要特征在于：

(1)何时以何种金额在何种要素中进行记录；

(2)何时以何种金额通过何种要素列入最终财务报表中。

(二)会计计量

1.会计计量的含义

会计计量是会计核算的主要程序。所谓计量，是指对一定的客观对象进行数量上的衡量以确定其规模程度等，即确定客观对象的数量。因此，计量要弄清楚其计量的客体或对象，然后根据客观对象的特点和计量要求解决其衡量的数量方面的有关问题。要衡量数量，首先要决定予以计量的方面，即衡量的是价值量还是实物量，是质量还是长度等，这些是事物的计量属性。其次要选择计量单位，即千克、毫升等。因此，会计计量可以看成是运用一定的计量尺度(计量单位)，选择合理的计量属性，确定予以记录或列入会计报表的各项经济业务及其影响的数量的会计处理程序。会计计量关键就在于计量属性与计量单位。

会计的计量属性是资产、负债等会计要素的特征和外在表现形式。会计计量主要是针对会计要素价值属性方面的量，即可用货币表现的数量方面，是经济业务或经济业务从不同的角度或方面进行的货币表现，如某产品的进价为 50 元，销售价格为 80 元；某机器 5 年前购入价格为 8 000 元，现在同样一台机器的购入价格成了 12 000 元。这就是予以计量的物品在价值方面的不同属性。在会计中，主要有五种计量属性：

(1)历史成本。资产取得或制造完成之时企业实际付出的现金数额或现金等值。

(2)现行成本。现行成本又称重置成本，是指现在重新获取或制造原有的某项资产时将要支付的现金。

(3)公允价值。公允价值是指市场参与者在计量日发生的有序交易中，出售一项资产所能收到或者转移一项负债所需支付的价格。

(4)可实现净值。可实现净值又称为预期可脱手价值，是指资产在正常的交易过程中可带来的未来现金流入数额减去将要支付的现金流出数额，未考虑货币的时间价值。

(5)现值。现值是指资产在未来时期内可望带来的现金流入的现时价值，考虑到了货币的时间价值。

2.会计计量尺度和计量单位

计量离不开一定的计量尺度。计量尺度和计量单位是两个并非完全相同的概念，货币作为会计的计量尺度只表明会计衡量的价值方面，就这点而言，会计的计量尺度是统一的。而作为计量单位，在不同的范围和不同的时间却是不同的，主要表现在不同的国家存在着货币计量尺度的不同单位，如人民币、美元、日元、英镑等；即使是同一货币，在不同的时期也可能具有不同的量度，主要表现为物价变动引起的货币购买力的变化，即表现为同一货币单位的不同购买力或同一价值物表现为不同量的货币单位。因此，货币作为价值尺度总是将一定的价值对象表现为一定数量的单位，会计计量的表现形式也就是这些数量单位。

会计是以货币作为主要计量尺度的，在会计核算中还可能要运用实物计量尺度和时间计量尺度。

会计计量主要是指确定应记录的资金运动的数量及过程，此过程要用到一系列的计算、估计、分配和摊销等技术方法。会计计量可以看作是对不同计量属性、计量单位及各种技术方法的选择和运用过程。不同的选择将会产生不同的计量结果。因此，正确合理的选择对于实现会计目标将具有重要意义。

(三)一般原则

1.配比原则

配比原则要求将收入与对应的成本费用进行配比，以按照配比结果计算出该期间的损益。配比原则将收入与对应的费用、成本进行配比，完整地反映特定期间的经营成果，以便正确评价企业的经营业绩。

配比原则包含两层含义：①因果配比，将收入与对应的成本费用相配比，如将主营业务收入与主营业务成本相配比，将其他业务收入与其他业务成本相配比；②时间配比，将一定时期内的各项收入与同时期的费用相配比，如将当前的收入与管理费用、销售费用、财务费用等期间费用相配比。

2. 历史成本原则

历史成本原则是指将取得资产时实际发生的成本作为资产的入账价值，在资产处置上保持其入账价值不变。历史成本原则的依据是，成本是实际发生的，有客观依据，便于查核，易确定，较可靠，同时也容易取得。我国的《企业会计准则》规定，企业的各项财产物资在取得时，应当按照实际成本计量。其后，各项财产物资如果发生减值，应当按照制度规定计提相应的减值准备，除法律、行政法规和国家统一的会计制度另有规定者外，企业一律不得自行调整账面价值。会计制度中虽有一些调整资产账面价值的规定，但这些规定与历史成本原则并不矛盾。这些规定是考虑了谨慎性原则而制定的，目的是避免对资产或者负债的错误估计，并未改变历史成本原则。

现行会计准则中资产的后续计量是以历史成本计量为主，辅之以公允价值计量等多种计量属性。

3. 划分收益性支出与资本性支出原则

收益性支出是指仅与当期收益有关、应当计入当期损益的支出，如应当计入当期的销售成本、管理费用、财务费用、销售费用等。

资本性支出是指与几个会计期间的收入有关、应当分摊到几个会计期间的支出。因为将在几个会计期间分摊，在账面上形成一项长期资产。例如固定资产、无形资产等，以折旧或摊销的形式分期摊销其账面成本。

及时复习得高分

第六节 会计核算方法

一、会计方法的含义

会计方法是用来核算和监督会计对象、完成会计任务、实现会计目标的手段。会计方法是人们在长期的会计工作实践中总结创立的，并随着社会生产力的发展、社会经济活动的日益复杂化逐步完善和提高的。会计方法包括：会计核算方法、会计预测决策方法、会计分析方法和会计检查方法。会计核算是会计的基本环节，是会计预测、决策和分析的基础。会计核算方法是对经济业务进行完整、连续和系统的记录和计算，为经营管理提供必要的会计信息所应用的方法。本节主要阐述会计核算方法。

二、会计核算方法的含义和种类

会计核算的方法是对会计对象（会计要素）进行完整的、连续的、系统的反映和监督所应用的方法，主要包括以下七种：

（一）设置会计科目和账户

设置会计科目和账户是对会计核算对象的具体内容进行科学的归类、核算、监督，记录不同的会计信息资料的一种专门方法。会计所核算和监督的对象是十分复杂的，为了对各自不同的内容分别进行反映，除了设置科目以外，还必须根据规定的会计科目开设账户，分别登记各项经济业务，以便取得各种核算指标，并随时加以分析、检查和监督。

（二）复式记账

复式记账是与单式记账相对应的一种记账方法。复式记账是指对每一项经济业务通过两个或两个以上有关账户，相互联系起来进行登记的一种专门方法，即每一项经济业务都以相等的金额，同时记入两个或两个以上相互关联的账户。这是因为在经济活动中，每项经济业务的发生，都会引起至少两个方面资金的增减变动。例如：以银行存款购买原材料，在使得原材料（资产）增加的同时，另一方面又使得银行存款（资产）的减少。采用复式记账，可以全面地、相互联系地反映资金增减变化和财务收支情况，并能通过账户的平衡关系进行试算平衡，以核对账簿记录的正确与否。

（三）填制和审核会计凭证

填制和审核会计凭证是审查经济活动是否合理、合法的一种专门方法。

在会计核算中要以会计凭证作为记账的依据。会计凭证是记录经济业务、明确经济责任的书面证明。原始凭证在送交会计机构时要进行审核，确定其填写的内容是否完整，手续是否齐全，确保经济业务发生的合理、合法后，方能据以编制记账凭证。只有经过审核并确认正确的记账凭证才能作为记账的依据。

原始凭证和记账凭证统称为会计凭证。会计凭证可以保证会计记录完整、真实、可靠。

（四）登记账簿

登记账簿是根据会计凭证，在账簿上连续地、系统地、完整地记录交易或事项的一种专门方法。账簿由一定格式、相互联结的账页组成，是全面、连续、系统地记录各项经济业务的簿籍，是保存会计数据资料的重要工具。会计工作要求根据会计凭证、按照记账方法的程序登记账簿并定期进行对账、结账。登记账簿可以提供完整的、系统的会计资料，为完整、正确地编制会计报表提供依据。

（五）成本计算

成本计算是指在生产经营过程中，按一定的成本对象，对所发生的成本、费用进行归集和分配，以确定各对象的总成本和单位成本的一种专门方法。成本计算为资产计价和损益计算奠定了基础。通过准确计算成本，可以掌握成本的构成情况，以及检查成本计划的完成情况，了解生产经营活动的成果，促使企业加强核算，节约支出，提高经济效益。

（六）财产清查

财产清查是指对单位各项财产物资进行实物盘点、账面核对以及对各项往来款项进行查询、核对，保证账账、账实相符的一种专门方法。具体做法是将实物盘点的结果与账面结存相核对，将企业的债权、债务逐笔与其对方核对。如若发现账实不符，应立即查明原因，确定责任人，并通过一定的审批手续调整账面记录，使财产物资账面数额与实存数额保持一致。通过财产清查，企业可以监督财产是否完整，并为正确核算损益提供正确的资料。

(七)编制财务会计报告

编制财务会计报告是定期向财务报告使用者提供与企业财务状况、经营成果和现金流量等有关的会计信息,反映企业管理层受托责任履行情况的一种专门方法。通过编制财务会计报告,企业能对分散在账簿中的日常核算资料进行综合分析、加工整理,提供全面反映经济活动所需要的有用信息,有助于财务会计报告使用者做出正确的经济决策。

上述七种会计核算方法相互联系,环环相扣,紧密结合,构成完整的方法体系,如图1-2所示。

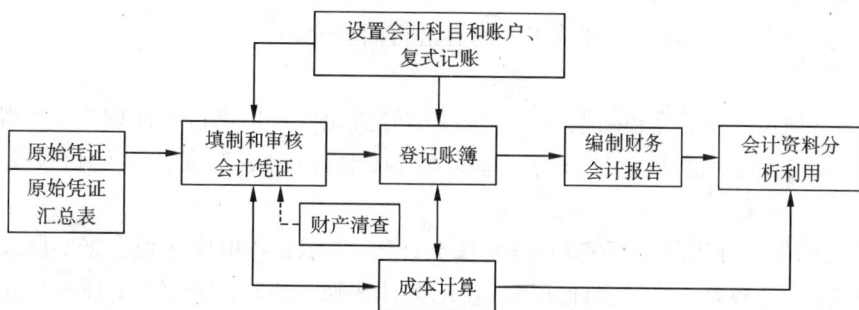

图1-2 会计核算方法体系图

企业利益相关方依据会计核算的结果,对会计资料分析利用,提取自己所需的会计信息。

及时复习得高分

第七节 会计法规和会计职业道德

一、会计法规

会计法规是我国经济法规的一个重要组成部分。会计法规是国家立法机关和行政管理机关制定的各种会计法规、规章、制度的总称,是规范和指导各单位和人员会计行为的重要依据,也是调整会计活动中各经济利益关系的基本规范和准绳。

从纵向上,按照会计法规的制定机关和法律效力可以将我国的企业会计法规体系分为三个层次:一是由全国人民代表大会常务委员会统一制定的会计法律,如《会计法》《注册会计师法》;二是由国务院(或财政部)制定的会计行政法规,如《企业会计准则》《小企业会计准则》等;三是会计规章和规范性文件,如《财政部门实施会计监督方法》《会计基础工作规范》《会计职业道德规范》等。

从横向上,按照会计法规规定的内容可以将我国会计法规体系划分为:会计核算方面的法规,如《企业财务会计报告条例》;会计监督方面的法规,如《会计监督管理办法》等;会计机构和会计从业人员方面的法规,如《总会计师条例》;会计工作管理方面的法规,如《会计基础工作规范》等。

(一)会计法

会计法由全国人民代表大会常务委员会制定和通过,是会计法规体系中层次最高的法律规范,是制定其他会计法律法规的依据,也是指导会计工作的最高准则。现行的《中华人民共和国会计法》(以下简称《会计法》)于1985年首次颁布,先后经过1993年、1999年和2017年3次修订。其目的是为了规范会计行为,保证会计资料真实和完整,加强经济管理和财务管理,提高经济效益和维护社会主义市场经济秩序。修订后的《会计法》包括七章五十二条。七章内容具体包括:总则、会计核算、公司和企业会计核算的特别规定、会计监督、会计机构和会计人员、法律责任、附则。现就主要内容进行简要介绍。

1. 会计核算

《会计法》规定,各单位必须根据实际发生的经济业务事项进行会计核算,不得以虚假的经济业务事项或者资料进行会计核算。修订后的《会计法》,对强化会计核算提出了三点要求:

(1)要求确保会计资料的真实和完整。《会计法》要求:各单位必须根据实际发生的经济业务事项进行会计核算,填制会计凭证,登记会计账簿,编制财务报告;任何单位不得以虚假的经济业务事项或者资料进行会计核算。《会计法》还指出:任何单位和个人不得伪造、变造会计凭证、会计账簿及其他会计资料,不得提供虚假的财务报告。《会计法》强化了单位负责人对本单位会计工作和会计资料的真实性、完整性负责的责任制,并明确指出,单位负责人应当保证财务报告真实、完整。

(2)确立记账基本规则,保证会计核算依法进行。《会计法》对账簿登记有以下四项规定:

①会计账簿登记,必须以经过审核的会计凭证为依据,并符合有关法律、行政法规和国家统一的会计制度的规定。

②各单位不得违反《会计法》和国家统一的会计制度的规定私设会计账簿登记、核算。

③各单位应当定期将会计账簿记录与实物、款项及有关资料相互核对,保证账实、账款、账证、账账和账表等有关内容都一一相符。

④各单位所采用的会计处理方法,前后各期应当保持一致,不得随意变更;如有必要变更的应按规定办理,并在财务报告中说明。

(3)增加了"公司、企业会计核算的特别规定"内容。由于公司、企业的经济核算日益复杂化,《会计法》针对公司、企业会计的特点,借鉴国际上规范公司、企业会计行为的一般做法,增加了"公司、企业会计核算的特别规定"一章,要求公司、企业除应当遵守该章的规定外,不得有下列行为:

①随意改变资产、负债和所有者权益的确认标准或计量方法,虚列、多列、不列或者少列资产、负债和所有者权益;

②虚列或者隐瞒收入,推迟或者提前确认收入;

③随意更改费用、成本的确认标准或者计量方法,虚列、多列、不列或者少列费用、成本;

④随意调整利润的计算、分配方法，编造虚假利润或者隐瞒利润；

⑤违反国家统一的会计制度规定的其他行为。

2. 会计监督

《会计法》规定了会计监督的主体和对象以及会计监督的内容。其主体对象是本单位的会计机构和人员，会计监督的对象是本单位的经济活动。会计监督的内容主要是原始凭证、财产物资和财务收支等三个方面。

(1)建立并健全内部会计监督制度。《会计法》规定，各单位应当建立并健全本单位内部会计监督制度，明确会计人员、单位负责人、社会中介组织、政府有关部门在会计监督中的责任。

(2)明确各有关部门在会计监督中的责任。

①规定单位负责人应当保证会计机构、会计人员依法履行职责，不得授意、指使、强令会计机构、会计人员违法办理会计事项。

②规定会计机构、会计人员对违反《会计法》和统一会计准则、制度规定的会计事项，有权拒绝办理或者按照职权予以纠正，并有权检举。

③按规定须经注册会计师进行审计的单位，应向受委托的单位如实提供会计凭证、账簿、财务报告和其他会计资料及有关情况。任何单位和个人不得以任何方式要求或示意受托方出具不实或者不当的审计报告。

④财政部门对各单位的账簿设置，各项会计资料是否真实、完整，会计核算是否符合规定，以及会计工作人员是否具备相应资格等情况实施监督，并有权对会计师事务所出具的审计报告的程序和内容进行监督。

⑤财政、审计、税务、银行、证券监管、保险监管等部门应当依照有关法规规定，对有关单位的会计资料实施监督检查。有关单位应接受检查，并如实提供会计资料及有关情况。有关监督部门已经做出的检查结论能满足其他部门需要的应当加以利用，避免重复查账，并负有保密义务。

3. 会计机构和会计人员

(1)会计机构。《会计法》规定，各单位应当根据会计业务的需要，设置会计机构，或者在有关机构中设置会计人员并指定会计主管人员；不具备设置条件的，应当委托经批准设立从事会计代理记账业务的中介机构代理记账。国有的和国有资产占控股地位或者主导地位的大中型企业必须设置总会计师。会计机构内部应建立稽核制度，出纳人员不得兼任稽核、会计档案保管以及收入、支出、费用、债权和债务账目登记工作。

(2)会计人员。《会计法》规定，单位会计机构负责人和会计主管人员还应具备会计师以上专业技术资格或从事会计工作3年以上经历；会计人员调动工作或离职，必须办理交接和监交手续。一般会计人员办理交接手续，由会计机构负责人(会计主管人员)监交；会计机构负责人(会计主管人员)办理交接手续，由单位负责人监交，必要时主管单位可以派人会同监交。

会计人员因有提供虚假财务会计报告，做假账，隐匿或者故意销毁会计凭证、会计账簿、财务会计报告，贪污挪用公款，职务侵占等与会计职务有关的违法行为被依法追究刑事责任的，不得再从事会计工作。

4. 法律责任

《会计法》规定，凡违反《会计法》规定，应根据其不同性质，要求承担不同的法律责任甚

基 础 会 计 学

至追究其刑事责任。

对下列行为之一，由县级以上财政部门责令限期改正，并对单位处以 3 000 元以上 50 000 元以下的罚款，对直接负责的主管人员和其他责任人员处以 2 000 元以上 20 000 元以下的罚款；属于国家工作人员的还应由所在单位或有关单位依法给予行政处分：

(1) 不依法设置会计账簿；

(2) 私设会计账簿；

(3) 未按照规定填制、取得原始凭证或者填制、取得的原始凭证不符合规定的；

(4) 以未经审核的会计凭证为依据登记会计账簿或者登记会计账簿不符合规定的；

(5) 随意变更会计处理方法的；

(6) 向不同的会计资料使用者提供的财务报告编制依据不一致的；

(7) 未按照规定使用会计记录文字或者记账本位币的；

(8) 未按照规定保管会计资料，致使会计资料毁损、灭失的；

(9) 未按照规定建立并实施单位内部会计监督制度、拒绝依法实施的监督或者不如实提供有关会计资料及有关情况的；

(10) 任用会计人员不符合《会计法》规定等。

《会计法》规定，凡有以下各条，构成犯罪的，应依法追究刑事责任：

(1) 伪造、变造会计凭证、会计账簿，编制虚假财务报告的；

(2) 隐匿或者故意销毁依法应当保存的会计凭证、会计账簿、财务报告的；

(3) 授意、指使、强令会计机构、会计人员及其他人员伪造、变造会计凭证、会计账簿，编制虚假财务报告的；

(4) 单位负责人对依法履行职责、抵制违反法规行为的会计人员以降级、撤职、调离工作岗位、解聘或者开除等方式实行打击报复等。

以上各条情节严重，构成犯罪的，依法追究刑事责任。尚不构成犯罪的，可以分情况，依法处以不同的罚款，属于国家工作人员的还应当由其所在单位或者有关单位依法给予行政处分。

(二) 会计准则

会计准则也称会计原则，它是由财政部制定和颁布的，用以规范会计确认、计量和报告行为的规定，是制定会计制度的依据，也是保证会计信息质量的标准。

《企业会计准则》发布于 1992 年 11 月 30 日，于 1993 年 7 月 1 日起在全国所有企业实施。我国现行会计准则于 2006 年颁布，2007 年 1 月 1 日起施行，历经 2014 年和 2017 年两次重大修订和补充，其内容包括 1 项基本准则、42 项具体准则和应用指南。基本准则有 11 章，包括总则、会计信息质量要求、资产、负债、所有者权益、收入、费用、利润、会计计量、财务报告和附则等内容。42 项具体准则主要规范了各项具体业务事项的确认、计量和报告，分为一般业务准则、特殊业务准则和报告类准则。

《小企业会计准则》发布于 2011 年 10 月 18 日，该准则分总则、资产、负债、所有者权益、收入、费用、利润及利润分配、外币业务、财务报表、附则等共 10 章 90 条，自 2013 年 1 月 1 日起施行。财政部 2004 年发布的《小企业会计制度》(财会〔2004〕2 号) 同时废止。

《政府会计准则——基本准则》颁布于 2015 年 10 月 23 日，于 2017 年 1 月 1 日起实施。

该准则包括 6 章：总则、政府会计信息质量要求、政府预算会计要素、政府财务会计要素、政府决算报告和财务报告、附则。2016 年 7 月财政部首次发布《政府会计准则——具体准则》共计 4 号，包括《政府会计准则第 1 号——存货》《政府会计准则第 2 号——投资》《政府会计准则第 3 号——固定资产》和《政府会计准则第 4 号——无形资产》，2018 年 8 月财政部发布《关于贯彻实施政府会计准则制度的通知》，要求自 2019 年 1 月 1 日起，政府会计准则制度在全国各级各类行政事业单位全面施行。执行政府会计准则制度的单位，不再执行原《事业单位会计准则》《行政单位会计制度》等准则制度。至 2020 年 1 月底，共计发布具体会计准则10 项。

（三）会计制度

会计制度是对经济业务进行分类、记录、汇总，并进行分析和报告的制度，是进行会计工作所应遵循的规则、方法和程序的总称。自中华人民共和国成立至会计准则体系建立之前，我国一直以会计制度体系作为会计工作的具体规范。根据《会计法》的规定，国家统一的会计制度由国务院所属财政部制定；各省、自治区、直辖市以及国务院业务主管部门，在与会计法以及国家统一的会计制度不相抵触的前提下，可以制定本地区、本部门的会计制度或补充规定。

我国《企业会计制度》于 2000 年发布，共 14 章 160 条，主要内容包括企业会计制度原则、会计记账方法、会计科目及使用说明、会计凭证、会计账簿和记账程序、会计报表格式、报送程序和编制说明、会计档案的保管和处理方法、会计制度的修订、补充权限及其他有关规定、成本核算方法等。

二、会计职业道德

（一）会计人员的职业道德

依照财政部发布的《会计基础工作规范》，会计人员职业道德包括以下八个方面：

1. 爱岗敬业

要求会计人员热爱会计工作，安心本职岗位，忠于职守，尽心尽力，尽职尽责。会计人员应当热爱本职工作，努力钻研业务，使自己的知识和技能适应所从事工作的要求。

2. 诚实守信

要求会计人员做老实人，说老实话，办老实事，执业谨慎，信誉至上，不为利益所诱惑，不弄虚作假，不泄露秘密。会计人员应当保守本单位的商业秘密，除法律规定和本单位领导同意外，不得私自向外提供或泄露本单位的会计信息。

3. 廉洁自律

要求会计人员公私分明、不贪不占、遵纪守法、清正廉洁。

4. 客观公正

要求会计人员端正态度，依法办事，实事求是，不偏不倚，保持应有的独立性。会计人员应当按照法律、行政法规、规章制度规定的程序和要求开展工作，保证所提供的会计信息真实、合法、准确、及时、完整。

5. 坚持准则

要求会计人员熟悉国家法律、行政法规和国家统一的会计制度，始终坚持按法律、行政法规和国家统一的会计制度的要求进行会计核算，实施会计监督。会计人员应当熟悉财经法律、行政法规和国家统一的会计制度，并结合会计工作进行广泛宣传。

6. 提高技能

要求会计人员增强提高专业技能的自觉性和紧迫感，勤学苦练，刻苦钻研，不断进取，提高业务水平。

7. 参与管理

要求会计人员在做好本职工作的同时，努力钻研相关业务，全面熟悉本单位经营活动和业务流程，主动提出合理化建议，协助领导决策，积极参与管理。

8. 强化服务

要求会计人员树立服务意识，提高服务质量，努力维护和提升会计职业的良好社会形象。会计人员应当熟悉本单位的生产经营和业务管理情况，运用所掌握的会计信息和会计方法，为改善单位内部管理、提高经济效益服务。

（二）注册会计师的职业道德

2002 年 6 月 25 日，我国注册会计师协会发布了《中国注册会计师职业道德规范指导意见》，用来规范注册会计师执业中违反职业道德的行为，并于 2002 年 7 月 1 日起开始实施。

《中国注册会计师职业道德规范指导意见》分为两个层次：基本原则和具体要求。基本原则包括注册会计师应履行的社会责任，恪守独立、客观、公正的原则，保持应有的职业谨慎，保持和提高专业胜任能力，遵守审计准则等职业规范，履行对客户的责任以及对同行的责任等。具体要求内容包括独立性、专业胜任能力、保密、收费与佣金、与执行鉴证业务不相容的工作、接任前任注册会计师的审计业务以及广告、业务招揽与宣传等。

（三）会计诚信

会计诚信是指会计行为的诚信，既是会计人员的诚信，也是企业诚信的一部分。会计诚信具体表现为企业向外界提供的财务信息应该真实、完整、准确、及时。

在目前市场环境中，会计诚信的重要性日益凸显。一方面，在现代企业制度下，所有权与经营权分离，企业投资人不再管理企业，而是委托职业经理人（即企业管理层）开展企业经营管理工作。管理层承担着受托责任，并需定期向投资人报送经营成果报告。会计数据是企业经营成果最直接的体现。依据投资人与职业经理人达成的委托代理协议，管理层的薪酬与经营业绩挂钩，利润数据的高低直接影响到管理层的收入。因此会计诚信是维持企业委托代理经营可持续的基石。另一方面，在资本市场上，会计数据成为企业能否顺利从资本市场融资的门槛。在巨大的经济利益诱惑下，国内国际不断爆出会计造假的丑闻。会计诚信是保证投资人利益，共创文明和谐、客观公正的市场环境的基本保障。

及时复习得高分

第八节 会计工作组织和会计职业发展

一、会计工作组织

会计工作的组织，包括会计机构设置、会计人员配置及会计规范制定与执行等。正确组织会计工作是完成会计工作任务、发挥会计工作作用的重要保证。

（一）会计机构

会计机构是各单位组织处理会计工作的职能机构，是保证会计工作顺利进行的首要条件。

1.会计机构的设置

我国《会计法》规定，国务院财政部门设置会计事务管理机构，管理全国的会计工作；地方各级人民政府的财政部门设置财会管理部门，管理本地区会计工作；各级企业单位根据会计业务的需要，设置本单位的会计机构或者在有关机构中设置会计人员，并指定主管人员。

2.会计机构内部核算组织形式

企业会计机构内部核算组织有三种形式：独立核算机构、半独立核算机构和报账单位。

（1）独立核算机构。实行独立核算的企业必须经工商行政管理部门注册登记，有一定的自有资金，有独立经营自主权；能够编制计划，单独计算盈亏，单独在银行开设账户。实行独立核算单位的核算组织形式叫分为集中核算和分散核算两种。集中核算是指账务工作全部在会计部门进行。分散核算是指企业所属的分厂、分公司、分部持凭证、账表向会计部门报账（这种单位称为报账部门），或由部门编制本部门的财务报表送会计部门汇总（这种单位称为半独立核算机构）。

（2）半独立核算机构。独立核算企业所属的分厂、分部、分公司，若其规模比较大，生产、经营上具有一定的独立性，但不具备完全独立核算的某些必要条件，如没有独立资金或不能在银行独立开户等，则采用半独立核算的形式，实行半独立记账并编制财务报表，再向会计部门进行上报。

（3）报账单位。报账单位是指企业内部不单独计算盈亏，只记录和计算几个主要指标并进行简要核算，以考核其工作成绩的单位和部门。这些单位和部门平时只向上级领用备用金，定期向上级报销，所有收入全部解缴上级，由财会部门集中进行核算。

3.会计机构内部的岗位设置

会计人员的工作岗位一般分为：会计主管、会计员、出纳员、稽核员、综合员等，对资金、成本、费用、销售、所得、损失、利润核算、内部稽核及报表编制等工作进行分工合作。

根据《会计法》的规定，会计机构内部应当建立稽核制度和内部牵制制度。出纳人员不得兼管稽核、会计档案保管和收入、费用、债权和债务账目的登记工作。坚持账、钱、物分管，会计与出纳分管，经办与审批分管。

（二）会计人员

会计人员是直接从事会计工作的人员。配备适当的会计人员，是单位会计工作得以正常开展的重要条件。

《会计法》规定，国有的和国有资产占控股地位或者主导地位的大、中型企业必须设置总会计师。总会计师的任职资格、任免程序、职责权限由国务院规定。2000年9月8日颁布的《会计专业技术资格考试暂行规定》中将会计专业技术资格分为：初级资格、中级资格和高级资格，会计专业职务的名称由低到高依次分为：助理会计师、会计师和高级会计师。2017年11月4日，第十二届全国人民代表大会常务委员会第三十次会议决定，通过对《中华人民共和国会计法》做出的修正，将从事会计工作所需要的专业能力、法律意识、风险意识与会计职业道德相结合，从而将更优秀的人才吸引到会计行业中来。

从事会计工作的工作人员，有权要求本单位和有关部门的领导和人员认真执行财经纪律和财务会计制度，共同按政策和制度办事；有权监督、检查本单位有关部门的资金活动、财务收支和物资管理情况，保证财产真实，收支合法、合理；有权如实反映情况，对不真实、不合理的原始凭证不予受理，对不符合实际情况的账务记录做出反映，对不符合事实的财务报表予以抵制；有权对贪污浪费和违法收支的行为予以制止和纠正并有权向单位领导或上级有关部门报告。

从事会计工作的会计人员需要具备思想道德、专业知识、工作技能和改革创新四个方面的素质。

（1）思想道德素质：坚持原则、秉公办事、热爱本职工作、有责任感。

（2）专业知识素质：熟悉并掌握国家有关政策以及会计的基本理论和知识。

（3）工作技能素质：具备处理会计工作的技术和能力。

（4）改革创新：掌握现代化管理技术、计算技术。

财政部发布的《会计基础工作规范》，要求会计人员遵守职业道德，树立良好的职业品质和严谨的工作作风，严守工作纪律，努力提高效率和工作质量。具体应做到：敬业爱岗、熟悉法规、依法办事、勤勉工作、搞好服务、保守秘密。

二、会计职业发展

会计工作是一种专业性很强的工作。任何企业、单位和部门都需要会计人员对其所从事的经济活动进行记录和报告。具备会计教育背景和经验的专业人士从业方向主要有以下四种：

（一）企业会计

会计学专业学生毕业后最大的流向为企业。

在企业中全面负责财务会计工作的负责人称为财务总监（CFO：chief financial officer）。财务总监的主要职责包括：建立、健全企业财务管理体制；拟定财务管理制度；建立、健全企业会计核算体系，向企业高管层提供会计数据和报表，并利用会计数据进行经营活动分析；参与经营决策和重大投资项目的研究审查；负责审查预算、财务收支计划，拟定资金筹措方案等。

财务总监下可以设财务经理和会计主管。

财务经理的主要工作内容是围绕资金展开,主要包括:依据企业发展规划编制财务预算;做好税收筹划;协调与银行之间的关系,以确保企业资金需求;协调与税务部门之间的关系,掌握各项税收政策法规,依法纳税;负责所有资产、存货、资金、收入的安全,合理利用资金;督导各项财务制度、财经纪律和财经规章的严格执行等。

会计主管的工作主要涉及日常经营核算,其职责主要包括:审核原始凭证,并根据原始凭证填制记账凭证并登记会计账簿;保证账账相符、账实相符和账证相符,以确保资产的安全、核算的准确;定期准确进行经营成本的核算,反映经营成果;加强会计核算和财务监督;开展内部审计;合理计算税金并进行纳税申报。

(二)注册会计师

在现代企业所有权和经营权分离的背景下,企业内外部存在严重的信息不对称。企业内部管理层拥有信息绝对优势,为了使自身利益最大化,可能产生道德风险,而企业外部的投资人和债权人等利益相关方处于信息弱势困境,为了最大限度地保证企业所披露的会计信息质量,于是产生了注册会计师行业。

注册会计师是独立于企业和其他利益相关者的第三方,具有会计专业的技术能力和执业资质。按照规定,上市公司所披露的定期报告,必须经注册会计师审计,并且将审计报告与会计报表一并披露。另外,注册会计师还可办理企业合并、分立、清算事宜中的审计业务,验证企业资本并出具验资报告,提供会计咨询和会计服务。

根据我国《注册会计师法》的规定,申请成为注册会计师的基本要求为:具有高等专科以上学历,或者具有会计或相关专业中级以上技术职称,参加由中国注册会计师协会组织的统一考试成绩合格,并且从事审计业务工作达两年以上。注册会计师必须加入注册会计师协会才能够执业。

(三)非营利组织会计

非营利组织是指除企业以外的政府和事业单位。政府和事业单位是不以赚取利润为目的的组织,为其设置的会计称为非营利组织会计,也成为预算会计。

根据非营利组织会计核算对象的不同,可以分为政府会计和事业单位会计(如图1-3所示)。

图1-3 非营利组织会计分类

政府会计是核算政府部门各项经济事务的会计,政府会计又分为财政总预算会计和行政单位会计。财政总预算会计是指各级政府财政部门核算、反映和监督各部门预算执行过程及其结果的专业会计，它以纳入预算管理的各项财政性资金作为核算对象。行政单位会计是指各级行政单位核算、反映和监督单位预算执行过程及其结果的专业会计。行政单位主要以接受各级财政预算拨款作为履行行政职责的资金来源，年终时政府财政总预算会计对各行政单位编制的年终决算报表进行审核。

事业单位会计是记录、反映和监督事业单位预算执行过程及其结果的专业会计。事业单位会计按行业可分为科学、教育、文化、卫生、体育等事业单位会计以及农业、林业、水利、勘探等事业单位会计等。

（四）会计教育

随着我国经济的发展，现代企业制度逐步完善，资本市场在经济中的作用与地位日益增强，社会对高层次会计人才的需求也急剧增加。会计成为越来越受欢迎的行业之一，很多高等院校都设置了会计专业，因此对会计专业教师的需求随之上升。

会计专业教师的工作主要涉及教学和科研。教学工作内容主要包括会计基础理论、基本原理、会计方法及相关知识体系的讲授与实践指导，科研内容主要涵盖对实务工作的研究和对会计理论的探讨。中国证监会 2001 年发布的《关于在上市公司建立独立董事制度的指导意见》要求："各境内上市公司应当按照本指导意见的要求修改公司章程，聘任适当人员担任独立董事，其中至少包括一名会计专业人士。"其中，会计专业人士是指具有高级职称或注册会计师资格的人士，因此，具有高级会计专业技术职称的会计教育从业人士还可以兼任上市公司的独立董事。

及时复习得高分

复习思考题

1. 试述会计产生和发展的动因。

2. 什么是会计对象？请简述工业生产企业会计对象的具体内容。

3. 什么是会计的职能？会计基本职能是什么？

4. 简述资产、负债、所有者权益三要素的含义、分类及相互之间的关系。

5. 简述收入、费用、利润三要素的含义、分类及相互之间的关系。

6. 简述会计的基本等式，试举例说明经济业务对会计等式的影响。

7. 什么是会计信息质量？衡量会计信息质量的标准是什么？

8. 什么是权责发生制？什么是收付实现制？请举例说明。

9. 什么是会计假设？其具体内容是什么？

10. 什么是会计方法？会计核算包括的具体方法有哪些？

11. 我国会计法规体系主要构成内容有哪些？

12. 收集资料，结合我国上市公司上市前后出现的财务问题，谈谈会计从业人员遵循会计职业道德的重要意义。

练习一

下列表述正确的有(　　)。

1.会计的对象是社会再生产过程中的资金运动。

2.货币是会计核算中唯一的计量单位。

3.会计的基本职能是核算与监督。

4.凡是特定对象的经济活动,都是会计核算与监督的内容。

5.资产是指由于过去、现在、将来的事项和交易形成并由企业拥有的经济资源,该资源预期会给企业带来经济利益。

6.会计要素是会计报表构成的基本单位。

7.随着经济的发展和会计活动范围及内容的不断扩大,会计的职能也在不断改变。

8.会计主要以货币计量进行监督,不必进行实物监督。

练习二

【目的】练习会计恒等式。

【资料】某公司有下列资产、负债和所有者权益项目,各项目金额列示如下(单位:元):

库存商品	40 000	实收资本	300 000	固定资产	35 000
应付账款	35 800	应付票据	65 000	应交税费	23 000
长期投资	200 000	短期借款	20 000	预收账款	15 000
长期借款	50 000	库存现金	3 500	预付账款	22 800
应收账款	65 000	银行存款	153 000	本年利润	10 500

【要求】分别列示资产、负债和所有者权益所属的项目,并加计资产、负债和所有者权益的总额。

练习三

【目的】练习权责发生制和收付实现制。

【资料】某企业9月发生了下列经济业务:

1.销售产品收到现款120元;

2.销售产品120元,购买单位A交来现款50元,余款暂欠;

3.收到购买单位A上月所欠货款120元;

4.收到购买单位B预交货款120元;

5.收到C单位交来9—12月份仓库租金120元;

6.结转本月销售产品的生产成本100元;

7.本月应交所得税100元,未交;

8.本月交纳上月所欠办公电话费100元;

9. 本月财产保险费 100 元, 上月已支付;

10. 支付管理部门 10—12 月份报纸订阅费 100 元。

【要求】

1. 根据权责发生制确定本月收入、费用;

2. 根据收付实现制确定本月收入、费用。

练习四

【目的】练习经济业务的性质以及对资产、负债及所有者权益增减变动的影响。

【资料】A 公司 6 月份发生 7 笔经济业务, 列示在下表的等式中(单位:元)。

A 公司 6 月份业务列表

金额单位:元

	资产					=	负债		+	所有者权益
	库存现金+银行存款+应收账款+原材料+固定资产					=	应付账款+应付票据		+	实收资本
期初	1 700	+54 000	+4 300	+25 900	+61 000		69 500	+7 400		+70 000
业务1		+4 000	−4 000							
业务2							−50 000	+50 000		
业务3		+49 000			+56 000					+105 000
业务4		−5 000					−5 000			
业务5		−3 500		+9 500			+6 000			
业务6								−45 000		+45 000
业务7					+10 000					−10 000

【要求】

1. 根据上述资料, 说明业务 1～7 可能发生的经济业务内容;

2. 计算并说明每一笔经济业务对资产负债及所有者权益增减变动的影响。

第一章复习思考题及
练习题答案

第二章

账户与复式记账

本章学习要求

　　本章要求了解会计科目及账户的设置原则，掌握设置会计科目、登记会计账户和进行复试记账等会计核算的专门方法。本章主要阐明了会计科目与账户的含义、分类以及会计科目和账户的联系和区别，设置账户和复试记账以及试算平衡的基本原理与方法。要求掌握复式记账法的基本原理与特征，熟练运用借贷记账法进行业务分析和编制会计分录，掌握试算平衡的基本原理及试算平衡表的编制程序与方法。

第一节　会计科目

一、会计科目的概念以及设置会计科目的意义和原则

(一)会计科目的概念

　　会计科目是对会计对象的具体内容进行分类核算的类目。企业在生产经营过程中，经常发生各种各样的经济业务，引发企业各个会计要素的增减变动，会计所要反映和监督的具体内容为各项会计要素的增减变动情况。会计对象的内容不同，管理要求也有所不同。为了全面、系统、分类地核算和监督各项业务的发生情况，以及由此引发的会计要素变动情况，就有必要依据会计对象分别设置会计科目。设置会计科目是对会计对象的具体内容加以科学归类，进行分类核算与监督的一种方法。

　　企业各个会计要素既有共同点，也有不同点。例如，企业的房屋、建筑物、机器设备、运输设备、库存材料等，都是企业用以进行生产的劳动资料。劳动资料和劳动对象虽然都是企业的资产，但它们各自具有不同的特点，而且在生产中所起的作用也各不相同，因此，对它们的增减变动情况，会计上应当分别加以反映和监督。对房屋、建筑物、机器设备、运输设

备等劳动资料的增减变动设置"固定资产"科目进行反映和监督,对库存材料、辅助材料、燃料等劳动对象的取得与消耗设置"原材料"科目进行反映和监督。对于各种途径形成的负债,按照债权人和偿还期限的不同,分别设置"短期借款""应付账款""长期借款"等科目进行反映和监督。对于所有者在企业所享有的权益,按照其形成来源和性质的不同,也分别设置"实收资本""资本公积""盈余公积""本年利润"等科目进行反映和监督。由此可见,会计科目就是对会计要素的具体内容进一步分类的项目名称。

(二)设置会计科目的意义

设置会计科目是企业编制整理会计凭证、设置账户并进行账务处理的依据,同时也是正确组织会计核算的一个重要条件。从某种意义上说,会计是一种分类技术。企业为了全面、系统、分类地反映和监督各项经济业务的发生情况,以及由此引起的各类会计要素增减变动的过程和结果,就必须按照会计要素的不同特点,根据经济管理的要求,通过设置会计科目来进行分类别、分项目的核算并编制财务报告。只有这样,才能分别为企业内部经营管理和外部有关各方提供所需要的一切完整的会计信息。

(三)设置会计科目的原则

会计科目必须根据会计法和国家统一的会计制度的规定设置和使用。设置会计科目必须遵循以下原则:

(1)会计科目的设置必须结合特定会计主体的会计要素的具体特点。设置会计科目,必须对会计要素的具体内容进行科学分类,以便分门别类地反映和监督各项经济业务,为加强经济管理提供必要的核算指标。因此,各单位应结合本单位会计要素的特点来确定应设置的会计科目。例如,制造企业是制造产品的单位,根据其业务特点,制造企业就必须设置反映和监督生产经营过程及产品生产成本的会计科目"制造费用"和"生产成本"。商品流通企业不从事产品生产,而是组织商品流通,商品流通企业就不必设置反映和监督产品生产成本的会计科目,但必须设置反映和监督商品流通业务的"库存商品"等会计科目。

(2)会计科目的设置必须符合会计目标的要求。会计目标是会计工作努力的方向和应达到的目的。财务会计的目标是向国家、企业投资人、债权人、社会公众以及企业内部管理者和职工等提供有用的会计信息,使之便于进行宏观调控、优化社会经济资源配置、合理进行投资、强化内部经营管理等。因此,设置会计科目,必须符合会计目标的要求。例如,企业的盈亏情况是会计信息使用者非常关心的,为此,必须设置"主营业务收入"、"主营业务成本"、"税金及附加"、"投资收益"、"管理费用"、"财务费用"、"销售费用"、"本年利润"等科目,用于反映盈亏的形成,满足会计信息使用者的要求。再如,为了反映企业与银行的债务情况,就需要设置"短期借款"和"长期借款"等科目;为了反映企业利润的分配情况,就需要设置"利润分配"科目;为了反映企业实有资本,就需要设置"实收资本"科目等。

(3)会计科目的设置必须将统一性和灵活性相结合。为了满足宏观经济管理的要求,我国当前会计科目是由财政部统一制定颁布的。企业根据国家统一规定的会计科目,进行具体的会计核算。但是,由于企业的经济业务千差万别,在对会计要素的增减变动进行分类核算时,各单位可以根据本单位的规模和经济业务的特点,以及经济管理的要求等具体情况,对统一的会计科目做必要的简并或增补。例如，在统一规定的会计科目中，设置"预收账款"和"预付账款"科目，如果企业在生产经营过程中预收、预付款业务不多，可以不单设"预收账款"、"预付账款"科目，将预收、预付账款分别合并在"应收账款"、"应付账款"科目核算；在借贷记账法下，企业可以根据需要，将债权类的"其他应收款"科目和债务类的"其他应付款"科目加以合并，设置一个双重性质的"其他往来"科目。按照统一性和灵活性相结合的原则设置会计科目，就是既要防止会计科目设置过多，又要防止不顾实际需要随意简并会计科目。

（4）会计科目的设置必须保持相对的稳定性。为了便于在不同时期比较分析会计核算指标和在一定范围内综合汇总核算指标，对会计科目的设置应保持相对稳定，不能经常变动，以使会计核算指标具有可比性。此外，每个会计科目都有特定的核算内容，科目名称要含义明确、通俗易懂、便于开设和运用账户，以免将不同特性的资料混同记入同一会计科目。

二、会计科目的分类

（一）按照所反映的经济业务的内容分类

会计科目按其反映的经济内容的不同，一般企业分为资产类、负债类、所有者权益类、损益类、成本类。

（1）资产类科目分为流动资产和非流动资产。流动资产类包括"库存现金"、"银行存款"、"应收账款"、"预付账款"、"其他应收款"等；非流动资产包括"固定资产"、"长期投资"、"无形资产"等。

（2）负债类科目分为流动负债和非流动负债。其中流动负债包括"短期借款"、"应付账款"、"其他应付款"、"预收账款"、"应交税费"、"应付职工薪酬"等；非流动负债包括"长期借款"、"长期应付款"、"专项应付款"等。

（3）所有者权益类科目主要包括"实收资本"、"资本公积"、"本年利润"和"利润分配"等。

（4）损益类科目包括"主营业务收入"、"主营业务成本"、"销售费用"、"管理费用"、"财务费用"、"其他业务收入"、"其他业务成本"等。

（5）成本类科目主要包括"生产成本"、"制造费用"、"劳务成本"和"研发支出"等。

（二）按照隶属关系分类

会计科目的隶属关系可以分为总账科目和明细科目，一级科目称为总账科目，明细科目包括除一级科目以外的其他各级科目，如二级科目、三级科目等。

1.总账科目

一级科目即总分类科目，也称总账科目，是指对会计要素的具体内容进行总括分类的会计科目，是进行总分类核算的依据。由于总账科目反映各经济业务的概括情况，为了满足国家宏观经济管理的需要，一级科目原则上由国家统一规定。表2-1中列示了《企业会计准则——应用指南》中常用的一级会计科目。

2.明细科目

二级科目即二级明细分类科目,也称子目,是指在一级科目的基础上,对一级科目所反映的经济内容进一步分类而形成的会计科目。

大多数的明细科目是由企业依据国家统一规定的会计科目和要求,根据经营管理的需要自行设置的,如"应收账款"下按债务人名称设置明细科目、"应付账款"下按债权人名称设置明细科目。但也有少数明细科目是由国家统一规定的,例如,"应交税费"是一级科目,下设的"应交增值税"是二级科目,"应交增值税"二级科目下还应该设置"进项税额"、"销项税额"、"已交税额"、"进项税额转出"等专栏(相当于三级科目)。

综上所述,一级科目是最高层次的会计科目,控制或统驭着明细科目;子目是对一级科目的补充说明,是介于一级科目和细目之间起沟通作用的会计科目。所有的明细科目中,上一级明细科目控制或统驭着下一级明细科目,下一级明细科目是对上一级明细科目的补充说明与分类。应当注意的是,并不是所有的一级科目都需要分设明细科目,根据信息使用者所需不同信息的详细程度,有些只需设一级科目,有些只需设一级科目和明细科目,而不需要设置多级明细科目。

三、会计科目的内容和编号

(一)会计科目的内容

我国企业的会计科目及核算内容一般是由财政部颁布企业会计制度来统一规定的,中华人民共和国境内依法成立的各类金融企业,包括银行(含信用社)、保险公司、证券公司、信托投资公司、期货公司、基金管理公司、租赁公司、财务公司等执行《金融企业会计制度》,其会计科目及其核算内容由财政部颁布的《金融企业会计制度》统一规定;在中华人民共和国境内设立的不对外筹集资金、经营规模较小的企业,即不公开发行股票或债券,符合原国家经济贸易委员会、原国家发展计划委员会、财政部、国家统计局2003年制定的《中小企业标准暂行规定》(国经贸中小企业〔2003〕143号)的小企业,执行《小企业会计制度》,其会计科目及其核算内容由财政部颁布的《小企业会计制度》统一规定;除不对外筹集资金、经营规模较小的企业,以及金融保险企业以外,在中华人民共和国境内设立的企业(含公司),执行《企业会计制度》,其会计科目及其核算内容由财政部颁布的《企业会计制度》统一规定。财政部于2006年2月根据《中华人民共和国会计法》修改颁布了《企业会计准则——基本准则》和《企业会计准则第1号——存货》等38项具体准则,其后不断补充与修订,截至2017年6月,企业会计准则已扩充到42项具体准则。2006年10月,财政部又制定颁布了《企业会计准则——应用指南》,于2007年1月1日起在上市公司范围内施行,鼓励其他企业执行。执行新准则和《企业会计准则——应用指南》的企业不再执行原准则、《企业会计制度》和《金融企业会计制度》。《小企业会计制度》从2013年1月1日起废止,执行《小企业会计准则》。现摘要列示财政部2006年制定的《企业会计准则——应用指南》的部分会计科目,见表2-1。

表2-1　《企业会计准则——应用指南》会计科目表

一、资产类	1541 存出资本保证金	4002 资本公积
1001 库存现金	1601 固定资产	4102 一般风险准备
1002 银行存款	1602 累计折旧	4103 本年利润
1011 存放同业	1603 固定资产减值准备	4104 利润分配
1012 其他货币资金	1604 在建工程	4201 库存股
1021 结算备付金	1605 工程物资	五、成本类
1031 存出保证金	1606 固定资产清理	5001 生产成本
1101 交易性金融资产	1631 油气资产	5101 制造费用
1111 买入返售金融资产	1701 无形资产	5201 劳务成本
1121 应收票据	1702 累计摊销	5301 研发支出
1122 应收账款	1703 无形资产减值准备	5401 工程施工
1123 预付账款	1711 商誉	5402 工程结算
1131 应收股利	1801 长期待摊费用	5403 机械作业
1132 应收利息	1901 待处理财产损溢	六、损益类
1201 应收代位追偿款	二、负债类	6001 主营业务收入
1211 应收分保账款	2001 短期借款	6011 利息收入
1221 其他应收款	2002 存入保证金	6021 手续费及佣金收入
1231 坏账准备	2003 拆入资金	6031 保费收入
1301 贴现资产	2012 同业存放	6041 租赁收入
1302 拆出资金	2101 交易性金融负债	6051 其他业务收入
1303 贷款	2202 应付账款	6061 汇兑损益
1304 贷款损失准备	2203 预收账款	6101 公允价值变动损益
1321 代理业务资产	2211 应付职工薪酬	6111 投资收益
1401 材料采购	2201 应付票据	6301 营业外收入
1402 在途物资	2221 应交税费	6401 主营业务成本
1403 原材料	2231 应付利息	6402 其他业务成本
1404 材料成本差异	2232 应付股利	6403 税金及附加
1405 库存商品	2241 其他应付款	6411 利息支出
1406 发出商品	2291 预提费用	6421 手续费及佣金支出
1407 商品进销差价	2401 递延收益	6501 计提未到期责任准备
1408 委托加工物资	2501 长期借款	6502 提取保险责任准备
1411 周转材料	2502 应付债券	6511 赔付支出
1421 消耗性生物资产	2701 长期应付款	6542 分保费用
1431 贵金属	2702 未确认融资费用	6601 销售费用
1441 抵债资产	2703 专项应付款	6602 管理费用
1451 损余物资	2801 预计负债	6603 财务费用
1461 融资租赁资产	2901 递延所得税负债	6601 勘探费用
1471 存货跌价准备	三、共同类	6701 资产减值损失
1501 持有至到期投资	3001 清算资金往来	6711 营业外支出
1502 持有至到期投资减值准备	3002 货币兑换	6801 所得税费用
1503 可供出售金融资产	3101 衍生工具	6901 以前年度损益调整
1511 长期股权投资	3201 套期工具	
1512 长期股权投资减值准备	3202 被套期项目	
1521 投资性房地产	四、所有者权益类	
1531 长期应收款	4001 实收资本	

（二）会计科目的编号

为了便于进行会计账务处理，适应会计信息处理电算化的需要，加快会计核算速度，提高会计信息质量，每个会计科目都需要编制固定号码。

会计科目的编号要讲究科学性，一方面要能够区分会计科目的作用，另一方面要便于专业人员识别和计算机输入。会计科目的编号可以采用"四位数制"。以千位数数码代表会计科目按会计要素区分的类别，一般分为六个数码："1"为资产类、"2"为负债类、"3"为共同类、"4"为所有者权益类、"5"为成本类、"6"为损益类；百位数数码代表大类会计科目下较为详细的类别，可根据实际需要取数；十位和个位的数码一般代表会计科目的顺序号，为便于会计科目增减，在顺序号中一般都要留有间隔。

应特别注意，在人工系统下，会计人员进行账务处理时，不得只有编号而无会计科目名称。在会计电算化系统中，应在开始时设计"会计科目名称及编号"，以便于对电算化的会计处理进行审查和审计监督。

及时复习得高分

第二节　会计账户

一、设置会计账户的必要性

会计科目，只是对会计对象的具体内容（会计要素）进行分类的项目名称。为了能够分门别类地对各项经济业务的发生所引起的会计要素的增减变动情况及结果进行全面、连续、系统、准确地反映和监督，以便为会计信息使用者提供所需要的各种会计信息，还必须根据规定的会计科目在账簿中开设账户，通过账户对各项经济业务进行分类、系统、连续地记录。每一个账户都有一个简明的名称，用来说明该账户所记录的经济业务。

会计记录与核算的主要对象是企业日常发生的各种各样的经济业务。虽然错综复杂的经济业务可以按资产、负债、所有者权益、收入、费用和利润六个大类项目进行归纳，并用会计等式进行记录反映，但是资产和负债的种类很多，所有者权益又因企业组织形式不同而异，至于收入和费用，更是名目繁多，因此，如果仅仅利用会计要素和会计等式来记录和反映每一笔经济业务，会计信息太过于粗略，就不能满足不同的会计信息使用者对会计信息的不同要求。为了使种类繁杂的经济业务连续、系统地记录反映，企业必须根据规定的会计科目在会计账簿中开立会计账户。

二、会计账户的含义及设置原则

（一）会计账户的含义

会计账户是依据会计科目设置，具有一定的结构，用来系统、连续地记载各项经济业务的一种工具。每一个会计账户都有一个简明的名称，用以说明该账户的经济内容。设置账户后，对所发生的经济业务在相应账户中进行分门别类地记录，有关会计要素具体内容的增减变动及其结果就可得到分类、系统地反映，进而可据以编制会计报表，使企业能充分表现其财务状况和经营成果。

设置账户是以明确会计要素为前提，以区别会计要素的具体内容为出发点的。就资产而言，其所包含的具体内容很多，可分为库存现金、银行存款、应收债权、存货、对外投资、固定资产等。在账户设置时，就可以相应地设置"库存现金"、"银行存款"、"应收账款"、"应收票据"、"原材料"、"库存商品"、"长期股权投资"、"持有至到期投资"、"固定资产"等一系列资产类账户。就负债而言，负债内容按债权人不同可区分为短期借款、应付账款、应付票据、应付职工薪酬、长期借款等，为此，也可以相应地设置"短期借款"、"应付账款"、"应付票据"、"应付职工薪酬"、"长期借款"等负债类账户。所有者权益的内容包括实收资本、资本公积、盈余公积等，为此，可以相应地设置"实收资本"、"资本公积"、"盈余公积"等账户。收入和费用也可以根据其内容，相应地设置"主营业务收入"、"其他业务收入"、"营业外收入"、"主营业务成本"、"其他业务成本"、"管理费用"、"销售费用"、"财务费用"等账户。

（二）会计账户的设置原则

由于企业组织形式各不相同，业务性质不一样，管理上的要求也不一致，账户究竟如何设置呢？账户设置必须考虑以下主要原则：

1. 简明原则

账户的名称必须简单明了、通俗易懂，而且易于记忆。账户的名称就是会计科目。

2. 适用原则

账户是企业众多经济业务的缩影，因此，账户的设置应该与企业的业务特点相适应，要能正确代表各项业务的内容，并且显示各项业务的特征。例如，工业企业生产经营过程由采购过程、生产过程和销售过程组成，就应根据这些具体的生产经营过程设置相应的账户记录反映其相关的业务。就采购过程而言，就需设置"材料采购"账户，记录材料的采购成本；设置"原材料"账户，记录库存材料的成本。就生产过程而言，当企业生产产品、确认产品生产成本时，就需设置"生产成本"账户，记录反映产品生产过程中所发生的直接材料费、直接人工费、其他直接费和制造费用；而当产品生产完工入库时，就需设置"库存商品"账户，记录反映完工入库验收合格产品的生产成本。此外，由于企业规模大小不同，账户设置还应考虑与企业规模相称。

3. 清晰原则

某一个账户所要记载的事项必须是明确的，也就是说，归属甲账户记载的事项不能又同时归属乙账户。换句话说，某项经济业务的发展，其某一方面仅有一个账户可以应用，使用该账户进行核算，不可含糊重复。

4. 统一原则

为了保证与同行业或企业本身前后各期的比较，设置账户必须力求统一，这样才能达到帮助债权人、投资者等会计信息使用者进行决策分析的目的。

三、会计账户和会计科目的联系与区别

在会计实际工作中，会计账户通常也叫会计科目，但是在会计学中，会计账户和会计科目是两个不同的概念，两者之间既有联系又有区别，如表2－2所示。

表2-2　会计账户与会计科目比较表

	会 计 账 户	会 计 科 目
相 同	会计账户所登记的经济内容与会计科目所反映的经济内容是一致的	
联 系	会计账户是根据会计科目开设的,是会计科目的具体运用	会计科目是设置会计账户的依据,是会计账户的名称
区 别	会计账户具有一定的结构,能具体反映会计要素增减变动情况	会计科目只是会计要素具体内容的分类,本身无结构

　　会计账户和会计科目的联系是:会计账户和会计科目都是按照相同的经济内容来设置的,会计账户是根据会计科目开设的,根据一级科目开设的账户就是一级账户或称总账账户,根据二级科目开设的账户就是二级账户,根据三级科目开设的账户就是三级账户,二级、三级账户均称为明细账户。会计科目就是会计账户的名称,会计科目和会计账户在有关账页中有机结合,构成了会计账簿的统一体。正因为如此,在实际工作中,人们常常把会计科目作为会计账户的同义语。

　　会计账户和会计科目的区别是:会计科目是按照经济内容对会计要素进行分类的项目名称,它只是对账户的核算内容进行高度抽象与概括,不存在结构问题;会计账户则是在会计科目分类的基础上,对经济业务引起的会计要素增减变动情况及其结果进行全面、连续、系统记录的工具。因此,会计账户不仅要有反映的内容,还必须具备一定的结构。也可以说,会计账户是各个单位记录、加工、整理、汇总各种会计信息的载体,而会计科目则只是一个抽象概括的项目名称;会计科目由国家统一制定,并在会计制度或准则中以会计科目表的形式列示,它的设置只是名称的限定,不构成会计核算的方法,而账户的设置则构成了会计核算的专门方法之一。

四、会计账户的基本结构和内容

　　为了全面清晰地记录各项经济业务,每一个会计账户既要有明确的经济内容,又要有一定的结构。会计账户的结构就是会计账户的格式。任何一个会计账户都需要具备一个名称,会计账户的名称决定了会计账户所记录、反映的经济业务内容。由于经济业务所引起的资产、负债和所有者权益的变动不外乎增加和减少两种情况,因此,用来登记经济业务的会计账户,就有必要相应地划分为两个部分,一部分反映金额的增加,一部分反映金额的减少,增减数额相抵后的差额称为余额。为保证会计账户所记录的经济业务有据可依,会计账户还应该记录日期和凭证号等。一般来说,会计账户应包括以下几个方面,如表2-3所示:

　　(1)会计账户的名称(即会计科目)。

　　(2)日期和凭证编号(用以记录账户记录的日期和经济事项凭据来源)。

　　(3)摘要(概括说明经济业务的内容)。

　　(4)增加或减少的金额。

　　(5)余额。

表2-3　三栏式账户结构

账户名称:　　　　　　　　　　　　　　　　　　　　　　　　　　　　第　页

202×年		凭证字号	摘要	借方	贷方	借/贷	余额
月	日						

在借贷记账法下，为了快速检查核算内容与数据的准确性，在上述内容基础上进一步精简，用账户左右两侧反映金额的增减变动，账户的左方称为"借方"，右方称为"贷方"，这就形成了账户的基本结构。简要的账户结构如表2-4所示。

表2-4 账户的基本结构

借方	账户名称	贷方

这种账户格式与英文字母"T"字非常相似，所以一般称之为T形账户；也由于它与中文"丁"字相似，很多中国会计工作者也称之为丁字账。

在此处"借"、"贷"两字并无借入与贷出的实际意义，即借贷二字已失去其本身的含义，只是代表账户的记账符号。有关借贷记账法的具体记账方法将在下一节阐述。

账户分为借、贷两方，其中一方用来登记会计要素的具体内容增加的金额，而另一方用来登记其减少的金额，但只能一方登记增加，另一方登记减少。不过究竟哪一方用来登记增加的金额，哪一方用来登记减少的金额，这就需要根据各账户所反映的经济内容即账户的性质来确定。

账户的名称即为会计科目，依据科目性质可以将账户分为资产类账户、负债类账户、所有者权益类账户、成本费用类账户、利润账户和收入账户。不同类型的账户，其所反映经济业务中金额增减变化和余额方向不同。为了便于掌握和使用不同的账户，上述各类账户的结构，可归纳如表2-5所示。在记忆账户的结构时，只需按下表记住各类账户借方或贷方中一方的登记内容，无须同时记忆两方的登记内容，否则容易记混淆。

表2-5 账户结构汇总表

账户类别	账户		
	借方	贷方	余额
资产账户	+	-	在借方
负债、所有者权益账户	-	+	在贷方
利润账户	-	+	在贷方为利润，在借方为亏损
成本账户	+	-	在借方
费用账户	+	-	一般无期末余额
收入账户	-	+	一般无期末余额

及时复习得高分

第三节　复式记账

一、记账方法的概念

设置账户，仅仅是对会计要素做出了进一步的分类，为会计信息的加工处理提供了必需的"场所"。但对生产经营过程中发生的大量的经济业务及所引起的会计要素的增减变动情况及结果加以记录，不仅需要设置账户，而且还要运用记账方法，以解决按什么方式记录经济业务的问题。

记账方法是指对客观发生的会计事项在有关账户（或账簿）中进行记录时所采用的方法。记账方法一般都是由记账符号、所设账户、记账规则和试算平衡等内容构成。

二、记账方法的种类

记账方法随着会计的产生和发展，经历了一个逐渐完善的过程。从历史上看，记账方法有单式记账法和复式记账法之分，并且复式记账法是从单式记账法发展起来的。依据所采用的记账符号不同，复式记账法包括增减记账法、收付记账法和借贷记账法三种。借贷记账法是国际通用的记账方法，我国企业会计准则规定，所有企业一律采用借贷复式记账法。

（一）单式记账法

单式记账法是最早出现的一种简单的记账方法，它对发生的会计事项只在某一账户中做出单方面记录。单式记账法的基本特征是：

(1) 对会计对象反映不完整，大都以钱财、欠人、人欠为记录对象；

(2) 采用单方面的记录方式，对发生的收入项目，只进行钱财、人欠的单方面记录，不能全面地反映经济业务的变化情况；

(3) 缺少损益计算的专门账户，因而没有完整科学的账户和账户体系；

(4) 仅有个别账户的平衡公式，而无全部账户体系的平衡公式，所以记账过程的正确性缺乏自我验证的作用，没有相互对应关系的核对功能，发生错误时难以辨认和查找。

单式记账法的优点是记账过程和方式简单，但存在严重的缺陷，这是与经济不发达相联系的，因此，只能在简单经济条件下应用。在现代会计中，备查账簿的登记仍采用单式记账法。

（二）复式记账法

1. 复式记账法的概念与特征

复式记账法是相对单式记账法而言的。复式记账是对每一项经济业务在两个或两个以上的账户中登记，它能反映经济业务的来龙去脉。单式记账法只着重记载现金的收付及人欠、欠人的事项。例如，赊购商品，只记载所欠供应方的金额，而不记载所取得的商品金额。但任何一项经济业务的发生，都会引起有关会计要素之间或某项会计要素内部至少两个项目发生增减变化，而且变化的金额相等。结合会计等式看，一种情况是会计等式两边的会计要素有关项目同增或同减，如赊购商品，一方面收到商品导致资产增加，另一方面，未付货款使负债增加，即资产负债同增；另一种情况是会计等式一边的资产内部或负债、所有者权益内部抑或负债与所有者权益之间有关的项目一增一减。如用银行存款购买设备业务，一方面收到设备使固定资产增加，另一方面支付设备款使银行存款这项资产减少，即资产项目一增一减。因此，为了全面系统地反映会计要素有关具体项目的增减变动情况及结果，对于任何一笔经济业务都要用相等的金额，同时在两个或两个以上的有关账户中做相互联系的登记，这种记账方法就是复式记账法。

复式记账法是与发达的商品经济相联系的，是在单式记账法的基础上发展起来的。记账方法由单式记账法演进到复式记账法，经历了一个漫长的时期。复式记账法的产生，标志着会计取得了重大的进步。复式记账法的基本特征是：

（1）采用复式记录方式（双重记录方式），对每一项经济业务都必须在两个或两个以上的相互联系的账户中进行记录，并形成了科学的记账规则。经济业务的发生，必然会引起会计基本等式中的两个或两个以上项目的变动。在会计基本等式中，如有一项发生增减变动，其他一项或两项必然随之发生等量的增减变动。因此，对发生的每笔经济业务，都必须在两个或两个以上的相关账户中，做相互联系的双重平衡记录，这就是复式记账的模式。

（2）运用统一的货币计量单位，并运用简明的记账符号表明记账的方向和数量的增减。

（3）有完整科学的账户体系，既有人名账户，也有非人名账户；既有实账户，也有虚账户，并通过实账户和虚账户的配合来反映利润和权益金额。

（4）有全部账户体系的平衡公式，并能根据会计平衡公式检验全部会计记录的正确性。

2. 复式记账法的理论基础

复式记账法以价值运动和会计等式为理论基础。

会计核算和监督的内容是能够用货币表现的经济活动，而任何一项经济活动的发生都会有其来源和去向，涉及相互联系的各个方面。例如，有一项资产增加，就必然有资产提供者对资产的要求权，或是债权人的权益或是所有者的权益，资产和权益形成了相对的两方，或者因果关系的双方，这就形成了会计等式：资产 = 负债 + 所有者权益。而任何一笔经济业务的发生对会计等式的数量关系有两大类，一类是不变更资金总额的经济业务，这类业务只会影响会计基本等式某一边的金额，引起会计等式一边中某一会计要素的某项目增加的同时导致另一项目等额减少，如资产内部一增一减，负债内部一增一减，所有者权益内部一增一减，或者引起会计等式一边中两个会计要素一个增加的同时另一个等额减少，如负债与所有者权益一增一减，负债与所有者权益一减一增；另一类是能够变更资金总额的经济业务，这类业务引起会计等式左右两边同时发生等额的增减变化，如资产和负债同增或同减，资产与所有者权益同增或同减。因此，要全面反映经济活动存在的这种相互依存的内在关系，必须以相等的金额在两个或两个以上的相关账户中做等额的双重记录。

3. 复式记账法的基本内容

复式记账法，具有其基本内容：记账符号、设置账户、记账规则和试算平衡。

（1）记账符号。记账符号是指明会计事项应记入某一账户的某一方向，并表明数量增减变化的符号。例如，在借贷记账法下，以"借"和"贷"作为记账符号；在收支记账法中以"收"和"支"作为记账符号；增减记账法下以"＋"和"－"符号来表示增加和减少的数量。

（2）设置账户。设置账户是对会计对象具体内容进行分类、记录和监督的一种方法。例如，在借贷记账法下，账户按照经济内容设置，划分为资产类账户、负债类账户、共同类账户、所有者权益类账户、成本类账户和损益类账户。

（3）记账规则。记账规则又称记账法则或记账规律，是会计运用记账方法记录经济业务时应当遵守的规律，是记账方法本质特征的具体表现。例如，在借贷记账法下，记账规则是：有借必有贷，借贷必相等。

（4）试算平衡。试算平衡是指为保证会计账户处理的正确性，依据会计等式或复式记账原理，对本期各账户的全部记录进行汇总和测算，以检验账户记录正确性和完整性的一种专门方法。例如，在借贷记账法下，试算平衡公式有发生额平衡公式和余额平衡公式。

发生额平衡公式：

全部账户借方发生额合计数 = 全部账户贷方发生额合计数

余额平衡公式：

全部账户借方期初余额合计数 = 全部账户贷方期初余额合计数

全部账户借方期末余额合计数 = 全部账户贷方期末余额合计数

为了加深对复式记账原理的理解，兹以 A 维修中心 202×年 11 月份发生的经济业务为例，说明如何运用复式记账原理在各有关账户中进行登记。

[例 2-1]　A 维修中心于 11 月 1 日收到 C 公司投入资本——存款支票 200 000 元，当即解缴该中心的开户银行。

在这笔业务中，维修中心收到银行存款，表示资产增加，按照资产账户的结构，增加记借方，即应借记"银行存款"账户。投资者投入资本，代表所有者权益的实收资本增加，按照所有者权益账户的结构，增加记贷方，应贷记"实收资本"账户。其具体登记如图 2-1 所示。

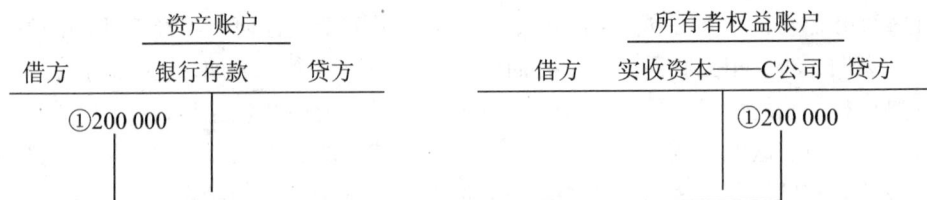

图 2-1　收到投入资本登记账户图

[例 2-2]　11 月 13 日，维修中心购入营业用修配材料一批，价值 50 000 元，货款用银行存款付讫。

在这笔业务中，维修中心收到材料，表示资产增加，按照资产账户的结构，增加记借方，应借记"原材料"账户。银行存款的支付，表示资产的减少，按照资产账户的结构，减少记贷方，应贷记"银行存款"账户。其具体登记如图 2-2 所示。

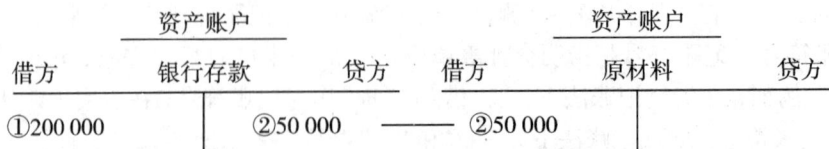

图 2-2　购入修配材料登记账户图

[**例 2-3**] 11 月 18 日，维修中心从银行取得短期借款 30 000 元，存入银行。

在这笔业务中，收到银行存款表示资产增加，按照资产的账户结构，增加记借方，应借记"银行存款"账户。这笔银行存款是因借款而来，同时也发生了短期借款的负债，按照负债账户的结构，增加记贷方，应贷记"短期借款"账户。其具体登记如图 2-3 所示。

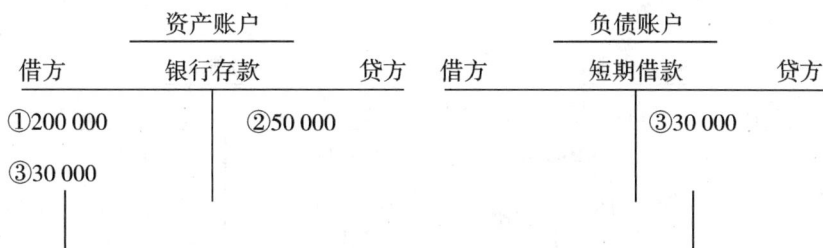

图 2-3 取得借款账户登记图

[**例 2-4**] 11 月 20 日，A 维修中心向 B 公司赊购修配材料 20 000 元。在这笔业务中，购入材料表示资产增加，按照资产账户结构，增加记借方，应借记"原材料"账户。而材料由赊购而来，同时发生了应付账款的负债，按照负债账户的结构，增加记贷方，应贷记"应付账款"账户。其具体登记如图 2-4 所示。

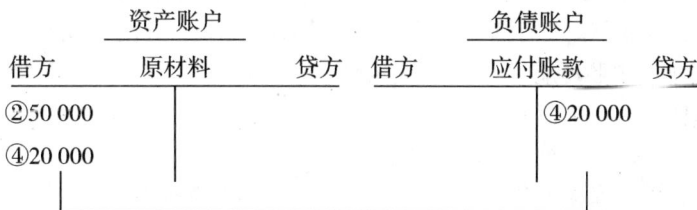

图 2-4 赊购修配材料登记图

[**例 2-5**] 11 月 25 日，维修中心用银行存款 10 000 元偿还 11 月 20 日所欠 B 公司部分货款。

在这笔业务中，所欠货款得以部分偿付，使应付账款负债减少，按照负债账户结构，减少记借方，应借记"应付账款"账户。用银行存款偿付，表示资产减少，按照资产账户的结构，减少记贷方，应贷记"银行存款"账户。其具体登记如图 2-5 所示。

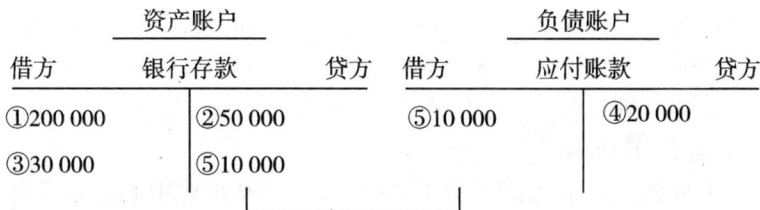

图 2-5 偿还负债登记图

[**例 2 - 6**] 11 月 25 日，维修中心开出面值为 10 000 元的票据一张交给 B 公司，约定 3 个月后归还所欠其余 10 000 元货款，一并支付利息。

在这笔业务中，以票据偿还欠款，结果使应付账款负债减少，应付票据负债增加。根据负债账户的结构减少记借方、增加记贷方的记账规律，应借记"应付账款"账户，贷记"应付票据"账户。其具体登记如图 2 - 6 所示。

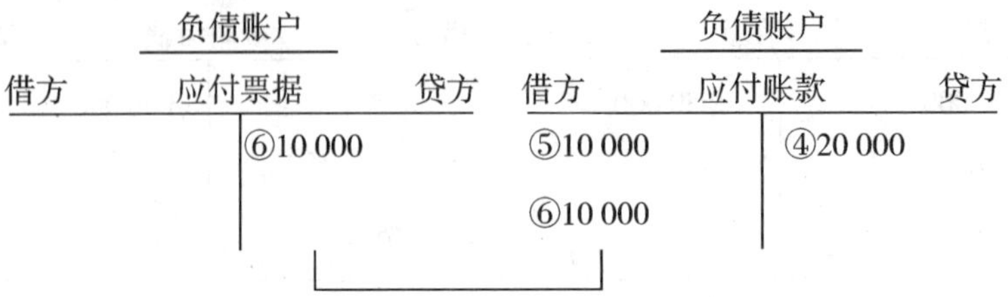

图 2 - 6　开出商业汇票登记图

[**例 2 - 7**] 11 月 27 日，经协商，C 公司代维修中心偿还 20 000 元的到期短期借款，以此作为 C 公司对维修中心的追加投资。有关手续已办妥。

这笔业务可以理解为两笔业务的合成，即 A 维修中心接受 C 公司的追加投资款 20 000 元，再用这 20 000 元去偿还短期借款，在这之中，银行存款一收一付不予反映。在这笔业务中必须反映的是，由于偿还短期借款，使短期借款负债减少，按照负债账户的结构，减少记借方，应记入"短期借款"账户的借方；但此项借款是由 C 公司代为偿还，并作为其追加投资，则投入资本增加，按照所有者权益账户的结构，增加记贷方，应记入"实收资本"账户的贷方。其具体登记如图 2 - 7 所示。

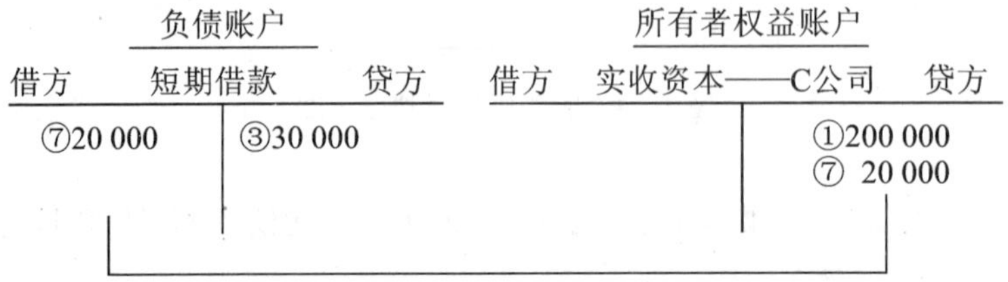

图 2 - 7　负债转所有者权益登账图

[**例 2 - 8**] 11 月 28 日，C 公司委托维修中心代为偿还一笔 40 000 元货款，作为对维修中心投资的减少。有关的手续已办妥，维修中心尚未还款。

在这笔业务中，C 公司转嫁给维修中心一笔应付账款负债，并作为其投资的减少，则应付账款负债增加，按照负债账户的结构，增加记贷方，应记入"应付账款"账户的贷方。同时，投入资本减少，按照所有者权益账户的结构，减少记借方，应记入"实收资本"账户的借方。其具体登记如图 2 - 8 所示。

[**例 2 - 9**] 11 月 29 日，在办理有关手续后，C 公司从维修中心抽回投资 20 000 元，维修中心以银行存款支付。

在这笔业务中，投资者抽回投资，资产中银行存款减少，按照资产账户的结构，减少记

负债账户	所有者权益账户

借方　　　应付账款　　　贷方　　　　借方　实收资本——C公司　贷方

⑤10 000　　　④20 000　　　　　⑧40 000　　　①200 000
⑥10 000　　　⑧40 000　　　　　　　　　　　　⑦ 20 000

图2-8　所有者权益转负债登账图

贷方，应贷记"银行存款"账户；投入资本减少，按照所有者权益账户的结构，减少记借方，应借记"实收资本"账户。其具体登记如图2-9所示。

资产账户	所有者权益账户

借方　　　银行存款　　　贷方　　　　借方　实收资本——C公司　贷方

①200 000　　　②50 000　　　　⑧40 000　　　①200 000
③ 30 000　　　⑤10 000　　　　⑨20 000　　　⑦ 20 000
　　　　　　　⑨20 000

图2-9　退还投资登账图

[**例2-10**]　11月30日，C公司将其对维修中心的部分投资转让给D公司，金额为50 000元。有关手续已办妥。

在这笔业务中，C公司的投资转让给D公司，结果D公司的投入资本增加，C公司的投入资本减少。根据所有者权益账户的结构，减少记借方，增加记贷方，应借记"实收资本"账户的同时，贷记"实收资本"账户。其具体登记如图2-10所示。

所有者权益账户	所有者权益账户

借方　实收资本——D公司　贷方　　　借方　实收资本——C公司　贷方

　　　　　　　⑩50 000　　　　⑧40 000　　　①200 000
　　　　　　　　　　　　　　　⑨20 000　　　⑦ 20 000
　　　　　　　　　　　　　　　⑩50 000

图2-10　投资转让登账图

根据上述实例不难看出，复式记账法对于每笔经济业务的记录都是在两个（或两个以上）账户中双重进行的，由此不仅可以了解每一项经济业务的来龙去脉，而且在把全部经济业务相互联系地登记入账以后，可以从账户中完整地、系统地反映经济业务的具体内容及结果。同时，由于每笔经济业务都是以相等金额进行登记，则通过试算平衡可以检查账户记录的正确性。复式记账法是一种比较科学的记账方法。

目前，我国及世界各国通用的复式记账法是借贷记账法。

三、借贷记账法

(一)借贷记账法的产生与发展

借贷记账法是以"借"和"贷"作为记账符号，运用复式记账原理，记录反映资产、负债、所有者权益等会计要素的增减变化及其结果的一种记账方法。

借贷记账法产生于 12 世纪末 13 世纪初的意大利。当时，意大利的商品经济，特别是沿海城市的海上贸易，已有很大的发展。但流行的货币(包括名称、重量、成色)却很复杂，币制不统一是商品交换的一个障碍。尽管当时以经营货币兑换业务为主的"银行"(银钱业)相当发达，但频繁的货币兑换和折算仍很不方便。在这种情况下，通过"银行"进行转账结算就受到商人的欢迎。商人可以把不同的货币存入"银行"，"银行"则折成公认的货币计量单位为他开设存款账户。"银行"为每一存款人记账时，都记在两个记账部位：一记"我应当给他的"，相当于今天的"贷方"；另一记"他应当给我的"，相当于今天的"借方"。当时，借贷的含义都是站在"银行"的角度来讲的。因此，甲、乙两人如同时在"银行"有存款，甲须付给乙一笔货款，"银行"就可以在甲、乙两人的存款户中转账，既记在甲的借方，又记在乙的贷方。借贷记账法的发展经历了以下阶段。

(1)萌芽时期。弗罗伦萨阶段是借贷记账法的萌芽时期，其主要特点是记账范围比较窄，仅限于个人账户的债权、债务记录；在记录形式上，借贷方不是现在流行的左右并列式，而是上下分开，采用文字叙述方式。

(2)发展阶段。公元 1340 年左右，在意大利的热那亚，出现了另一种借贷记账法的形式——热那亚式。这种形式比弗罗伦萨式有了较大的进步。其主要特点是：记账范围已从原来的债权、债务扩大到商品、现金；在记录形式上借贷方也不再是上下分开的文字叙述方式，而是分成了左右两方；而且除商品账户以外，其余账户能结出余额，并把余额记在反方向，以求得账户双方的会计平衡。在热那亚式账户中，商品账由于借方反映商品进价，贷方反映商品售价，因此，商品账户存在着无法结转的问题。

(3)成熟阶段。从 15 世纪初开始，经历了七八十年，在意大利的威尼斯，形成了一种比热那亚式更为完善的记录方式——威尼斯式。威尼斯式的重要发展是，除了增设"损益"、"资本"账户，解决了商品账无法结转的缺陷外，还增设了"余额"账户，借以汇总全部账户的余额，并进行试算平衡。这时，借贷两字就失去了原来的含义，转为单纯的记账符号，变成会计上的专门术语，即"左方"、"右方"的代名词。1494 年，意大利数学家、近代会计之父卢卡·帕乔利出版了《算术、几何、比及比例概要》一书，专篇专章系统地阐释了复式簿记的理论与方法。贝内代托·科特鲁伊于 1458 年写了《商业和健全的商人》一书，系统地介绍了复试簿记的理论与方法。这两本书的问世，标志着近代会计的产生。

我国最早介绍借贷记账法的书是 1905 年由蔡锡勇所著的《连环帐谱》。1907 年，由谢霖和孟森合著的《银行簿记学》在日本东京发行，成为我国学者撰写的第二本介绍借贷记账法的著作。1858 年后由英国人控制的海关是我国最早应用借贷记账法的部门。此外，西方资本家在中国开办的工厂、商行、银行也有应用借贷记账法的。

中华人民共和国成立后，借贷记账法得到了广泛应用，20 世纪 70 年代以前我国的企业等单位基本上都采用借贷记账法。在学习和引进借贷记账法的同时，我国传统的中式簿记得到了改造和创新，先后创立了财产收付记账法、资金收付记账法和增减记账法等。由于"文化大革命"的影响，这些新创立的记账方法得到了普遍的推广，而借贷记账法则被称为资本主义的东西受到批判，几乎全部停用。党的十一届三中全会后，随着改革开放的深入发展，借贷记账法又重新受到中国会计界的重视。会计记账采用借贷记账法，已写入企业、事业单位的会计准则中，成为唯一通用的记账方法。

（二）借贷记账法的作用

借贷记账法是一种较为科学的记账方法。它的作用及优越性，表现在以下几个方面：

(1)借贷记账法可以正确反映经济业务的内容、资金运动的方向和经营过程的进度及结果。因为采用借贷记账法记录经济业务之后，必然在账户之间产生一定的对应关系。这种对应关系，反映了账户之间的，也就是各会计要素之间的内在联系，而这种联系就揭示了经济业务的内容与资金运动的来龙去脉，通过对账户对应关系的观察，可使人们对经济业务的内容一目了然。

(2)通过借贷记账法登记经济业务之后，可以检查经济业务的发生和处理是否符合党和政府的方针、政策、法令、制度的有关规定和要求，因为借贷记账法利用账户对应关系，可以反映每一笔经济业务在资产、负债、所有者权益、费用、收入中所引起的一切变化，对这种变化进行研究，即可判别经济业务的合理、合法性。

(3)通过借贷记账法登记经济业务之后，可以检查账户记录是否正确，以便及时更正错误，确保账户的记录完整无误。由于在借贷记账法下，根据资金运动规律，采用了"有借必有贷，借贷必相等"的记账规则，就使所有账户的借方发生额或余额合计数和所有账户的贷方发生额或余额合计数相等。通过这种必然相等的关系，来检查账户记录是否正确。

（三）借贷记账法的基本原理

(1)借贷记账法的记账基础。借贷记账法以"资产＝负债＋所有者权益"所揭示的会计要素之间的平衡原理作为理论依据，按照资金运动的客观规律来反映资金的增减变动，描述会计要素的运动轨迹。

(2)以"借"和"贷"作为记账符号，表示记账方向。作为借贷记账法的一种记账术语，"借"、"贷"两字在此已失去其本身的含义，没有借入与贷出等意思，只是分别代表账户左方和右方的两个记账符号而已，所有账户的借方和贷方都按相反的方向记录，即一方登记增加额，另一方登记减少额，至于哪一方登记增加额，哪一方登记减少额，视账户性质而异。结合前述账户的性质及结构，账户的借方登记资产和费用的增加数，负债、所有者权益和收入的减少数（或转销数）；贷方登记资产和费用的减少数（或转销数），负债、所有者权益和收入的增加数。

(3)记账规则"有借必有贷，借贷必相等"。按照复式记账原理，任何一笔经济业务都至少要在两个账户中进行登记，即在记入一个或几个账户借方的同时，以相等的金额记入另一个或几个账户的贷方。借贷记账法的记账规则，在各会计要素之间的关系如表2-6所示。

表2-6 借贷记账法引起会计要素变动的九种情况及举例

会计要素变动情况	变动项目举例		
	资产	负债	所有者权益
1.一项资产增加,另一项资产减少	现金+ 银行存款-		
2.一项负债增加,另一项负债减少		应付票据- 应付账款+	
3.一项所有者权益增加,另一项所有者权益减少			实收资本+ 盈余公积-
4.一项资产增加,一项负债增加	银行存款+	长期借款+	
5.一项资产增加,一项所有者权益增加	固定资产+		实收资本+
6.一项资产减少,一项负债减少	银行存款-	应付账款-	
7.一项资产减少,一项所有者权益减少	银行存款-		实收资本-
8.一项负债减少,一项所有者权益增加		长期借款-	实收资本+
9.一项负债增加,一项所有者权益减少		应付福利费+	盈余公积-

显然,任何借方的增减,必定与贷方的增减相结合,反之亦然。

(四)借贷记账法的内容

按照其性质,账户可以分为资产账户、负债账户、所有者权益账户、收入账户、费用(成本)账户以及利润账户六大类。

1.资产账户、负债账户和所有者权益账户的结构

资产账户是反映各项资产的账户,反映各项负债和所有者权益的账户则分别称为负债账户和所有者权益账户。如前所述,这三类账户由于性质不同,登记会计要素具体内容的增加和减少的方向也不尽相同。不过,在一个账户中,凡是增加记入一方时,减少必定记入另一方。具体可从会计等式出发进行分析。

$$资产 = 负债 + 所有者权益$$

由上列会计等式就可以发现各类账户的结构如下:

(1)资产在等式的左方,所以资产的增加数应记入账户左方即借方,而减少数则必然记入账户的右方即贷方。

在一定时期内,记入资产账户借方的金额(增加数)之和,称为本期借方发生额;记入资产账户贷方的金额(减少数)之和,称为本期贷方发生额。期初余额与本期借方发生额之和抵减贷方发生额之和的差额,就是账户的期末余额。在账户登记时,有期初余额,应先记入期初余额,再登记本期发生额。一般情况下,资产账户期初余额加上其本期增加数之和总是大于其本期减少数,所以在正常情况下,资产账户的期末余额总是在其登记增加的一方即借方。它们之间的关系用公式表示如下:

资产账户期初余额+本期借方发生额-本期贷方发生额=资产账户期末余额

这里的"期"是指会计期间,在我国分别为月、季、半年和年。兹将账户的结构列示如表2-7所示。

表 2 - 7　资产类账户

借方		(账户名称)	贷方	
期初余额	×××			
记录资产的增加数	×××	记录资产的减少数	×××	
记录资产的增加数	×××	记录资产的减少数	×××	
……………		……………		
本期借方发生额	×××	本期贷方发生额	×××	
期末余额	×××			

（2）负债及所有者权益在等式的右方，所以，负债及所有者权益的增加数应记在账户的右方即贷方，而减少数则记在账户的左方即借方。

一般来说，负债和所有者权益账户的期初余额加上本期贷方发生额（增加数）之和，总是大于本期借方发生额（本期减少数）之和，所以，在正常情况下，负债和所有者权益账户的期末余额总是在其登记增加的一方即贷方。它们之间的关系用公式表示如下：

权益账户期初余额 + 本期贷方发生额 - 本期借方发生额 = 权益账户期末余额

兹将负债和所有者权益账户的结构列示如表 2 - 8 所示。

表 2 - 8　负债和所有者权益类账户

借方		(账户名称)	贷方	
		期初余额	×××	
记录负债和所有者权益的减少数	×××	记录负债和所有者权益的增加数	×××	
记录负债和所有者权益的减少数	×××	记录负债和所有者权益的增加数	×××	
……………		……………		
本期借方发生额	×××	本期贷方发生额	×××	
		期末余额	×××	

2. 收入账户、费用账户和利润账户的结构

收入的取得会使资产增加或负债减少，同时也导致所有者权益的增加。费用的发生将会使资产减少或负债增加，最终会导致所有者权益的减少。假定企业的营业收入全部归所有者所有，则为取得收入而消耗的资产自然也应全部由所有者负担。那么，当获得收入及发生费用的业务发生时，最简单的做法，就是直接通过所有者权益账户加以记录：凡获得收入，记入所有者权益账户的贷方；凡发生费用，记入所有者权益账户的借方。然而，这样处理就无法反映企业在一定时期所获得的收入和发生的费用，也就无法确定该期所实现的经营成果。为了单独反映企业某一期间的经营业绩，便于利润表的编制，需另外设置收入及费用账户，以记载有关的业务。此外，为了记录反映一定时期收入和费用比较的结果，尚需单独设置"本年利润"账户。

由于收入和费用都影响所有者权益的增减，收入增加使所有者权益增加，则收入账户与所有者权益账户的结构相似，即本期收入增加记入收入账户的贷方，本期收入减少记入收入账户的借方。期末，将本期收入增加数减去减少数后的差额，从收入账户转入"本年利润"账

户的贷方。经此结转后，收入账户无期末余额。费用增加使所有者权益减少，则费用账户与所有者权益账户的结构相反，即本期费用增加数记入费用账户的借方，本期费用减少数记入费用账户的贷方。期末，本期费用增加数减去减少数后的差额，从费用账户转入"本年利润"账户的借方。经此结转后，费用账户无期末余额。换个角度考虑，费用账户与所有者权益账户的结构相反，那么费用账户必定与资产账户的结构相同。为什么费用账户能与资产账户的结构相同呢？这是因为费用就是消耗了的资产。

"本年利润"账户贷方登记从收入账户借方转来的收入金额，借方登记从费用账户贷方转来的费用金额，贷方的收入金额与借方的费用金额相抵后，若为贷方余额，则表示实现的利润；若为借方余额，则表示发生的亏损。兹将收入账户、费用账户和"本年利润"账户的结构列示如表 2-9、表 2-10、表 2-11 所示。

表 2-9　收入类账户

借方		（账户名称）	贷方
记录收入的减少数	×××	记录收入的增加数	×××
记录收入的减少数	×××	记录收入的增加数	×××
…………		…………	
期末将增减差额转销	×××		
本期借方发生额	×××	本期贷方发生额	×××

表 2-10　费用类账户

借方		（账户名称）	贷方
记录费用的增加数	×××	记录费用的减少数	×××
记录费用的增加数	×××	记录费用的减少数	×××
…………		…………	
		期末将增减差额转销	×××
本期借方发生额	×××	本期贷方发生额	×××

表 2-11　"本年利润"账户

借方		（本年利润）	贷方
		期初余额	×××
记录转入的各种费用(成本)数	×××	记录转入的各种收入数	×××
…………		…………	
本期借方发生额	×××	本期贷方发生额	×××
期末余额(亏损)	×××	期末余额(利润)	×××

3.账户的对应关系与会计分录

实际工作中，经济业务并不是先行记入各有关账户。由于同一笔经济业务的内容分别记录在两个或多个账户中，而每一账户各为一页，当业务数量繁多时，记账时必定前后翻阅，容易发生漏记、重记等记账错误，事后检查也很不方便。为了保证账户记录的正确性，在把经济业务记入账户之前，要先编制会计分录。

（1）会计分录的概念。会计分录简称分录，是对每笔经济业务列示其应借应贷账户名称及金额的一种记录。会计分录是在经济业务发生的当时根据原始凭证编制的，是账户记录的依据。因此，会计分录的正确性至关重要。兹就上述所举 A 维修中心的 10 笔经济业务，编制会计分录反映如下：

[例2-1]	借：银行存款	200 000
	贷：实收资本——C 公司	200 000
[例2-2]	借：原材料	50 000
	贷：银行存款	50 000
[例2-3]	借：银行存款	30 000
	贷：短期借款	30 000
[例2-4]	借：原材料	20 000
	贷：应付账款——B 公司	20 000
[例2-5]	借：应付账款——B 公司	10 000
	贷：银行存款	10 000
[例2-6]	借：应付账款——B 公司	10 000
	贷：应付票据	10 000
[例2-7]	借：短期借款	20 000
	贷：实收资本——C 公司	20 000
[例2-8]	借：实收资本——C 公司	40 000
	贷：应付账款	40 000
[例2-9]	借：实收资本——C 公司	20 000
	贷：银行存款	20 000
[例2-10]	借：实收资本——C 公司	50 000
	贷：实收资本——D 公司	50 000

（2）编制会计分录的步骤。在实际运用借贷记账法的记账规则记录一项经济业务时，要考虑以下四个方面的问题，这也就是编制会计分录的步骤。

第一步，分析经济业务的性质，根据经济业务的内容，确定它所涉及的账户名称及类别（资产、负债、所有者权益账户或收入、费用账户等）与结构；

第二步，确定经济业务涉及的各个账户，其变动究竟是增加还是减少；

第三步，根据账户的结构及"有借必有贷，借贷必相等"的记账规则，确定各账户的记录应记入借方还是贷方；

第四步，计算并指出应记金额。

经济业务所涉及的账户可能为两个，也可能为两个以上。不论经济业务涉及多少账户，记入借方的总金额数与记入贷方的总金额数必须相等。

（3）会计分录格式规范：

第一，在确定了应借记和贷记的会计科目后，具体的记录应先借后贷。借方先记录，即借项在上；贷方后记录，即贷项在下。

第二，应先将所有借项记录完毕后，再记贷项。若借项不止一项，每项各占一行，上下对齐。记贷项时，须向右退一格或两格，即借、贷项必须错开位置，分行书写，不能齐头并进。

第三，借方金额与贷方金额的书写也必须错开位置，不可以写在同一栏。但每一科目的金额，必须与该科目在同一行记录。

（4）会计分录的分类。会计分录有简单会计分录和复合会计分录之分。简单会计分录，是一个账户的借方与另一个账户的贷方相互结合的记录，即账户之间为一借一贷的对应关系。上面所举的第一笔至第十笔都是简单会计分录。然而，企业的有些经济业务内容往往是比较复杂的，完整地记录这些经济业务内容，则需要通过两个以上的账户，即以一个账户的借方与几个账户的贷方，或者几个账户的借方与一个账户的贷方相互结合才能加以反映。这就需要采用复合会计分录。复合会计分录是一个账户的借方与几个账户的贷方，或者几个账户的借方与一个账户的贷方，或者几个账户的借方与另几个账户的贷方相互结合的记录，即账户之间为一借多贷、一贷多借、多借多贷的对应关系。现以 A 维修中心为例说明如下：

[例 2 – 11]　11 月份 A 维修中心在运营中，以银行存款支付房屋租金 2 000 元、员工工资 5 600 元、水电费 400 元，以及其他杂项费用 1 000 元，共计 9 000 元。耗用维修材料 30 000 元。

在这笔业务中，维修中心为了从事维修服务而发生的支出及耗用的维修材料，一方面使维修中心的银行存款、原材料等资产减少，按照资产账户的结构，应记入"银行存款"和"原材料"账户的贷方；另一方面这些支出及消耗则形成维修中心的费用成本，使主营业务成本增加，按照费用账户的结构，应记入"主营业务成本"账户的借方。会计分录为：

借：主营业务成本　　　　　　　　　　　　　　　　39 000
　　贷：银行存款　　　　　　　　　　　　　　　　　　　9 000
　　　　原材料　　　　　　　　　　　　　　　　　　　30 000

其具体登记如图 2 – 11 所示。

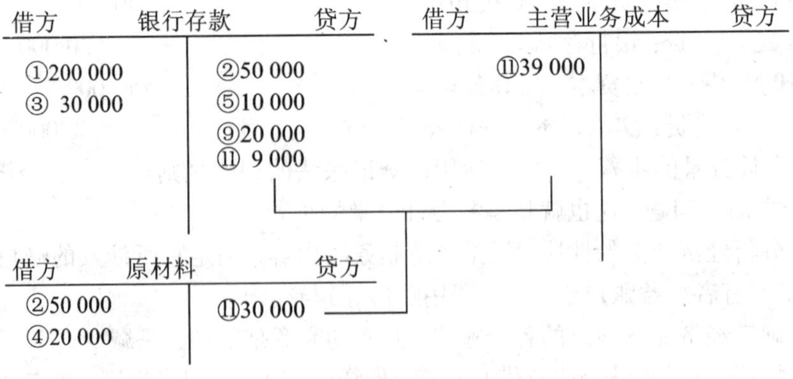

图 2 – 11

[例 2 – 12]　11 月份修理收入 60 000 元，收到现金 54 000 元存入银行，余款未收。

在这笔业务中，代客修理收到现金并存入银行，则资产增加，按照资产账户的结构，应记入"银行存款"账户借方；至于尚未收到现金部分，由于维修中心已为客户提供服务，就有收取此项款项的权利，收取款项的权利为资产的一种，按照资产账户的结构，应记入"应收账款"账户的借方。与此同时，维修中心提供修理服务所实现的收入，为收入的增加，按照收入账户的结构应记入"主营业务收入"账户的贷方。其会计分录为：

借：银行存款　　　　　　　　　　　　　　　　　54 000
　　应收账款　　　　　　　　　　　　　　　　　 6 000
　　贷：主营业务收入　　　　　　　　　　　　　　　　60 000

其具体登记如图 2 – 12 所示。

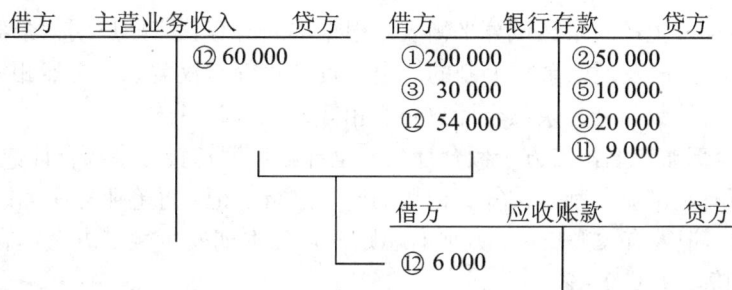

图 2 – 12

复合会计分录是根据同一经济业务而复合编制的会计分录。如上列第 11 笔、第 12 笔复合会计分录就是分别由两笔简单会计分录所组成的。

编制复合会计分录的目的是简化会计分录的编制，提高记账工作效率。但需指出的是，初学者宜在熟练掌握简单会计分录和一借多贷或多借一贷的复合会计分录的基础上，再学习多借多贷复合会计分录的编制。考虑到账户对应关系的清晰性，不提倡编制多借多贷型会计分录，更不能将无联系的简单会计分录合并编制一个多借多贷型会计分录。

（5）账户的对应关系和对应账户。从上述例子可以看出，按照借贷记账法的记账规则，将发生的经济业务登记入账后，在有关账户之间就形成了一种相互对应关系。具体表现为一个账户的借方与另一个账户的贷方相互对照，即一借一贷的形式；或者表现为一个（或几个）账户的借方与几个（或一个）账户的贷方相互对照，即一借多贷、多借一贷的形式。账户之间存在的这种一借一贷、一借多贷或一贷多借的关系，称为账户的对应关系。存在着对应关系的账户互称为对应账户。在企业所设置账户确定的情况下，账户之间的对应关系，取决于所发生的经济业务性质。反过来，通过账户对应关系，又可以了解每一笔经济业务的内容，从而清楚地反映出各会计要素具体项目增减变动的来龙去脉。例如，上述例 2 – 12 的业务，即收到修理收入现金 54 000 元存入银行，记入"银行存款"账户的借方，尚有 6 000 元未收到，记入"应收账款"账户的借方，同时将 60 000 元的修理收入记入"主营业务收入"账户的贷方。根据这三个账户之间的对应关系，可以得知，这是一笔提供服务、实现收入的业务。企业银行存款和应收账款的增加是由于提供了修理服务，而本月份营业所实现的收入 60 000 元，有54 000 元已收到现金并已存入企业的开户银行，另有 6 000 元尚未收到。

（6）试算平衡。试算平衡是指为保证会计账务处理的正确性，依据会计等式或复式记账原理，对本期各账户的全部记录进行汇总，以检查账户记录的正确性和完整性的一种方法。

四、总账账户试算平衡表

如前所述，在借贷记账法下，所有经济业务都根据"有借必有贷，借贷必相等"的记账规则在各账户中相互联系地进行记录，以系统地反映企业资产、负债、所有者权益等各会计要素具体内容的增减变动及其结果。不过，由于所有资料都分散在各账户中，无法明了企业所有业务活动的情形及企业的财务状况和经营成果情况，尤其是在企业规模庞大、经济业务繁多的情况下更是如此。为了汇总反映各账户资料，并验证账务处理工作的正确性，可编制总账账户本期发生额及余额试算平衡表即总账账户试算平衡表。

总账账户本期发生额及余额试算平衡表是根据本期所有总账账户期初余额、本期借方发生额、本期贷方发生额及期末余额编制的。由于资产总额与权益总额必然相等，则各总账账户期初借方余额合计数与贷方余额合计数必然相等，即式 2 - 1。

$$全部账户期初借方余额合计数 = 全部账户期初贷方余额合计数 \qquad (式 2 - 1)$$

由于本期所有经济业务都是按复式记账的原理进行登记，每笔业务所编制的会计分录借贷金额一定相等，记入有关账户后，则所有总账账户的本期发生额借方金额合计数与贷方金额合计数必然相等，如式 2 - 2。

$$全部账户借方发生额合计数 = 全部账户贷方发生额合计数 \qquad (式 2 - 2)$$

再应用数学上"等量加等量，其和必等"和"等量减等量，其差必等"的定理，可计算出各账户期末借方余额合计数与贷方余额合计数也必然相等，如式 2 - 3。

$$全部账户借方期末余额合计数 = 全部账户贷方期末余额合计数 \qquad (式 2 - 3)$$

根据这些平衡关系，则可借此编制总账账户试算平衡表，核查日常的分录与过账工作是否正确、完整。如果不平衡，说明日常记账工作发生了错误，就可以及时查明原因，及时予以更正；如果经验证正确，即可着手编制财务报表。基本步骤如下：

第一步：开设账户，并登记期初余额。

第二步：过账，根据会计分录（记账凭证）登记账户发生额。

第三步：结算各账户本期借方发生额、贷方发生额及期末余额。

结算账户期末余额要根据账户性质，遵循不同的结算公式。各类账户余额结算公式：

资产类账户期末余额 = 期初借方余额 + 本期借方发生额合计 - 本期贷方发生额合计

负债与所有者权益类账户期末余额 = 期初贷方余额 + 本期贷方发生额合计 - 本期借方发生额合计

成本费用类账户期末余额 = 期初借方余额 + 本期借方发生额合计 - 本期贷方发生额合计

损益类账户期初一般无余额，因此损益类账户在进行试算平衡时依据如下：

收入类账户期末贷方余额 = 本期贷方发生额合计 - 本期借方发生额合计

支出类账户期末借方余额 = 本期借方发生额合计 - 本期贷方发生额合计

第四步：将各账户本期借方发生额、贷方发生额及期末余额抄入总账账户本期发生额及余额试算平衡表。

现以 A 维修中心为例说明账户本期（11 月份）发生额及余额试算平衡表。已知 11 月初 A 维修中心各个账户账面余额如表 2 - 12 所示。

表2-12　A维修中心11月初账户余额表

账户名称	期初余额	账户名称	期初余额
库存现金	0	短期借款	贷方30 000
银行存款	借方180 000	应付账款	贷方20 000
原材料	借方30 000	应付票据	贷方10 000
应收账款	借方50 000	主营业务收入	0
实收资本	贷方200 000	主营业务成本	0

A维修中心11月底各有关总账账户的发生额过账与结账如表2-13所示。

表2-13

借方	银行存款		贷方
期初余额	180 000	②	50 000
①	200 000	⑤	10 000
③	30 000	⑨	20 000
⑫	54 000	⑪	9 000
本期借方发生额	284 000	本期贷方发生额	89 000
期末余额	375 000		

借方	应付账款		贷方
⑤	10 000	期初余额	20 000
⑥	10 000	④	20 000
		⑧	40 000
本期借方发生额	20 000	本期贷方发生额	60 000
		期末余额	60 000

借方	实收资本		贷方
⑧	40 000	期初余额	200 000
⑨	20 000	①	200 000
⑩	50 000	⑦	20 000
		⑩	50 000
本期借方发生额	110 000	本期贷方发生额	270 000
		期末余额	360 000

借方	应付票据		贷方
		期初余额	10 000
		⑥	10 000
本期借方发生额	0	本期贷方发生额	10 000
		期末余额	20 000

借方	原材料		贷方
期初余额	30 000	⑪	30 000
②	50 000		
④	20 000		
本期借方发生额	70 000	本期贷方发生额	30 000
期末余额	70 000		

借方	短期借款		贷方
⑦	20 000	期初余额	30 000
		③	30 000
本期借方发生额	20 000	本期贷方发生额	30 000
		期末余额	40 000

借方	应收账款		贷方
期初余额	50 000		
⑫	6 000		
本期借方发生额	6 000	本期贷方发生额	0
期末余额	56 000		

借方	主营业务成本		贷方
期初余额	0		
⑪	39 000		
本期借方发生额	39 000	本期贷方发生额	0
期末余额	39 000		

借方	库存现金		贷方
期初余额	0		
本期借方发生额	0	本期贷方发生额	0
期末余额	0		

借方	主营业务收入		贷方
		期初余额	0
		⑫	60 000
本期借方发生额	0	本期贷方发生额	60 000
		期末余额	60 000

根据上列账户资料，可编制A维修中心11月份总账账户本期发生额及余额试算平衡表如表2-14所示。

表 2 – 14　A 维修中心总账账户本期发生额及余额试算平衡表

202 × 年 11 月

账户名称	期初余额		本期发生额		期末余额	
	借方	贷方	借方	贷方	借方	贷方
银行存款	180 000		284 000	89 000	375 000	
应收账款	50 000		6 000	0	56 000	
原材料	30 000		70 000	30 000	70 000	
短期借款		30 000	20 000	30 000		40 000
应付账款		20 000	20 000	60 000		60 000
应付票据		10 000	0	10 000		20 000
实收资本		200 000	110 000	270 000		360 000
主营业务收入		0	0	60 000		60 000
主营业务成本	0		39 000	0	39 000	
合计	260 000	260 000	549 000	549 000	540 000	540 000

　　值得一提的是，试算平衡是检查账簿记录是否正确的一种方法，试算如果不平衡，违背了会计恒等式或会计记账规则，表明企业会计核算肯定存在错误。但是如果试算平衡了，是否就表示企业会计核算完全不存在问题了呢？会计核算中存在的某些错误是试算平衡所不能发现的，如借贷方向记反、借贷方同时发生等额差错及借贷方会计科目出错等。因此试算平衡并不表示企业会计核算完全正确，只是表示会计记账发生错误的可能性变小了。

及时复习得高分

第四节　总分类账和明细分类账

一、总分类账和明细分类账的设置

　　会计账户的开设应与会计科目的设置相适应，会计科目分为总账科目和明细科目，会计账户也应设置总分类账户和明细分类账户（二级、三级等账户），并且总分类账所属的各明细分类账余额之和与总分类账的余额是相等的。因此，总分类账是明细分类账的统驭账户，它对明细分类账起到汇总控制作用，明细分类账则是总分类账的从属账户，它对总分类账起到辅助和补充说明的作用。二者结合起来就能概括而详细地反映同一经济业务的核算内容。所以，在记账时，总分类账与明细分类账是平行登记的。

二、总分类账和明细分类账平行登记

（一）平行登记的内涵

　　总分类账和明细分类账平行登记的内涵可概括为同时间登记、同方向登记和同金额登记。

1.同时间登记

同时间登记是指对发生的每项经济业务，要根据同一会计凭证，一方面在对应的总分类账中进行总括登记，另一方面要在有关的明细分类账中进行明细登记。

2.同方向登记

同方向登记是指登记总分类账户及其明细分类账户时，总分类账户与明细分类账户的借贷记账方向必须保持一致。

3.同金额登记

同金额登记是指登记总分类账户时所记录的金额必须与其从属的明细分类账户同时同方向记录相应金额，总分类账记录合计金额，明细分类账记录各个明细项的金额，各个明细项金额的合计数必须与总分类账登记的金额相等。

(二)平行登记应用举例

例如：A企业原材料包括甲、乙、丙三种材料，原材料是总分类账户，各种原材料为明细分类账户。该企业某月初原材料的期初余额为200 000元，其中甲材料500 kg，单价200元，价值100 000元；乙材料2 000件，单价15元，价值30 000元；丙材料1 000 kg，单价70元，价值70 000元。本期发生下列业务：

(1)从E企业购入甲材料500 kg，单价210元(不含税)，总价105 000元，货款105 000元暂欠。

(2)从F企业购进乙材料3 000件，单价15元(不含税)，总价值45 000元，以银行存款付讫。

(3)从G企业购进丙材料1 000 kg，单价68元(不含税)，总价68 000元，货款68 000元暂欠。

(4)本月生产领用材料255 000元(按先进先出法计价)，其中：甲材料600 kg，价值121 000元；乙材料2 000件，价值30 000元；丙材料1 500 kg，价值104 000元。

假定上述采购材料的运杂费均由销货方承担，材料已经验收入库，暂不考虑采购税金，且A企业应付账款期初余额为60 000元(其中E公司20 000元，G公司40 000元)，A公司暂无其他赊销货款。试编制会计分录并对原材料与应付账款的往来明细账进行总分类核算。

根据上述经济业务内容编制分录如下：

(1)借：原材料——甲材料　　　　　　　　　105 000
　　　贷：应付账款——E公司　　　　　　　　　　105 000
(2)借：原材料——乙材料　　　　　　　　　45 000
　　　贷：银行存款　　　　　　　　　　　　　　　45 000
(3)借：原材料——丙材料　　　　　　　　　68 000
　　　贷：应付账款——G公司　　　　　　　　　　68 000
(4)借：生产成本——直接材料　　　　　　　255 000
　　　贷：原材料——甲材料　　　　　　　　　　121 000
　　　　　　　——乙材料　　　　　　　　　　30 000
　　　　　　　——丙材料　　　　　　　　　　104 000

进行平行登记，应该设置"原材料"和"应付账款"总分类账户，以金额合计反映本期原材料与赊购债务的增加变动和期末结存的情况，同时，还应设置原材料的明细账户"原材料——甲材料""原材料——乙材料""原材料——丙材料"分别核算各种材料期初结存、本期购入、本期耗用与结存的情况，设置应付账款的明细账户"应付账款——E 公司""应付账款——G 公司"来核算 A 企业赊购债务变动与结存情况，因此，A 企业"原材料""应付账款"总分类账与明细分类账平行登记账户记录如下：

原材料的总账记录：

表 2 – 15

借方		原材料	贷方
期初余额	200 000		
本期购入	105 000	本期发出	255 000
	45 000		
	68 000		
借方发生额合计	218 000	贷方发生额合计	255 000
期末余额	163 000		

应付账款的总账记录：

表 2 – 16

借方		应付账款	贷方
		期初余额	60 000
本期偿付	0	本期发生	105 000
			68 000
借方发生额合计	0	贷方发生额合计	173 000
		期末余额	233 000

为了加强对材料物资的管理，原材料明细分类账一般采用数量金额式账户格式，则原材料明细分类账户登记如下：

表 2 – 17　原材料——甲材料明细账

日期	凭证号	摘要	借方			贷方			结余		
			数量（公斤）	单价（元）	金额（元）	数量（公斤）	单价（元）	金额（元）	数量（公斤）	单价（元）	金额（元）
		期初余额							500	200	100 000
	(1)	从 E 企业购入	500	210	105 000				500 500	200 210	205 000
	(4)	本月领用				500	200	100 000			
		本月领用				100	210	21 000	400	210	84 000

表 2-18　原材料——乙材料明细账

日期	凭证号	摘要	借方			贷方			结余		
			数量（件）	单价（元）	金额（元）	数量（件）	单价（元）	金额（元）	数量（件）	单价（元）	金额（元）
		期初余额							2 000	15	30 000
	(2)	从 F 企业购入	3 000	15	45 000				5 000	15	75 000
	(4)	本月领用				2 000	15	30 000	3 000	15	45 000

表 2-19　原材料——丙材料明细账

日期	凭证号	摘要	借方			贷方			结余		
			数量（公斤）	单价（元）	金额（元）	数量（公斤）	单价（元）	金额（元）	数量（公斤）	单价（元）	金额（元）
		期初余额							1 000	70	70 000
	(3)	从 G 企业购入	1 000	68	68 000				1 000	70	70 000
									1 000	68	68 000
	(4)	本月领用				1 000	70	70 000			
		本月领用				500	68	34 000	500	68	34 000

应付账款明细分类账户登记如下：

表 2-20

借方	应付账款——E公司	贷方
	期初余额	20 000
	本期发生	105 000
借方发生额合计　　0	贷方发生额合计	105 000
	期末余额	125 000

表 2-21

借方	应付账款——G公司	贷方
	期初余额	40 000
	本期发生	68 000
借方发生额合计　　0	贷方发生额合计	68 000
	期末余额	108 000

三、总分类账和明细分类账的功能

总分类账是对经济活动总体的分类反映，是进行财务报告编制的基础，它对其明细分类账起到统驭和总括的作用，通过总分类账可以了解到会计主体的资产、负债和所有者权益总体构成状况，对总权益和总债务可以进行总体把握，如上例中通过原材料总分类账可以了解到本期原材料购进、耗用总体情况，并可以直观了解到库存材料总体价值；从应付账款总分类账可以了解公司本期因材料物资采购形成债务的情况，通过应付账款总分类账期末余额可以总体把握本期尚欠原材料款的总额。

明细分类账是对总分类账的补充说明，也是明确债权债务关系、加强企业物资管理的基础。通过明细分类账我们可以详细了解会计主体资产的具体构成、详细的债权债务关系。如上例中通过总分类账可以了解到总体库存材料物资价值为 163 000 元，通过明细分类账则了解到其详细的内容，具体有哪些库存材料，包括每种材料的数量与金额。同样在明确企业总债权债务的同时，要掌握债权债务账龄、偿付时限，就必须通过明细分类账来详细反映。因此，明细分类账是对总分类账的详细补充，是会计主体加强管理、提升管理效率的依据。

及时复习得高分

复习思考题

1.什么是会计科目？什么是会计账户？会计科目和会计账户有何联系和区别？

2.什么是单式记账法？什么是复式记账法？复式记账法有何优点？

3.什么是借贷记账法？其记账符号、记账规则分别是什么？

4.什么是试算平衡？借贷记账法中主要包括哪几种记账平衡？各自的理论依据是什么？

5.编制会计分录的基本步骤是什么？

6.设置会计科目和会计账户应该遵循什么基本原则？

7.编制试算平衡表的基本步骤是什么？

练习一

【目的】分析会计科目，并按隶属关系分类。

【资料】某企业使用的会计科目如下：

1.银行存款　　　2.原材料　　　3.A 产品生产成本　　4.短期借款

5.应收新华厂账款　6.主要材料　　7.固定资产　　　　8.应付华夏公司货款

9.累计折旧　　　10.甲材料　　　11.辅助生产成本　　12.固定资产——厂房

13.机械设备　　　14.生产成本　　15.临时借款　　　　16.对外投资款

17.应付账款　　　18.运输设备　　19.在建工程　　　　20.基本生产成本

21.应交税金——应交增值税(进项税额) 22.本年利润　　　23.管理费用

【要求】分析上述科目类别属性，即哪些属于总账科目，哪些属于明细科目，哪些是资产类科目，哪些是负债类科目……并填写到下表对应的位置。

科目属性分类表

科目类别	总账科目	明细科目
资产类		
负债类		
所有者权益类		
成本类		
损益类		

练习二

【目的】练习会计基本等式。

【资料】某企业月末各项目资料如下：

1. 银行存款 100 800 元。

2. 向银行借入的半年期借款 20 000 元。

3. 出纳处存放的现金 1 200 元。

4. 仓库里存放的原材料 50 000 元。

5. 仓库里存放的产成品 35 000 元。

6. 正在加工中的产品 23 000 元。

7. 应付外单位货款 10 000 元。

8. 向银行借入 2 年期的借款 30 000 元。

9. 房屋及建筑物 200 000 元。

10. 所有者投入资本 1 000 000 元。

11. 机器设备 350 000 元。

12. 应收外单位货款 150 000 元。

13. 以前年度尚未分配的利润 650 000 元。

14. 对外单位长期投资 800 000 元。

【要求】

1. 判断上列资料中各项目的类别(资产、负债、所有者权益)并将各项目金额一并填入下表。

项目	金额		
	资产	负债	所有者权益
合计			

2.计算表内资产总额、负债总额、所有者权益总额是否符合会计基本等式。

练习三

【目的】练习收入、费用和利润的数量关系。

【资料】某公司月内收支情况如下:

1.本月销货收入 800 000 元,销货进价成本 500 000 元。

2.支付房租 5 000 元,办公用品费 800 元,煤气、电、水费 1 200 元,工资 30 000 元。

3.支付运杂费 800 元、包装费 300 元。

4.支付职工医药费 5 000 元、差旅费 2 000 元。

【要求】计算该公司本月利润额。

练习四

【目的】练习会计基本等式。

【资料】

1.设××企业 202×年 7 月初的资产、负债和所有者权益情况如下:

(单位:元)

资 产	金 额	负债和所有者权益	金 额
库存现金	1 000	负债:	
银行存款	53 000	短期借款	100 000
应收账款	40 000	应付账款	55 000
其他应收款	12 000	应付职工薪酬	25 000
在途物资	50 000		
生产成本	140 000	所有者权益:	
原材料	100 000	实收资本	600 000
库存商品	80 000	盈余公积	150 000
固定资产	500 000	未分配利润	46 000
合 计	976 000	合 计	976 000

2.7 月份该企业发生下列经济业务:

(1)向甲公司购入原材料一批,计价 10 000 元,材料验收入库,货款未付。

(2)生产车间领用材料 35 000 元投入生产。

(3)向银行借入短期借款 10 000 元存入银行。

(4)以现金暂付职工××出差费 3 000 元。

(5)以银行存款偿还前欠甲公司材料款 20 000 元。

(6)收到××单位投入资本 100 000 元存入银行。

(7)收回乙公司前欠货款 12 000 元存入银行。

(8)从银行提取现金 5 000 元。

(9)以银行存款购入电子计算机一台，价值 20 000 元。

(10)以银行存款支付医院医药费 5 000 元。

【要求】将资产、负债和所有者权益各项目的 7 月初金额和月内增减变化的金额填入下表，同时计算出期末余额和合计数。

单位：元

资产	期初数	本月增加	本月减少	月末余额	负债和所有者权益	期初数	本月增加	本月减少	月末余额
库存现金					负债：				
银行存款					短期借款				
应收账款					应付账款				
其他应收款					应付职工薪酬				
在途物资					负债合计				
生产成本					所有者权益：				
原材料					实收资本				
库存商品					盈余公积				
固定资产					未分配利润				
					所有者权益合计				
总计					总计				

练习五

【目的】练习资金变化类型。

【资料】某企业发生经济业务如下：

(1)用银行存款购买材料。

(2)用银行存款支付前欠 A 单位货款。

(3)用盈余公积金弥补职工福利费。

(4)向银行借入长期借款存入银行。

(5)收到所有者投入的设备。

(6)向国外进口设备，货款未付。

(7)用银行存款归还长期借款。

(8)企业以固定资产向外单位投资。

(9)用银行借款归还前欠 B 单位货款。

(10)经批准代所有者××以资本金偿还其应付给其他单位欠款。

(11)企业所有者甲代企业归还银行借款并将其转为投入资本。

(12)将盈余公积金转作资本。

【要求】分析上列各项经济业务的类型，填入下表：

类　　型	经济业务序号
1.一项资产增加，另一项资产减少	
2.一项负债增加，另一项负债减少	
3.一项所有者权益增加，另一项所有者权益减少	
4.一项资产增加，一项负债增加	
5.一项资产增加，一项所有者权益增加	
6.一项资产减少，一项负债减少	
7.一项资产减少，一项所有者权益减少	
8.一项负债减少，一项所有者权益增加	
9.一项负债增加，一项所有者权益减少	

练习六

【目的】练习常用会计科目的分类。

【资料】

会计科目	资产类	负债类	所有者权益类	成本类	损益类
银行存款					
实收资本					
材料采购					
原材料					
制造费用					
应付账款					
应收账款					
生产成本					
库存商品					
主营业务收入					
主营业务成本					
短期借款					
固定资产					
累计折旧					
库存现金					
财务费用					
长期待摊费用					
利润分配					
盈余公积					
销售费用					
管理费用					

【要求】上列会计科目属于哪一类就将其填入适当栏内(用"√"表示)。

练习七

【目的】练习期初余额、本期借方发生额、本期贷方发生额和期末余额之间的关系。

【资料】

单位：元

账户名称	期初余额	本期增加发生额	本期减少发生额	期末余额
银行存款	430 000	1 985 000	2 040 000	？
固定资产	2 040 000	？	496 000	1 920 000
短期借款	？	260 000	60 000	300 000
应付账款	230 000	200 000	？	55 000

【要求】根据上列账户中的有关数据计算每个账户的未知数据。

练习八

【目的】练习借贷记账法。

【资料】

1. 假定××企业202×年7月份各资产、负债和所有者权益账户的期初余额如下：

单位：元

资产类账户	金　额	负债和所有者权益类账户	金　额
库存现金	1 000	负债：	
银行存款	135 000	短期借款	60 000
应收账款	10 000	应付账款	8 000
生产成本	40 000	应交税费	2 000
原材料	120 000	负债合计	70 000
库存商品	24 000	所有者权益：	
固定资产	600 000	实收资本	860 000
		所有者权益合计	860 000
总　　计	930 000	总　　计	930 000

2. 7月份该企业发生下列各项经济业务：

(1)购进材料一批，计价11 300元(含增值税，税率13%)，材料验收入库，货款以银行存款支付。

(2)生产车间向仓库领用材料40 000元，全部投入生产。

(3)从银行存款账户领取现金400元。

(4)以银行存款购入新汽车1辆，计价113 000元(含增值税，税率13%)。

(5)用银行存款偿还应付供货单位材料款3 000元。

(6)生产车间向仓库领用材料25 000元。

(7)收到购货单位前欠货款3 000元存入银行。

(8)以银行存款16 000元归还短期借款12 000元，归还应付供货单位货款4 000元。

(9)其他单位投入资本金20 000元存入银行。

(10)收到购货单位前欠货款4 000元，其中支票3 600元存入银行，另交来400元现金抵货款。

【要求】

1.根据资料2的各项经济业务，用借贷记账法编制会计分录。

2.开设各账户(丁字式)登记期初余额、本期发生额，结出期末余额，并编制总分类账户本期发生额对照表。

【格式】

1.会计分录：

顺序号	日期	摘 要	账户名称	过账	借方金额	贷方金额

2.总分类账户本期发生额对照表：

会计科目	期初余额		本期发生额		期末余额	
	借方	贷方	借方	贷方	借方	贷方

练习九

【目的】通过账户对应关系，了解经济业务内容。

【资料】××企业202×年6月份有关账户记录如下：

借方	库存现金		贷方	
期初余额	160			
②应收账款	100	①其他应收款	120	
④银行存款	400	⑥银行存款	400	
⑨银行存款	400	⑩原材料	160	
⑪其他应收款	40	⑫应付账款	300	
本期发生额	940	本期发生额	980	
期末余额	120			

借方	银行存款		贷方	
期初余额	16 800			
②应收账款	5 600	④库存现金	400	
③固定资产	42 000	⑤其他应付款	6020	
⑥库存现金	400	⑧应付账款	28 600	
⑦应收账款	20 620	⑨库存现金	400	
⑬短期借款	10 000	⑫应付账款	1 700	
⑭实收资本	20 000	⑮短期借款	24 000	
		⑯固定资产	54 000	
本期发生额	98 620	本期发生额	115 120	
期末余额	300			

借方	应收账款		贷方	
期初余额	30 800			
		②银行存款	5 600	
		②库存现金	100	
		⑦银行存款	20 620	
本期发生额	0	本期发生额	26 320	
期末余额	4 480			

借方	其他应收款		贷方	
①库存现金	120	⑪原材料	80	
		⑪库存现金	40	
本期发生额	120	本期发生额	120	

借方	原材料		贷方	
期初余额	46 000			
⑩库存现金	160			
⑪其他应收款	80			
本期发生额	240	本期发生额	0	
期末余额	46 240			

借方	生产成本		贷方	
期初余额	36 120			
本期发生额	0	本期发生额	0	
期末余额	36 120			

借方	库存商品		贷方	
期初余额	19 120			
本期发生额	0	本期发生额	0	
期末余额	19 120			

借方	固定资产		贷方	
期初余额	360 000			
⑯银行存款	54 000	③银行存款	42 000	
本期发生额	54 000	本期发生额	42 000	
期末余额	372 000			

借方	短期借款		贷方
		期初余额	32 800
⑮银行存款	24 000	⑬银行存款	10 000
本期发生额	24 000	本期发生额	10 000
		期末余额	18 800

借方	应付账款		贷方
		期初余额	56 600
⑧银行存款	28 600		
⑫银行存款	1 700		
⑫库存现金	300		
本期发生额	30 600	本期发生额	0
		期末余额	26 000

借方	其他应付款		贷方
		期初余额	6 420
⑤银行存款	6 020		
本期发生额	6 020	本期发生额	0
		期末余额	400

借方	实收资本		贷方
		期初余额	413 180
		⑭银行存款	20 000
本期发生额	0	本期发生额	20 000
		期末余额	433 180

【要求】

1.根据上列账户资料,补编会计分录,并按照账户对应关系说明各单位经济业务的内容。

2.编制总分类账户本期发生额对照表。

第二章复习思考题及
练习题答案

第三章

制造企业生产经营过程的会计核算

本章学习要求

本章要求了解对制造企业生产经营过程进行会计核算的内容及意义，熟练运用会计科目与账户对资金进入企业阶段、生产准备阶段、产品生产阶段、产品销售阶段、财务成果核算阶段及资金退出企业阶段的典型业务进行确认、计量和记录，全面掌握制造企业日常经济业务核算的基本方法。

第一节 制造企业生产经营过程会计核算的意义及内容

一、制造企业生产经营过程会计核算的意义

制造企业是按照市场经济体制的要求面向市场、独立核算、自负盈亏、自主经营、制造产品的营利性单位。它的基本任务是提高产品产量、提升产品质量、满足市场需要、进行技术创新、降低成本、增加营利、提高经济效益、积累更多资金。为了完成上述任务，企业必须对其投入和产出进行计量和记录，如材料采购的数量和单位采购成本、产品生产的投入金额和数量、生产完工产品的数量和单位成本、销售产品获得收入的金额及已销售产品的生产成本、企业日常发生的各类费用等，并通过成本和费用的配比来核算企业的利润（亏损）情况，以便能够及时地缴纳税金、分配红利，并且能及时地反馈信息，进行采购、生产和销售计划的调整。上述工作就是对企业生产经营的整个过程进行会计核算，做好上述工作对规范企业生产经营过程、掌握企业生产经营成果、制定和调整企业生产经营计划都具有重要意义。

二、制造企业生产经营过程会计核算的内容

如前所述，企业生产经营过程实质上是一个资金循环过程，经历了货币资金—储备资金—生产资金—成品资金—增多的货币资金这整个的过程。任何一个企业要开始经营运作，首先需要一定的资金，这个资金来源于企业的投资者和债权人，投资者和债权人向企业投入

资金的过程称为资金进入企业阶段。为了明确投资者和债权人在企业享有的权益，必须对这一阶段的业务进行核算。债权人和投资者投入企业的资金，形成了企业资金来源，这部分资金大都以货币资金的形式表现出来。企业获取资金之后，需要购置原材料、固定资产等，并按照等价交换的原则支付货款或者确认对销售方的债务，同时可能还要支付相关的采购费用，采购完成验收入库并计算采购成本等。这一过程必须进行材料采购成本的计算和核算、付款的核算或债务确认及偿付的核算。材料及固定资产的采购是为生产做准备的，称为生产准备阶段。本阶段企业资金由货币资金形态转换为储备资金形态。在生产过程中，为了生产产品需要进行材料、人工及机器设备的投入，从仓库领用材料，导致库存材料的减少；投入人工需要给工人及管理人员支付工资、福利费等相关薪酬；机器设备也因为使用而使价值转移到正在生产的产品中。所有的这些投入要归集和分配到各种产品中去。随着产品生产过程的进行和生产费用的发生，企业储备资金转换为生产资金。当产品完成所有工序，经过验收进入仓库，被称为产成品或者库存商品。这时需要进行产品的总成本及单位成本计算及完工验收入库产品的核算。上述为了生产产品发生投入直到产品生产完工验收入库的过程，称为产品生产阶段。在此过程中相应的资金由产品资金形态转换为成品资金形态。在销售过程中，企业销售产品，并按照等价交换的原则向购买方收取货款或者确认对购买方的债权。这个过程需要核算销售取得的收入、由于销售产品而收取的款项或者获得的债权等，同时还有伴随着销售过程而产生的销售费用、相关的税费等。通过销售过程，成品资金又转换为货币资金，而且是比前期投入更多的货币资金。除此之外企业还有一系列的其他业务需要进行核算，包括期末要把销售产品取得的收入和发生的投入（即销售过程中把产成品的所有权转让给了购买方导致的本单位资产的减少）进行配比核算利润、进行利润的分配、向国家缴纳税金等。资金从货币资金形态经过储备资金、生产资金、成品资金到增多了的货币资金，然后一部分通过利润分配或者向国家缴纳税款等形式退出企业，另一部分继续购买材料进行生产，这种周而复始的过程是资金在企业的周转。资金投入企业、资金在企业的周转和资金退出企业等所有的经济业务，构成了企业生产经营过程核算的主要内容。

第二节　企业筹资业务核算

一、企业筹资业务的内容

企业要组织和完成生产经营活动，首要任务是为正常的生产经营活动筹集一定数额的资金。企业筹集资金的渠道主要有两条：接受所有者投入资金和向债权人借入资金。

企业通过接受所有者投入资金形成企业的法定资本金。所有者向企业投入的资本，在一般情况下无须偿还，可供企业长期周转使用。所有者投入的资本是企业重要的长期资金来源，其变化会引起企业所有者权益的增减变动。投资者可以用货币资金投入企业，也可以用实物资产、知识产权、土地使用权等可以用货币估价并可以转让的非货币财产作价投资。所有者投入的资本按照投资主体不同可以分为国家投入资本、法人投入资本、个人投入资本、外商投入资本等。所有者投资应当按照实际投资额进行入账。

企业也可以向银行等金融机构借款筹集资金，以弥补自有资金的不足。借入的资金必须按照规定的借款用途使用、定期支付利息并到期归还本金。借入的资金按归还期限长短可以分为短期借款和长期借款。短期借款为流动负债，偿还期限在 1 年或者超过 1 年的 1 个生产经营周期以内；长期借款为非流动负债，偿还期限大于 1 年或者大于超过 1 年的 1 个生产经营周期。

二、企业筹资业务核算所需要设置的主要账户

根据筹资业务的主要内容，一般可以设置"银行存款"、"实收资本"、"短期借款"、"长期借款"、"财务费用"等账户。

（一）"银行存款"账户

本账户是资产类账户，用来核算企业存入银行或者其他金融机构的各种款项。该账户借方登记企业在银行或其他金融机构存款的增加数，贷方登记减少数，期末余额一般是在借方，反映期末时企业在银行或者其他金融机构的存款余额。本账户按照开户银行或金融机构分别设置银行存款日记账，根据收、付款凭证按业务发生先后顺序逐笔登记。

（二）"实收资本"账户

本账户是所有者权益类账户，用来核算按照企业章程的规定，企业接受投资者投入资本形成的法定资本金。该账户贷方登记接受投资者投入的注册资本以及资本公积或者盈余公积转增资本的金额，借方登记企业根据法定程序报经批准减少的注册资本的金额，期末余额在贷方，反映企业实收资本总额。该账户一般按照投资者设置明细账。如果企业是股份有限公司，则应将该账户改名为"股本"。"股本"账户的使用及账户结构和"实收资本"账户一样。

（三）"短期借款"账户

本账户是负债类账户，用来核算企业向银行或者其他金融机构借入的期限在 1 年以内（含 1 年）的各种借款。本账户的贷方登记借入的各种短期借款，借方登记偿还的各种短期借款，其贷方余额表示企业尚未偿还的各种短期借款。本账户一般按照债权人或借款币种设置明细分类账。

（四）"长期借款"账户

本账户是负债类账户，用来核算企业向银行或者其他金融机构借入的期限在 1 年以上的各项借款。本账户贷方登记借入的各种长期借款的本金，借方登记企业归还的长期借款的本金，期末余额在贷方，反映企业尚未偿还的长期借款。该账户按照债权人或借款币种设置明细分类账。

（五）"财务费用"账户

本账户是损益类账户，用来核算和监督企业为筹集生产经营所需资金而发生的筹资费用，包括利息支出、汇兑损益以及相关的手续费等。本账户借方登记企业发生的各种筹资费用，贷方登记筹资费用的减少及期末结转到"本年利润"账户的费用金额，期末经过结转之后该账户无余额。该账户一般按照费用类别设置明细账。

（六）"固定资产"账户

本账户是资产类账户，用来核算和监督企业为了生产产品、提供劳务、出租或者经营管

理而持有的，使用期限超过 1 个会计年度的固定资产的原值，如各种房屋、建筑物、设备、器具、工具等。本账户借方登记企业的固定资产原值的增加，贷方登记固定资产原值的减少，期末借方余额表示结存的固定资产的原值。该账户按照固定资产的类别和项目设置明细分类账。

三、筹集资金的主要经济业务核算

兴隆有限责任公司发生如下筹集资金业务：

[例 3-1] 兴隆有限责任公司由 X、Y 两家公司共同出资设立，注册资本为 5 000 000 元。按照出资协议，X 公司以货币资金 2 500 000 元出资，占注册资金份额 50%。Y 公司以货币资金 1 000 000 元出资，同时以一套全新设备出资，合同约定的公允价值为 1 500 000 元，占注册资金份额 50%。投入的货币资金已经存入兴隆有限责任公司的开户银行，并办理了实物资产产权和有关凭证的转移手续。

这项筹资业务的发生，一方面 X、Y 两公司分别投入货币资金 2 500 000 元和 1 000 000 元，使得兴隆有限责任公司的银行存款增加了 3 500 000 元，记入"银行存款"账户的贷方；Y 公司还投入了公允价值为 1 500 000 元的固定资产，使得兴隆有限责任公司的固定资产增加了 1 500 000 元，记入"固定资产"账户的借方；另一方面，接受投资者投资使企业实收资本增加 5 000 000 元，应记入"实收资本"账户的贷方。这项经济业务编制会计分录如下：

①借：银行存款   3 500 000
   固定资产   1 500 000
  贷：实收资本   5 000 000

[例 3-2] 兴隆有限责任公司向银行借款 300 000 元，期限 30 天，年利率 8%，存入银行存款账户。

这项经济业务的发生，一方面使兴隆有限责任公司银行存款增加了 300 000 元，应记入"银行存款"账户的借方；另一方面，从银行借入的款项形成了一项金额为 300 000 元的流动负债，记入"短期借款"账户的贷方。这项经济业务编制会计分录如下：

②借：银行存款   300 000
  贷：短期借款   300 000

[例 3-3] 上述借款到期，用银行存款归还借款本金 300 000 元及 30 天借款利息 2 000 元($300\ 000 \times 8\% \times 30/360$)。

这项经济业务的发生，一方面使负债减少 300 000 元，应记入"短期借款"账户的借方，同时，企业为筹集资金而发生的支出记为财务费用，借款利息 2 000 元导致企业财务费用增加，应记入"财务费用"账户的借方；另一方面，用银行借款归还本息，使银行存款减少 302 000 元，应记入"银行存款"账户的贷方。这项经济业务编制会计分录如下：

③借：短期借款   300 000
   财务费用   2 000
  贷：银行存款   302 000

[例 3-4] 因生产业务需要，向银行借入 339 000 元，借款期限为 3 年，且把这笔款项用于购置生产用机器设备。

这笔经济业务的发生，应分两个步骤来处理。第一步骤：根据银行相关规定，企业向银行借入的款项，应先转存企业在银行的存款账户后支用，因此一方面应该在"银行存款"账户的借方登记 339 000 元，另一方面增加长期借款 339 000 元，应记入"长期借款"账户的贷方。
第二步骤：一方面由于购置活动导致企业的生产设备增加 300 000 元，应记入"固定资产"账户的借方。此外，此处牵涉到增值税进项税额 39 000 元，应记入"应交税费"账户的借方（增值税相关内容在采购过程核算中讲述）。另一方面，采购活动支付款项，导致银行存款减少，记入"银行存款"账户的贷方。

因此上述业务用两个会计分录完整表达：

④借：银行存款　　　　　　　　　　　　　　339 000
　　贷：长期借款　　　　　　　　　　　　　　　　　339 000
⑤借：固定资产　　　　　　　　　　　　　　300 000
　　应交税费——应交增值税（进项税额）　　39 000
　　贷：银行存款　　　　　　　　　　　　　　　　　339 000

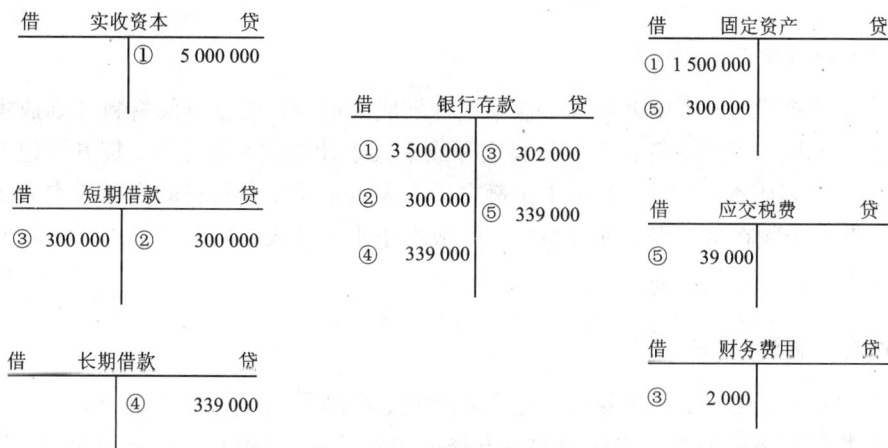

注：序号表示账户之间的钩稽关系。

图 3-1　企业筹资业务核算图

第三节　企业采购业务核算

及时复习得高分

一、企业采购业务的主要内容

材料采购是生产企业供应过程的主要经济业务。为了保证生产的正常进行，企业需要购进生产产品所需的各种材料。采购回来的材料验收入库形成企业的原材料存货。这里所指的原材料是指企业购入的或从其他来源取得的、直接用于制造产品并构成产品主要实体的各种原料及主要材料、辅助材料、外购半成品、修理用备件、包装材料、燃料等。

材料采购过程中，企业一方面与供应单位办理款项的结算，支付采购材料的货款和运输费、装卸费、挑选整理费等各种采购费用；另一方面，企业取得材料所有权，对运达企业的材料由仓库验收并保管，准备供生产车间或者管理部门领用。在这个过程中，企业需支付材料买价及采购费用。买价和采购费用一起构成材料成本。采购费用一般包括运输费、装卸费、保险费、包装费、运输途中的合理损耗、入库前的挑选整理费用等。值得注意的是，发生的采购费用如果能够分清直接由哪种材料承担，则直接计入该材料成本，如果采购费用由几种材料共同承担，则应按照材料的重量、体积、价值等标准进行分摊，再计入具体材料的成本。

二、采购业务核算所需设置的账户

(一)"材料采购"账户

本账户是资产类账户，用来核算企业采用计划成本进行日常核算而发生的材料采购成本，借方登记实际支付的材料价款和采购费用，贷方登记转入"原材料"账户的材料计划成本，其实际成本大于计划成本的差额记入"材料成本差异"账户的借方，其实际成本小于计划成本的差额记入"材料成本差异"账户的贷方，本账户期末借方余额表示企业在途材料的采购成本。本账户可按供货单位或材料品种设置明细分类账。

(二)"材料成本差异"账户

本账户是资产类账户，用来核算企业采用计划成本进行日常核算的材料计划成本与实际成本的差额。本账户的借方登记入库材料实际成本大于计划成本的差异，贷方登记入库材料实际成本小于计划成本的差异，其期末余额在借方表示企业库存材料的实际成本大于计划成本的差额，期末余额在贷方表示库存材料实际成本小于计划成本的差额。本账户按照材料品种设置明细账。

(三)"在途物资"账户

本账户是资产类账户，用来核算企业采购材料、商品采用实际成本进行计价、尚未验收入库的在途物资的采购成本。本账户的借方登记购入材料、商品成本的实际金额，贷方登记验收入库的材料、商品的实际金额，其期末借方余额表示企业在途物资的采购成本。本账户可按供货单位或物资品种设置明细分类账。

(四)"原材料"账户

本账户是资产类账户，用来核算企业库存各种材料的收入、发出和结存情况，包括原材料及主要材料、辅助材料、外购半成品、修理用备件、包装材料、燃料等的计划成本或实际成本等。本账户的借方登记企业验收入库的各种材料的计划成本或实际成本，贷方登记材料发出、减少的计划成本或者实际成本，其期末借方余额表示库存材料的计划成本或实际成本。采用计划成本进行材料日常核算的，发出材料还要结转材料成本差异，将发出材料的计划成本调整为实际成本。采用实际成本进行日常核算的，发出材料的实际成本，可采用规定方法进行确认。本账户按照材料的品种、保管地点、规格等设置明细分类账，具体反映每种材料的库存和增减变动情况。

(五)"应付账款"账户

本账户是负债类账户，用来核算企业因购置材料、商品或者劳务等经营活动而应付未付的款项。本账户贷方登记应支付而未支付的款项，借方登记实际偿还的款项，其期末贷方余额表示企业尚未支付的应付账款余额，如期末为借方余额，则表示多付的款项，实为预付账款。本账户应按债权人设置明细分类账。

（六）"预付账款"账户

本账户是资产类账户，用来核算企业按照合同规定预付的款项。当销售方产品比较紧俏或者产品生产需要大量投入而单凭销售方自身财力无法生产产品时，会要求购买方预先支付一部分款项，从而形成购买方的预付账款。该账户借方登记因购买货物而预付的款项，贷方登记收到所购买的货物而转销的款项，其期末借方余额表示企业预付的货款，期末如为贷方余额，则表示需要补付的货款，实为应付账款。本账户可按供货单位设置明细分类账。

（七）"应付票据"账户

本账户是负债类账户，用来核算企业由于购买材料、商品和接受劳务供应等开出并承兑的商业汇票，包括银行承兑汇票和商业承兑汇票。本账户贷方登记开出并承兑的商业汇票的金额，借方登记支付到期的商业汇票的金额，期末余额一般在贷方，表示企业承担的尚未到期的商业汇票负债的金额。为了具体反映各个供应单位的款项增减变动情况，本账户须按照债权人设置明细分类账。

（八）"应交税费"账户

本账户是负债类账户，用来核算企业按照税法的规定交纳的各种税金及费用，包括增值税、消费税、所得税、资源税、土地增值税、城市维护建设税、房产税、车船税、教育费附加以及企业代扣代缴的个人所得税等。本账户的贷方登记按规定计算应交纳的各项税费，借方登记实际交纳的各种税款，其期末贷方余额表示企业应交而未交的税款，借方余额表示多交或者尚未抵扣的税款。本账户可以按照税种设置二级明细账。

在采购业务过程中，企业应支付增值税，在"应交税费"账户下设"应交增值税"二级明细账，该明细账下还应分别设置"进项税额"、"销项税额"、"出口退税"、"进项税额转出"、"已缴税款"等专栏，其借方登记购入货物或者接受应税劳务已经支付的进项税额或者是已经交纳的税额，贷方登记企业销售货物或者提供应税劳务应交纳的增值税销项税额。企业从销项税额中抵扣进项税额后向税务部门交纳增值税，期末若为贷方余额，反映企业应交未交的增值税，期末如为借方余额，反映多交或者尚未抵扣的增值税。当前我国的增值税纳税人分为一般纳税人和小规模纳税人两种，一般纳税人增值税税率为13%，其他还有9%、6%等优惠税率。小规模纳税人以销售额为依据，按销售额乘以3%的征收率核算应交增值税且不进行进项税额抵扣。

三、企业采购过程中主要经济业务核算

采购过程主要经济业务是采购材料。在购入材料时一般有如下业务：
(1)购入材料，支付货款；
(2)购入材料，货款未付；
(3)预付采购款，进行采购；
(4)结转材料采购成本等。

此处申明，本书例题采用计划成本计价，但为了简化例题核算，假定企业计划成本和实际成本一致，不设置"材料成本差异"账户；本章都要求考虑增值税，且增值税税率为13%。

[例3-5] 兴隆有限责任公司从外地某公司采购甲材料3 000千克，单价10元，买价共计30 000元，发票账单已经到达，货款已经通过银行支付，材料尚未运达企业。

对于企业已经支付货款，但材料尚未验收入库的采购业务，一方面，应当根据发票账单等结算凭证确定材料采购成本30 000元，记入"材料采购"账户借方，同时，采购材料需要向卖方支付增值税进项税额3 900元，记入"应交税费——应交增值税（进项税额）"借方；另一方面，支付货款及增值税进项税额使得企业银行存款减少33 900元，记入"银行存款"账户的贷方。这项经济业务编制会计分录如下：

⑥借：材料采购——甲材料   30 000
   应交税费——应交增值税（进项税额）   3 900
  贷：银行存款   33 900

[例3-6] 根据合同规定，向外地Y公司预付材料采购款50 000元，款项通过银行转账支付。

该项经济业务的发生，导致兴隆有限责任公司预付款项，形成预付账款这种资产的增加，记入"预付账款"账户的借方；另一方面，对外支付款项导致银行存款的减少，记入"银行存款"账户的贷方。这项经济业务编制会计分录如下：

⑦借：预付账款   50 000
  贷：银行存款   50 000

[例3-7] 向Y公司购入甲、乙两种材料，其中甲材料1 000千克，单价9元，乙材料2 000千克，单价15元，共计价款39 000元，全部冲销预付款项。

该项经济业务的发生，一方面根据发票确认甲材料采购成本9 000元，乙材料采购成本30 000元，记入"材料采购"账户的借方，同时确认应按购买价13%的比例支付增值税进项税额5 070元，记入"应交税费——应交增值税（进项税额）"账户的借方；另一方面，价税合计应支付给Y公司44 070元，冲销预付账款44 070元，记入"预付账款"账户的贷方。这项经济业务编制会计分录如下：

⑧借：材料采购——甲材料   9 000
      ——乙材料   30 000
   应交税费——应交增值税（进项税额）   5 070
  贷：预付账款   44 070

[例3-8] 购入乙材料一批，1 000千克，单价13元，价款计13 000元，价税合计14 690元，开出三个月期限的银行承兑汇票一张。

该项经济业务，一方面要根据发票账单确认采购价款13 000元，记入"材料采购"账户的借方，同时，确认应支付增值税进项税额1 690元，记入"应交税费——应交增值税（进项税额）"账户的借方；另一方面价税合计应付14 690元，开出商业汇票，形成"应付票据"负债增加，记入该账户的贷方。这项经济业务编制计分录如下：

⑨借：材料采购——乙材料   13 000
   应交税费——应交增值税（进项税额）   1 690
  贷：应付票据   14 690

[例3-9]　上述材料同时运达，现金支付入库前挑选整理费用合计700元。

运输费、装卸费、保险费、挑选整理费等都是材料采购成本的组成部分。该项业务发生导致材料采购成本增加700元，采用一定的分配方法分配，得出甲材料应承担挑选整理费400元，乙材料应承担挑选整理费300元(分配方法见"四、材料采购成本的计算")，分别记入"材料采购"账户的借方。同时支付挑选整理费用使得企业的库存现金资产减少700元，记入"库存现金"账户的贷方。这项经济业务编制会计分录如下：

⑩借：材料采购——甲材料　　　　　　　　　　　　　400
　　　　　　——乙材料　　　　　　　　　　　　　300
　　贷：库存现金　　　　　　　　　　　　　　　　　　700

[例3-10]　上述全部材料验收入库，结转其实际采购成本82 700元。

这笔经济业务表明，甲、乙两种材料的采购过程已经完成，材料采购的实际总成本已经分别计算确定，本期采购甲材料共计39 400元，采购乙材料共计43 300元，应从"材料采购"账户的贷方转入"原材料"账户的借方，表明企业储备资金增加了82 700元。这项经济业务编制会计分录如下：

⑪借：原材料——甲材料　　　　　　　　　　　　　39 400
　　　　　　——乙材料　　　　　　　　　　　　　43 300
　　贷：材料采购　　　　　　　　　　　　　　　　　　82 700

四、材料采购成本的计算

材料采购成本的计算就是将供应过程中所发生的材料买价和有关采购费用，按照一定种类的材料进行归集和分配，确定该种材料的实际成本。

材料采购成本主要由以下内容构成：

(1)买价(供货单位发票价格)；

(2)运杂费(包括运输费、装卸费、保险费、仓储费等)；

(3)运输途中的合理损耗；

(4)入库前挑选整理费用(包括挑选整理中发生的工资支出和必要的损耗扣除回收的下脚废料价值)；

(5)购入材料应负担的相关价内税金和其他费用。

在材料采购成本的计算中，凡是能够直接计入各种材料的直接费用，应直接计入材料的采购成本；不能直接计入的各种间接费用，应按照一定的标准在有关材料之间进行分配，分别计入各种材料的采购成本。一般按照材料的重量、体积、买价等标准计算分配。其分配计算公式如下：

$$单位材料应承担的采购费用 = \frac{全部需分配采购费用}{被采购材料重量(体积、买价)之和}$$

某种材料应负担采购费用 = 单位材料应承担的采购费用×该种材料的重量(体积、买价)

下面根据例3-5至例3-10的资料说明材料采购成本的计算方法。

企业采购甲、乙两种材料的各项支出如表3-1所示。

根据表3-1的资料，材料的购买价款可以直接计入各种材料的采购成本，而挑选整理费用为两种材料共同负担，需要按照一定的标准(重量、金额、体积等)，在两种不同材料之间进行分配,然后再分摊计入各种材料的采购成本。

表 3 -1　采购成本支出表

金额单位:元

材料名称	重量(千克)	买价	采购费用
甲材料	4 000	39 000	700(挑选费)
乙材料	3 000	43 000	
合计	7 000	82 000	700

具体计算分配方法如下:

(1)按照重量标准分摊共同承担的挑选整理费:

$$每千克材料应承担的挑选整理费 = \frac{700}{4\,000 + 3\,000} = 0.1(元/千克)$$

甲材料应分摊的挑选整理费 $= 0.1 \times 4\,000 = 400(元)$

乙材料应分摊的挑选整理费 $= 0.1 \times 3\,000 = 300(元)$

(2)登记甲、乙材料的材料采购明细账,如表 3 -2、表 3 -3 所示。

表 3 -2　"材料采购"明细账

材料名称:甲材料　　　　　　　　　　　　　　　　　　　　金额单位:元

年 月	年 日	凭证号数	摘要	借方金额 买价	借方金额 采购费用	借方金额 合计	贷方金额	结余金额
			购入 3 000 千克(单价 10 元)	30 000		30 000		30 000
			购入 1 000 千克(单价 9 元)	9 000		9 000		39 000
			分配采购费用		400	400		39 400
			结转采购成本				39 400	—
			发生额和余额	39 000	400	39 400	39 400	—

表 3 -3　"材料采购"明细账

材料名称:乙材料　　　　　　　　　　　　　　　　　　　　金额单位:元

年 月	年 日	凭证号数	摘要	借方金额 买价	借方金额 采购费用	借方金额 合计	贷方金额	结余金额
			购入 2 000 千克(单价 15 元)	30 000		30 000		30 000
			购入 1 000 千克(单价 13 元)	13 000		13 000		43 000
			分配采购费用		300	300		43 300
			结转采购成本				43 300	—
			发生额和余额	43 000	300	43 300	43 300	—

（3）编制材料采购成本计算表，如表3－4所示。

表3－4 材料采购成本计算表

编制单位：兴隆有限责任公司　　　　　　20××年××月　　　　　　金额单位：元

成本项目	甲材料		乙材料	
	总成本(4 000千克)	单位成本	总成本(3 000千克)	单位成本
1.买价	39 000	9.75	43 000	14.33
2.采购费用	400	0.1	300	0.1
材料采购成本	39 400	9.85	43 300	14.43

企业采购阶段业务的账户登记及账户之间的对应关系如图3－2所示。

注：序号表示账户之间的钩稽关系。

图3－2 企业采购业务核算图

及时复习得高分

第四节 制造企业生产业务核算

一、企业生产业务的主要内容

生产业务是制造企业的核心业务，是制造企业资金循环第二阶段的业务。制造企业生产过程是指从原材料投入生产到产品完工入库的过程。在生产过程中，企业一方面发生各种劳动耗费，另一方面生产出产品。生产过程的劳动消耗包括劳动对象与劳动资料等物化劳动的消耗和活劳动的消耗两个方面。其中，原材料等劳动对象在生产过程中被消耗掉，或者改变其原有的实物形态，其价值也随之一次性转移到产品中去，构成产品生产成本的组成部分。作为固定资产的劳动资料，如房屋、机器设备等，在生产过程中长期发生作用并保持其实物形态不变，其价值则随着固定资产的有形和无形磨损，通过计提折旧的方式，逐渐转移到所生产的产品中去，也构成产品生产成本的一部分。生产过程同时也是劳动者借助于劳动工具对劳动对象进行加工、制造产品的过程，其中劳动者的劳动所创造的那一部分价值，以工资等各种薪酬形式支付给劳动者，这部分薪酬也构成了企业的生产费用。企业为生产一定种类、一定数量的产品所发生的各种生产费用之和就构成了产品的生产成本，也称产品成本。

在企业的生产过程中，行政管理部门为组织和管理生产经营活动，也会发生各种耗费，如行政管理人员的工资薪酬、行政管理部门消耗的材料、行政管理部门的固定资产折旧、办公费、水电费、业务招待费等，这些费用统称为管理费用。管理费用也是企业在生产经营过程中发生的一项重要费用。

当企业生产的产品完成所有工序、验收入库后，为了制造产品而发生的生产成本也随之结转，形成库存待销售商品的成本。为组织和管理生产活动所发生的管理费用则与产品成本没有直接关系，不计入产品成本，而是作为期间费用直接计入当期损益。

综上所述，制造企业生产过程的主要经济业务是：按照一定的成本计算对象归集和分配生产过程中已发生的各种耗费，以确定完工产品的生产成本；对于确定为管理费用的各项耗费，将其作为某一期间相关的期间费用，直接抵减当期收入。

二、产品生产成本核算的基本要求

(一)产品生产成本的构成

产品生产成本由直接材料、直接人工和制造费用三大成本项目构成。

直接材料成本是指企业直接用于产品生产的原材料及主要材料、外购半成品等的成本。

直接人工成本是指支付给生产人员的各种薪酬，包括工资福利费以及为工人支付的其他费用，如职工养老保险支出、住房公积金、工会经费等。

制造费用是指企业生产车间为了生产产品而发生的各项间接费用，主要包括生产车间发生的物料消耗、生产车间管理人员的人工费用、生产车间固定资产折旧、支付的办公费、水电费以及其他的间接生产费用等。制造费用和前述直接费用不一样，属于间接生产费用，不能直接计入成本计算对象，应该先进行归集，然后按照一定的分配标准分配计入有关的成本计算对象。

(二)产品生产成本核算的基本要求

制造企业核算产品生产成本必须遵循以下原则：

(1)明确成本计算对象。成本计算对象是为了计算成本而确定的归集生产费用的各个对象，也就是成本的承担者。制造企业的成本计算对象通常是指企业所生产的承担成本的各种产品。

(2)区分生产费用和期间费用。企业经营活动中，除了为生产产品而发生费用外，还会发生一定的期间费用。期间费用是指与产品生产没有直接关系，属于某一期间之内被消耗掉的费用。期间费用不计入产品生产成本，而应该全部列为当期的费用，与当期收入配比。通常期间费用指管理费用、财务费用和销售费用。

(3)区分归属于不同成本计算对象的生产费用。如果企业只生产一种产品，就只有一个成本计算对象，那么所发生的全部生产费用都归属于该种产品。如果企业生产多种产品，就会有多个成本计算对象，则产品成本的计算应该遵循以下原则：直接材料成本、直接人工成本等能够分清应该归属于哪种产品负担的生产费用，应该直接计入该种产品的生产成本；不能分清楚应该归属于哪种产品负担的间接制造费用，应采用一定的方法在各个成本计算对象之间进行分配。

（4）区分完工产品成本和期末在产品成本。如果企业期末没有在产品，则归集的全部生产费用就是本期完工产品总成本，该总成本除以本期间完工产品数量，就是完工产品的单位成本。如果期末全部产品都未完工，则无需计算产品总成本和单位成本。如果企业本期间既有完工产品也有在产品，就需要按照一定的方法将生产投入在完工产品和期末在产品之间进行分配，以计算完工产品的总成本及单位成本。

三、产品生产业务核算的账户设置

为了组织生产过程的核算，企业一般设置如下账户：

（一）"生产成本"账户

本账户是成本类账户，用来核算企业生产发生的各项生产成本，包括生产各种产成品、半成品、自制材料、自制工具、自制设备等。本账户的借方登记企业为了生产产品而发生的各项直接生产成本（包括原材料、车间直接生产人员薪酬）以及分配转入的生产车间应负担的制造费用等，贷方登记生产完成并已经验收入库的产成品及自制半成品的成本。期末若有余额，则余额在借方，表示企业尚未加工完成的期末在产品已经投入的生产成本。为了进一步进行明细核算，该账户可按"基本生产成本"和"辅助生产成本"设置二级明细账，并可以按照核算对象（成本计算对象）进行三级明细核算。

（二）"制造费用"账户

本账户是成本类账户，用来核算企业生产车间为生产产品和提供服务而发生的各项间接费用。本账户借方登记生产车间发生的物料消耗、车间管理人员薪酬、固定资产折旧、办公费、水电费、季节性停工损失等费用，贷方登记期末分配结转计入有关成本核算对象的数额，期末分配后无余额。为了考核不同车间的经费开支情况，本账户按不同车间、部门和费用项目设置明细账。

（三）"库存商品"账户

本账户是资产类账户，用来核算企业库存商品的实际成本，包括库存的产成品、外购商品以及来料加工制造的代制品等。生产企业的库存商品主要是指产成品，即企业已经完成全部工序并验收入库可供销售的产成品的实际成本。本账户借方登记完工验收入库的产品的实际成本，贷方登记结转已经出售的各种商品的实际成本，期末借方余额表示企业库存商品的实际成本。

（四）"应付职工薪酬"账户

本账户是负债类账户，用来核算企业根据有关规定应付给职工的各种薪酬，主要包括：

①职工工资、奖金、津贴和各种补贴；②职工福利费；③企业按照规定的标准和比例，向社保机构缴纳的社会保险费；④企业按照规定的标准和比例，向住房公积金管理机构缴存的住房公积金；⑤工会经费；⑥职工教育经费；⑦给付的非货币性福利；⑧因解除职工劳动关系给予职工的补助；⑨其他与获得职工服务相关的支出等。本账户贷方登记应付给职工的各种薪酬，借方登记实际支付给职工的薪酬以及为职工支付的福利如工会经费、职工教育经费、社会保险费、住房公积金等，期末贷方余额表示企业应付未付的职工薪酬。本账户可按"工资"、"福利费"、"住房公积金"、"工会经费"、"职工教育经费"等设置明细账。

(五)"累计折旧"账户

该账户属资产类账户，是固定资产的备抵账户，用来核算固定资产因损耗而减少的价值。贷方登记按期计提的企业固定资产折旧的计提额，借方登记由于处置固定资产而转出的累计折旧额，其期末余额在贷方，表示现有固定资产已经累计提取的折旧额。"固定资产"账户的借方余额减去"累计折旧"账户的贷方余额，为企业固定资产的账面现值，即现有固定资产的净值。

(六)"管理费用"账户

该账户是费用类账户，用来核算企业行政管理部门为了组织和管理生产经营活动而发生的各项费用。管理费用包括企业筹建期间发生的开办费、行政管理部门人员的薪酬、行政管理部门计提的固定资产折旧、办公费、水电费、业务招待费等。该账户借方登记企业为组织和管理生产而发生的管理费用，贷方登记管理费用的减少及期末结转到"本年利润"账户的管理费用，该账户期末结转后无余额。该账户一般按照费用项目设置明细账。

四、产品生产业务的账务处理

在产品生产过程中，发生的主要经济业务有：车间从仓库领用生产产品所需原材料投入产品生产、计算和分配职工薪酬、发放员工薪酬、计提固定资产折旧、分配制造费用、计算产品成本、产品完工后结转产品成本等。

[例3-11] 兴隆有限责任公司会计部门根据本月领料单编制发料汇总表，如表3-5所示。

表3-5 发料凭证汇总表

单位：元

用途及领料部门		甲材料	乙材料	合计
生产领用	生产A产品领用	200 000	100 000	300 000
	生产B产品领用	80 000	120 000	200 000
车间一般耗用			70 000	70 000
管理部门领用		8 000		8 000
合计		288 000	290 000	578 000

该项业务的发生，一方面是发出材料形成企业成本费用的增加，应该分别计入相应的成本费用账户。由于生产产品成本计算对象明确，所以生产 A 产品和 B 产品直接耗用的材料300 000元、200 000 元分别计入 A、B 产品的生产成本；车间一般耗用的材料 70 000 元，由A、B 产品共同承担，先记入"制造费用"账户的借方，等期末一次性分配；管理部门耗用材料8 000元，使企业管理费用增加，记入"管理费用"账户的借方。另一方面，仓库发出材料使得库存材料减少 578 000 元，应记入"原材料"账户的贷方。这项经济业务编制会计分录如下：

⑫借：生产成本——A 产品   300 000

          ——B 产品   200 000

    制造费用   70 000

    管理费用   8 000

    贷：原材料   578 000

[例3-12] 兴隆有限责任公司分配本月应付的职工薪酬，结算出本月应付职工薪酬总额为 268 000 元，其中应付 A 产品生产工人薪酬160 000 元，应付 B 产品生产工人薪酬40 000元，应付车间管理人员薪酬 28 000 元，应付企业行政管理人员薪酬40 000 元。

职工薪酬的发生，一方面使得企业成本费用增加了 268 000 元，应该根据职工提供服务的受益对象，记入不同的成本费用账户，A、B 产品生产工人的薪酬直接记入两种产品的"生产成本"账户的借方，车间管理人员的职工薪酬记入"制造费用"账户的借方，企业行政管理人员的薪酬记入"管理费用"账户的借方；另一方面，应付未付的职工薪酬形成了企业的一项负债，记入"应付职工薪酬"账户的贷方。这项经济业务编制会计分录如下：

⑬借：生产成本——A 产品   160 000

          ——B 产品   40 000

    制造费用   28 000

    管理费用   40 000

    贷：应付职工薪酬——工资   268 000

[例3-13] 兴隆有限责任公司本月计提固定资产折旧共计 44 000 元，其中：生产车间固定资产应计提折旧 36 000 元，行政管理部门应计提固定资产折旧 8 000 元。

计提固定资产折旧，一方面使企业的成本费用增加了 44 000 元，应根据不同部门使用的固定资产记入不同的成本费用账户：生产车间使用的固定资产计提的折旧 36 000 元，应记入"制造费用"账户的借方，行政管理部门使用的固定资产折旧 8 000 元，应记入"管理费用"账户的借方。另一方面，计提固定资产折旧使得企业的累计折旧增加、固定资产的价值减少44 000元，应该记入"累计折旧"这一资产类账户的贷方。这项经济业务编制会计分录如下：

⑭借：制造费用   36 000

    管理费用   8 000

    贷：累计折旧   44 000

[例3-14] 通过银行转账支付本月应付职工薪酬 268 000 元。

这项经济业务的发生，一方面清偿了应付职工薪酬这一负债，记入"应付职工薪酬"这一负债类型账户的借方，另一方面导致企业的银行存款减少了 268 000 元，记入"银行存款"这一资产类型账户的贷方。这项经济业务编制会计分录如下：

⑮借：应付职工薪酬——工资   268 000

  贷：银行存款   268 000

[例3-15] 用现金支付980元业务招待费。

这项经济业务的发生，一方面导致企业管理费用增加980元，记入"管理费用"账户的借方；另一方面，由于对外支付导致企业现金资产减少980元，记入"库存现金"这一资产类型账户的贷方。这项经济业务编制会计分录如下：

⑯借：管理费用——业务招待费   980

  贷：库存现金   980

[例3-16] 以银行存款支付本月行政管理部门的报纸杂志订阅费500元，行政管理部门的水电费800元，车间水电费2 000元。

这项经济业务的发生，一方面支付行政管理部门的报纸杂志订阅费及水电费，导致企业的管理费用增加了1 300元，记入"管理费用"账户的借方，同时支付车间水电费导致企业制造费用增加2 000元，记入"制造费用"账户的借方；另一方面银行存款减少3 300元，记入"银行存款"账户的贷方。这项经济业务编制会计分录如下：

⑰借：管理费用——办公费   500

    ——水电费   800

  制造费用   2 000

  贷：银行存款   3 300

[例3-17] 将本月发生的制造费用转入生产成本。

制造费用是产品生产成本的组成部分，月末应将本月"制造费用"账户所归集的应由几种产品共同承担的费用，分配转入各个"生产成本"明细账。本月发生的制造费用共有：

生产车间一般耗用材料   70 000元

车间管理人员薪酬   28 000元

车间固定资产折旧   36 000元

车间水电费   2 000元

合计   136 000元

在实务操作中，企业制造费用分配标准一般有生产工人工时、机器工时、生产工人工资等，假定兴隆有限责任公司按直接人工费用比例在A、B产品中分配制造费用。其分配过程见本节"五、产品制造成本计算"部分中"具体分配计算方法"。分配后A产品承担108 800元，B产品承担27 200元。经过分配，企业产品生产成本增加，分别记入两种产品的"生产成本"明细账的借方，同时制造费用分配转入产品生产成本，导致制造费用减少136 000元，记入"制造费用"账户的贷方。这项经济业务编制会计分录如下：

⑱借：生产成本——A产品   108 800

    ——B产品   27 200

  贷：制造费用   136 000

[例3-18] A产品全部完工入库，共计1 000件，按其实际生产成本568 800元进行结转(计算过程见表3-9)。

这项经济业务的发生，一方面使得企业的库存商品增加568 800元，记入"库存商品"账户的借方，另一方面在产品转为产成品，原发生的投入从"生产成本"账户贷方转出，在"生产成本"账户贷方登记568 800元。这项经济业务编制会计分录如下：

⑲借：库存商品　　　　　　　　　　　　　　　　　　568 800
　　贷：生产成本　　　　　　　　　　　　　　　　　　　　568 800

五、产品制造成本计算

产品制造成本的计算，是按照生产的各种产品归集和分配在生产过程中发生的各种费用，并且按照成本计算对象计算各种产品总成本和单位成本的过程。

(一)产品制造成本计算应该归入的成本项目

1. 直接材料

直接材料是指企业在产品生产过程中由某一成本计算对象所实际消耗的原材料、辅助材料、设备配件、外购半成品、燃料动力、包装物、低值易耗品等。

2. 直接人工

直接人工是指企业支付给直接从事某一成本计算对象生产人员的费用，或者为这类人员所支付的费用。

3. 制造费用

这是指为生产产品和提供劳务而发生的各种间接费用，如车间、分厂管理人员、技术人员的工资及福利费，车间使用固定资产的折旧费和修理费、办公费、水电费、机物料消耗、劳动保护费、季节性停工损失、修理期间的停工损失等。应将该成本计算对象生产过程中投入的各种生产费用，按每一个成本计算对象分别进行归集和分配，以便分别计算各个成本计算对象的总成本和单位成本。在不同的企业里，由于生产组织和工艺过程各有特点，可采用不同的产品成本计算方法。这些专门的成本计算方法，将在有关的专业会计中论述。

下面根据前例说明产品成本的一般计算方法。兴隆有限责任公司本月生产A、B产品，所发生的各项生产费用按其用途进行整理，如表3-6所示。

表3-6　A、B产品各项生产费用

单位：元

产品名称	完工产品数量	直接材料	直接人工	制造费用	合计
A产品 B产品	1 000 件 0 件	300 000 200 000	160 000 40 000	136 000	
合计		500 000	200 000	136 000	

如表3-6所示，直接材料500 000元、直接人工200 000元是直接成本项目，可以直接计入A、B产品的生产成本，而制造费用136 000元，是由A、B两种产品共同负担的间接费用，需按照一定标准在A、B产品之间进行分配，然后再分别计入各种产品的生产成本。分配的标准一般有：生产工人工资、机器工时、直接原材料成本、直接总成本等。企业选用哪种分配标准，要慎重考虑各种间接费用的发生与该种分配标准有无直接关联，是否接近实际，以保证产品生产成本计算尽量符合实际。一般选择按照产品的生产工人的工资比例作为

分配标准，其主要原因是简便易行。总之，要根据企业的实际情况选用。

制造费用分配计算公式如下：

$$制造费用分配率 = \frac{本期制造费用总额}{生产工人工资之和（或机器工时之和、直接材料成本之和）}$$

$$某成本计算对象应分配的制造费用 = 分配率 \times 该产品生产工人工资（或机器工时、直接材料成本）$$

(二)具体分配计算方法

(1)按 A、B 产品的直接人工费用分摊共同负担的制造费用。

$$每元直接人工费用应负担的制造费用 = \frac{136\,000}{160\,000 + 40\,000} = 0.68（元）$$

A 产品应分摊的制造费用 $= 160\,000 \times 0.68 = 108\,800（元）$

B 产品应分摊的制造费用 $= 40\,000 \times 0.68 = 27\,200（元）$

(2)编制 A、B 产品生产成本明细账，如表 3 – 7、表 3 – 8 所示。

表 3 – 7　"生产成本"明细分类账

产品种类：A 产品

| 年 | | 凭证号 | 摘要 | 借方（成本项目） | | | | 贷方 | 借或贷 | 余额 |
月	日			直接材料	直接人工	制造费用	合计			
		11	生产投入材料	300 000			300 000		借	300 000
		12	分配职工薪酬		160 000		160 000		借	460 000
			分配制造费用			108 800	108 800		借	568 800
			结转完工产品成本					568 800	平	—
			本期发生额、余额	300 000	160 000	108 800	568 800	568 800	平	—

表 3 – 8　"生产成本"明细分类账

产品种类：B 产品

| 年 | | 凭证号 | 摘要 | 借方（成本项目） | | | | 贷方 | 借或贷 | 余额 |
月	日			直接材料	直接人工	制造费用	合计			
		11	生产投入材料	200 000			200 000		借	200 000
		12	分配职工薪酬		40 000		40 000		借	240 000
			分配制造费用			27 200	27 200		借	267 200
			本期发生额、余额	200 000	40 000	27 200	267 200		借	267 200

(3)编制产品生产成本计算表，如表 3 – 9 所示。

表3-9　产品生产成本计算表

单位：元

成本项目	A产品（1 000件）	
	总成本	单位成本
直接材料	300 000	300
直接人工	160 000	160
制造费用	108 800	108.8
合计	568 800	568.8

借　原材料　贷
⑫ 578 000

借　生产成本　贷
⑫ 500 000 ⑲ 568 800
⑬ 200 000
⑱ 136 000

借　库存商品　贷
⑲ 568 800

借　累计折旧　贷
⑭ 44 000

借　制造费用　贷
⑫ 70 000 ⑱ 136 000
⑬ 28 000
⑭ 36 000
⑰ 2 000

借　管理费用　贷
⑫ 8 000
⑬ 40 000
⑭ 8 000
⑯ 980
⑰ 1 300

借　应付职工薪酬　贷
⑮ 268 000 ⑬ 268 000

借　银行存款　贷
⑮ 268 000
⑰ 3 300

借　库存现金　贷
⑯ 980

注：序号表示账户之间的钩稽关系。

图3-3　产品生产阶段业务核算图

及时复习得高分

第五节　企业销售业务核算

一、销售业务的内容

生产制造企业把生产的产成品销售出去的过程称为企业销售过程，它是企业生产经营活动的最后一个环节。在这个过程中，企业把产品销售给购买方，并按照产品的销售价格向购买方办理货款结算，收回销售款项，从而实现销售收入，即取得了主营业务收入。由于在取得销售收入时企业必须付出相应数量的产品，因此在计量和确认销售收入的同时，还应当结转为制造这些产品而耗费的生产成本，通常将这种已销售产品的生产成本称为主营业务成本。这些耗费与销售产品有关，应当抵减当期的销售收入。此外企业为了推销产品，在销售过程中还会发生包装费、广告费、运输费、销售人员薪酬等各种销售费用。企业在取得销售收入时，还应当按照国家相关法律的规定，计算并缴纳税费。只有实现的销售收入能够补偿销售成本和相应的费用，企业的经营才能持续进行。综上所述，制造业企业销售过程的主要经济业务包括：销售产品并办理货款结算，同时确认产品销售的成本、销售费用和销售税费。

在销售过程中，有两个重要的问题需要考虑，其一是如何确认产品销售收入，其二是如何确认产品销售成本。

根据企业会计准则的规定，同时满足下列条件时，可以进行企业销售收入确认：①企业已将与商品所有权相关的主要风险与报酬转移给了购货方；②企业不再保留与商品所有权相联系的管理权和控制权；③相关的经济利益很可能流入企业；④相关的收入和成本能够可靠地计量。一般情况下，当产品发出，与产品所有权相关的主要风险和报酬实质上转移给购买方，收到货款或者取得收取货款的权利，通常符合上述销售收入确认的条件，就可以作为收入实现的入账时间。

根据销售收入确认和回收货款的时间是否一致，销售方式一般可以分为销售产品同时收到货款、销售产品前收到购货方预付款、销售产品后收回货款三种不同的结算方式。

产品销售成本的确定，取决于发出库存商品的实际单位成本。一般情况下，由于产品的生产采用的原材料、人工和机器物料消耗不同，每批完工入库产品的单位成本是不一样的。因此，计算产品销售成本，首先要正确计算每批销售的库存商品的实际成本。但当正确计算每批销售商品的实际成本无意义的情况下，可以采用先进先出法、加权平均法或者个别计价法来确定其发出库存商品成本。现将几种计价方法分别介绍如下：

(1)先进先出法。先进先出法是以先购入的存货先发出这样一种存货实物流转假设为前提，对先发出商品按先入库的商品单位成本进行计价的一种方法。采用这种方法，先发出的库存商品成本在后发出的商品成本之前转出，据此确定发出商品和期末库存商品的成本。

(2)加权平均法。加权平均法是根据本期期初结存商品的数量和金额与本期增加完工入库的商品的数量和金额，在期末以此计算本期商品的加权平均单价，作为本期发出库存商品和期末结存商品的价格，一次性计算本期发出商品的实际成本。

$$库存商品加权平均单位成本 = \frac{本期期初结存商品的金额 + 本期完工入库商品的金额}{本期期初结存商品的数量 + 本期完工入库商品的数量}$$

期末库存商品成本 = 库存商品数量 × 库存商品加权平均单位成本

本期发出商品的成本 = 本期发出商品的数量 × 库存商品加权平均单位成本

(3)个别计价法。这一计价方法是假设商品的成本流转与实物流转相一致，对不同商品，逐一辨认各批发出商品和期末库存商品所属的入库批别，分别按其入库时所确定的单位成本作为计算各批发出商品和期末库存商品成本的方法。在这种方法下，是把每一种商品的实际成本作为计算发出商品成本和期末库存商品成本的基础。

二、销售业务核算的账户设置

为了对销售过程进行核算，需要设置以下账户：

(一)"主营业务收入"账户

该账户属于损益类账户，用来核算和监督企业销售产成品、自制半成品、工业性劳务等日常活动取得的经营收入。该账户贷方登记销售产品、提供劳务等取得的收入，借方登记由于销售退回等原因导致的收入减少及期末转入"本年利润"账户的金额，期末结转后该账户无余额。为了核算销售每种产品取得的收入，需要按照销售产品品种设置明细账。

（二）"应收账款"账户

该账户属于资产类账户，用来核算和监督企业因销售产品、提供劳务等经营活动应向购买方收取但是尚未收取的款项。本账户借方登记销售产品、提供劳务应收未收的应收款金额；贷方登记收回的应收款金额；期末余额在借方，反映企业尚未收回的应收款。本账户应当按照债务人设置明细分类账。如果按照合同规定，预先收取货款，后实现销售，则可在"预收账款"账户中核算。

（三）"预收账款"账户

该账户属于负债类账户，用来核算企业按照合同规定预收的款项。本账户贷方登记企业向购货单位预收的款项，借方登记销售实现后冲减的预收款，其期末贷方余额表示企业预收的款项。本账户一般按照购货单位设置明细分类账。如果企业预收款项不多，也可以并入"应收账款"账户进行核算。

（四）"主营业务成本"账户

该账户属于损益类账户，用来反映和监督企业确认销售产品、提供劳务取得销售收入时应该结转的成本。该账户借方登记本企业发生的应该结转的已销售产品的实际生产成本；贷方登记企业本期发生的销售退回中已经结转的实际生产成本，以及期末结转到"本年利润"账户的余额；该账户经过期末结转后应无余额。本账户一般按照主要业务产品类别设置明细分类账。

（五）"税金及附加"账户

为了反映和监督企业经营活动中缴纳的消费税、城市维护建设税、资源税、房产税、土地使用税、车船使用税和教育费附加等相关税费，设置了该账户。该账户属于损益类账户。借方登记按规定税率计算确认的与经营活动有关的各种税费，贷方登记期末转入"本年利润"账户的税费金额，经过结转之后该账户应无余额。

（六）"销售费用"账户

该账户属于损益类账户，是为了反映和监督企业销售产品所发生的费用及为了促进产品销售而发生的各种费用而设置的。本账户借方登记本月内产品销售过程中发生的各种运输费、保险费、装卸费、包装费、展览费、广告费、商品维修费、预计产品质量保证损失和为了销售产品而专设的销售机构的职工薪酬、业务费、固定资产折旧费、修理费等经营费用；贷方登记期末转入"本年利润"账户的金额；经结转，本账户期末应无余额。该账户一般按照费用项目设置明细账。

三、销售业务的账务处理

销售业务的账务处理主要包括：销售产品取得收入并办理结算，收回货款，结转已销售产品成本，支付销售费用，计算和缴纳税金及附加。下面举例说明销售业务的账务处理。

[例3－19]　销售给 Z 公司 A 产品 1 000 件，单位售价 700 元，货款共计 700 000 元，增值税税率 13%，产品已经发出，开出销售发票，货款尚未收到。

该项经济业务的发生，一方面表明企业实现了销售收入但尚未收到的货款有 700 000 元，同时还应向对方收取销售金额 13% 的增值税 91 000 元(700 000×13%)，从而形成一项应收未收债权共计 791 000 元(700 000＋91 000)，记入"应收账款"账户的借方。另一方面销售收入 700 000 元已经实现，应记入"主营业务收入"账户的贷方，同时应交未交的增值税销项税额 91 000 元记入"应交税费——应交增值税(销项税额)"账户的贷方。这项经济业务编制会计分录如下：

⑳借：应收账款　　　　　　　　　　　　　　　　　　791 000
　　　贷：主营业务收入　　　　　　　　　　　　　　　　　　700 000
　　　　　应交税费——应交增值税(销项税额)　　　　　　　　　91 000

[例3－20]　销售给 P 公司 B 产品 300 件，单价 610 元，货款共计 183 000 元，增值税税率 13%，产品已经发出，收到 P 公司签发的支票一张，存入银行。

该项经济业务的发生，一方面企业实现了销售收入 183 000 元，同时还应按销售金额的 13% 向购买方收取增值税，计增值税销项税额 23 790 元(183 000×13%)，价税合计 206 790 元，款项已经收到，记入"银行存款"账户的借方；另一方面企业销售收入增加 183 000 元，记入"主营业务收入"账户的贷方，同时增值税销项税额 23 790 元记入"应交税费——应交增值税(销项税额)"账户的贷方。这项经济业务编制会计分录如下：

㉑借：银行存款　　　　　　　　　　　　　　　　　　206 790
　　　贷：主营业务收入　　　　　　　　　　　　　　　　　　183 000
　　　　　应交税费——应交增值税(销项税额)　　　　　　　　　23 790

[例3－21]　按照合同约定，预收 Q 公司购买 B 产品货款 33 000 元，款项已存入银行。

该项经济业务的发生，一方面企业的银行存款增加了 33 000 元，记入"银行存款"账户的借方；另一方面，在收取货款时，销售尚未实现，不能作为企业收入的增加入账，预收这笔款项使得本单位形成了对 Q 公司的一项负债，这项负债将来要用本单位的产品来进行偿还，未偿还之前记入"预收账款"这一负债类账户的贷方。这项经济业务编制会计分录如下：

㉒借：银行存款　　　　　　　　　　　　　　　　　　33 000
　　　贷：预收账款　　　　　　　　　　　　　　　　　　　33 000

[例3－22]　以银行存款支付运输费、装卸费、保险费共计 7 500 元。

该项经济业务的发生，一方面支付的 7 500 元是与销售相关的支出，形成企业的销售费用，记入"销售费用"账户的借方；另一方面，款项的支付导致企业银行存款减少 7 500 元，记入"银行存款"账户的贷方。这项经济业务编制会计分录如下：

㉓借：销售费用　　　　　　　　　　　　　　　　　　7 500
　　　贷：银行存款　　　　　　　　　　　　　　　　　　　7 500

[例3－23]　按照合同规定，销售给 Q 公司 B 产品 200 件，单价 600 元，价款 120 000 元，增值税税率 13%，价税合计 135 600 元，预收款项不足部分收取现款已存入银行。

该项经济业务的发生，一方面，向 Q 公司销售产品实现了销售收入 120 000 元，记入"主营业务收入"账户贷方，同时收取增值税销项税额 15 600 元记入"应交税费——应交增值税(销项税额)"账户的贷方；另一方面，原预收 33 000 元冲销预收账款，记入"预收账款"账户的借方，余款 102 600 元(120 000 + 15 600 - 33 000)收取现款，记入"银行存款"账户的借方。该项经济业务编制会计分录如下：

㉔借：预收账款　　　　　　　　　　　　　　　33 000

　　银行存款　　　　　　　　　　　　　　　102 600

　　贷：主营业务收入　　　　　　　　　　　　　　　120 000

　　　　应交税费——应交增值税(销项税额)　　　　　15 600

[例 3 - 24]　结转本月已售 A、B 两种产品的成本。其中，A 产品单位生产成本 550 元，B 产品单位生产成本 450 元。

本月总计销售 A 产品 1 000 件，B 产品 500 件，已销售 A 产品生产成本 550 000 元(1 000 ×550)，已销售 B 产品生产成本 225 000 元(450 ×500)。这项经济业务的发生，一方面企业主营业务成本增加 775 000 元，应记入"主营业务成本"账户的借方；另一方面，由于销售使得库存商品的所有权发生了转移，企业的库存商品减少 775 000 元，应记入"库存商品"账户的贷方。该项经济业务编制会计分录如下：

㉕借：主营业务成本　　　　　　　　　　　　　775 000

　　贷：库存商品　　　　　　　　　　　　　　　　775 000

如前所述，主营业务成本的确定有多种不同方法可供选择。在本例中，假定企业期初有库存 A 产品 2 000 件，单位成本 550 元，本期生产完工 A 产品共计 1 000 件，单位成本 593.66 元，则发出商品成本采用前述三种不同的计价方法，会有不同的主营业务成本。

采用先进先出法(即先进入仓库的商品先发出)，期初的 2 000 件产品比本月完工的 1 000 件先进入仓库，因此也应该先发出，则本月销售的 1 000 件产品为期初库存商品，单位成本为 550 元，本月 A 产品主营业务成本为 550 000 元(1 000 ×550)；库存 A 产品为 2 000 件(2 000 - 1 000 + 1 000)，其中 1 000 件(2000 - 1000)是期初结余的，单位成本 550 元，另有 1 000 件是本月完工入库的，单位成本 593.66 元，因此期末库存商品成本合计为 1 143 660 元(1 000 ×550 + 1 000 ×593.66)。

采用加权平均法，首先计算本期产品的加权平均单位成本：

$$产品单位成本 = \frac{2\,000 \times 550 + 1\,000 \times 593.66}{2\,000 + 1\,000}$$

$$= 564.55(元)$$

以加权平均单位成本为依据，本月销售 A 产品销售成本为 564 550 元(1 000 ×564.55)，期末库存 A 产品成本为 1 129 100 元(2 000 ×564.55)。

采用个别计价法则需要明确本期销售的 A 产品是由哪些组成的，然后再确定发出存货成本。发出商品计价还有其他的方法可以采纳，如移动加权平均法、后进先出法等，在此不一一赘述。

[例 3 - 25]　按规定计算本月已销售产品相关的税费共计 4 000 元。

这项经济业务的发生，一方面使企业的税金及附加费增加了 4 000 元，记入"税金及附加"账户的借方；另一方面，计算出应缴纳的税费尚未缴纳，使企业负债增加 4 000 元，应记入"应交税费"账户的贷方。这项经济业务编制会计分录如下：

㉖借：税金及附加　　　　　　　　　　4 000

　　贷：应交税费　　　　　　　　　　　　4 000

及时复习得高分

第六节　利润的形成及分配

一、利润形成及分配的过程

(一)利润形成的过程

利润是指一定时期的经营成果。作为独立的会计主体,企业应当以自己的经营收入抵补其支出,并且实现利润,为投资者提供一定的投资收益。由于利润的大小很大程度上反映了企业的经营业绩,因此也是衡量评价企业管理层业绩的一项重要指标,是投资者及管理者进行决策的重要参考。

企业一定期间内的收入总额与费用总额相比较,形成企业一定期间的利润总额。虽然不同类型企业利润的具体构成有一些差别,但是企业的利润总额一般是由营业利润、营业外收支等构成的。

1. 营业利润

营业利润是指企业日常经营活动中所产生的利润,是企业利润总额和净利润的主要来源,其计算公式如下:

营业利润 = 营业收入 − 营业成本 − 税金及附加 − 销售费用 − 管理费用 − 财务费用 − 资产减值损失 − 公允价值减值损失(加收益) + 投资收益(减损失)

其中:

营业收入 = 主营业务收入 + 其他业务收入

营业成本 = 主营业务成本 + 其他业务成本

2. 利润总额

企业通过日常的经营活动实现的营业利润,再加营业外收入(减营业外支出),即为企业的利润总额或亏损总额,其计算公式如下:

利润总额 = 营业利润 + 营业外收入 − 营业外支出

3. 净利润

企业经营所获得的利润总额,必须按照税法的相关规定缴纳所得税,企业利润总额减去应当从当期利润总额中扣除的所得税费用后的余额即为净利润。其计算公式如下:

净利润 = 利润总额 − 所得税费用

(二)利润的分配过程

根据我国相关法律法规的规定,企业当年实现的净利润,一般按照如下顺序进行分配。

1. 提取法定盈余公积

盈余公积是企业按照规定从企业净利润中提取的一种积累资金。企业盈余公积包括法定盈余公积和任意盈余公积。法定盈余公积是企业按照国家规定的比例从税后净利润中提取的盈余公积，任意盈余公积是经股东大会决议从净利润中提取的盈余公积。盈余公积的提取实际上是企业对当期实现的净利润向投资者分配的一种限制，已经提取的盈余公积一般情况下不得用于向投资者分配股利或者利润。企业提取的盈余公积可以用于弥补亏损、扩大生产经营或者转为增加资本。

根据公司法的相关规定，企业应当按年税后净利润10%的比例提取法定盈余公积，法定盈余公积累计额达到公司注册资本的50%以上，可以不再提取。公司法定盈余公积不足以弥补以前亏损的，在提取法定盈余公积之前，应当先用当年利润弥补亏损。

2. 提取任意盈余公积

企业从净利润中提取法定盈余公积之后，经股东大会决议，还可以从净利润中提取任意盈余公积。任意盈余公积提或者不提、提取的比例由企业视情况自行决定，其用途和法定盈余公积一样。

3. 向投资者分配利润

企业弥补亏损和提取盈余公积后，可以按照股东出资的比例或者股东持股的比例向投资者分配股利或者利润。

4. 形成未分配利润

企业净利润经过弥补亏损、提取盈余公积、分配股利或者利润，剩余的部分为企业的未分配利润。由于企业的利润归企业所有者所有，未分配利润形成企业所有者权益的组成部分，期末编制财务报表时计入所有者权益。

二、利润形成及利润分配核算的账户

(一)"其他业务收入"账户

本账户是损益类账户，用来核算和监督企业除主营业务之外的其他经营活动实现的收入，如销售材料、出租固定资产、出租无形资产、出租包装物以及用材料进行非货币性交易或债务重组实现的收入。本账户贷方登记本期取得的各项其他业务收入，借方登记其他业务收入的减少及期末转入"本年利润"账户的金额，经过结转之后本账户期末无余额。

(二)"其他业务成本"账户

本账户是损益类账户，用来核算和监督企业除主营业务活动以外的其他经营活动所发生的支出，包括销售材料成本、提供劳务成本、出租固定资产的折旧、出租无形资产的摊销、出租包装物的成本或摊销额等。本账户的借方登记本期各项其他业务成本的发生数，贷方登记其他业务成本的减少数及期末转入"本年利润"账户数，结转后应无余额。

"其他业务收入""其他业务成本"两个账户发生额之差，即为其他业务利润，两个账户应该按照其他业务的种类如材料销售、出租、提供劳务等设置明细分类账。

(三)"营业外收入"账户

本账户是损益类账户，用来核算企业发生的各项与企业日常经营活动没有直接关系的利得。营业外收入不是由经营资金耗费而产生的，不需要企业付出代价，实际上是一种纯收入，不可能也不需要与其他相关费用进行配比。因此，在会计核算上要严格区分营业收入和营业外收入。营业外收入主要包括非流动资产处置利得、盘盈利得、其他意外偶然所得及政府补助等。本账户贷方登记企业发生的各项营业外收入，借方登记期末转入"本年利润"账户的数额，经过结转后本账户期末无余额。该账户可按营业外收入项目设置明细分类账。

(四)"营业外支出"账户

本账户是损益类账户，用来核算企业发生的各项营业外支出，包括非流动资产处置损失、公益性捐赠支出、非常损失、盘亏损失等。本账户借方登记发生的各项营业外支出，贷方登记期末结转至本年利润的各项营业外支出，结转后本账户期末无余额。本账户可以按照营业外支出的项目设置明细分类账。

(五)"投资收益"账户

本账户是损益类账户，用来核算企业确认的投资收益或者损失。本账户贷方登记被投资单位发放的现金股利或者被投资单位利润中归属于本企业的部分，借方登记被投资单位亏损中属于本单位的部分，其期末余额转入"本年利润"账户后应无余额。本账户按照投资项目设置明细分类账。

(六)"本年利润"账户

本账户是所有者权益类账户，用来核算企业当期实现的净利润或者发生的净亏损。本账户的贷方登记由"主营业务收入""其他业务收入""营业外收入"等账户转入的本期所获得的收入，或者是"投资收益"账户转入本期的投资净收益；借方登记由"主营业务成本""其他业务成本""税金及附加""管理费用""销售费用""财务费用""营业外支出""所得税费用"等账户转入的本期费用金额，或者是"投资收益"账户转入的本期投资净亏损。期末，企业应将本账户借方和贷方发生额相比较后计算出余额，若本期贷方发生额大于借方发生额，余额在贷方，表示本期收入大于费用，形成本期净利润；若本期借方发生额大于贷方发生额，余额在借方，表示本期费用大于收入，形成本期净亏损。最后还要核算出本年的累计余额，表示本年初开始到现在为止累计形成的净利润或者净亏损。年度终了，应将本账户的贷方余额(即本年净利润)全部转入"利润分配"账户的贷方，或将本账户的借方余额(即本年净亏损)转入"利润分配"账户的借方。年度结转之后，本账户应无余额。

(七)"所得税费用"账户

本账户是损益类账户，用来核算企业确认应当从当期利润总额中扣除的所得税费用。本账户的借方登记本期按税法规定的应纳税所得额及税率计算确定的当期应交所得税，贷方登记期末应交所得税费用余额转入"本年利润"账户数，结转后应无余额。本账户可以按照"当期所得税费用""递延所得税费用"设置明细分类账。

(八)"利润分配"账户

本账户是所有者权益类账户，用来核算企业利润的分配(或者亏损的弥补)和历年分配(或弥补)后的余额。本账户借方登记提取的盈余公积、应付现金股利或利润，以及由"本年利润"账户转入的本年累计亏损数额；贷方登记盈余公积弥补亏损的数额以及年末由"本年利润"账户转来的本年累计的净利润数额；其贷方余额表示企业的未分配利润，借方余额表示企业未弥补的亏损。本账户应按照"提取法定盈余公积金""提取任意盈余公积金""应付现金股利或利润""盈余公积补亏""转做股本的股利""未分配利润"等项目设置明细分类账。

(九)"应付股利"账户

本账户是负债类账户，用来核算企业经董事会、股东大会或者类似机构审议批准，分配支付的现金股利或利润，本账户的贷方登记应付给投资者的股利或利润数，借方登记实际支付的股利或利润数，期末贷方余额表示企业应付未付的股利或利润数。本账户可以按照投资者设置明细分类账。

(十)"盈余公积"账户

本账户是所有者权益类账户，用来核算企业按规定从净利润中提取的盈余公积。本账户的贷方登记提取的盈余公积数，借方登记用以弥补企业亏损或者是转增资本数，期末贷方余额表示盈余公积结转余数。本账户要按提取的不同用途设置明细分类账，包括"法定盈余公积""任意盈余公积"等明细分类账。外商投资企业还要分别按规定提取储备基金、企业发展基金等，并设立明细分类账。

三、利润形成及分配的主要经济业务核算

[例3－26]　出售材料一批，价值3 500元，增值税税率13%，计455元，款已收到，存入银行。

这笔经济业务属于企业主营商品以外的其他商品的出售，应确认为企业的其他业务收入增加额，记入"其他业务收入"账户的贷方；同时向购买方代收增值税销项税额455元，记入"应交税费——应交增值税(销项税额)"账户的贷方。其会计分录如下：

㉗借：银行存款　　　　　　　　　　　　　　　　　　　　3 955
　　贷：其他业务收入　　　　　　　　　　　　　　　　　3 500
　　　　应交税费——应交增值税(销项税额)　　　　　　　455

[例3－27]　结转上述已售材料的实际成本2 500元。

该笔经济业务的发生，表明企业与其他业务收入相配比的其他业务成本增加了2 500元，记入"其他业务成本"账户的借方；同时由于对外销售材料，导致库存原材料减少2 500元，记入"原材料"账户的贷方。其会计分录如下：

㉘借：其他业务成本　　　　　　　　　　　　　　　　　　2 500
　　贷：原材料　　　　　　　　　　　　　　　　　　　　2 500

[**例3-28**] 以银行存款支付违章罚金1 200元。

企业由于违规违纪支付的罚金属于企业的营业外支出。这笔经济业务的发生表明企业营业外支出增加1 200元，记入"营业外支出"这一费用类账户的借方，银行存款减少记入"银行存款"账户的贷方。其会计分录如下：

㉙借：营业外支出　　　　　　　　　　　　　　　　　　1 200
　　贷：银行存款　　　　　　　　　　　　　　　　　　　　1 200

[**例3-29**] 公司收到某单位因违反购销合同而支付的违约金1 000元，已存入银行。

企业发生的与其生产经营无直接关系的各项收入，包括固定资产盘盈、处置固定资产净收益、非货币性交易收益、出售无形资产收益、罚款净收入等，都属于企业的营业外收入，记入"营业外收入"这一损益类账户的贷方，银行存款增加记入"银行存款"账户的借方。其会计分录如下：

㉚借：银行存款　　　　　　　　　　　　　　　　　　　1 000
　　贷：营业外收入——罚款收入　　　　　　　　　　　　　1 000

[**例3-30**] 将本期的损益类账户结转至"本年利润"账户，计算本期利润总额。

本期例3-19、例3-20、例3-23分别获得主营业务收入700 000元、183 000元、120 000元，例3-26获得其他业务收入3 500元，例3-29、例3-36分别获得营业外收入1 000元、2 000元，企业获取收入时记入收入类账户的贷方，期末从收入类账户的借方转入"本年利润"账户的贷方，经过结转期末收入类账户无余额；本期例3-3发生财务费用2 000元，例3-11、例3-12、例3-13、例3-15、例3-16分别发生管理费用8 000元、40 000元、8 000元、980元、1 300元，例3-22发生销售费用7 500元，例3-24发生主营业务成本775 000元，例3-25发生税金及附加4 000元，例3-27发生其他业务成本2 500元，例3-28发生营业外支出1 200元，上述各项费用发生时已经记入费用类账户的借方，期末从贷方转入"本年利润"账户的借方，经过结转，期末费用类账户无余额。其会计分录如下：

㉛借：主营业务收入　　　　　　　　　　　　　　　　　1 003 000
　　　其他业务收入　　　　　　　　　　　　　　　　　　　3 500
　　　营业外收入　　　　　　　　　　　　　　　　　　　　3 000
　　　贷：本年利润　　　　　　　　　　　　　　　　　　　1 009 500
㉜借：本年利润　　　　　　　　　　　　　　　　　　　850 480
　　　贷：主营业务成本　　　　　　　　　　　　　　　　　775 000
　　　　　其他业务成本　　　　　　　　　　　　　　　　　　2 500
　　　　　管理费用　　　　　　　　　　　　　　　　　　　58 280
　　　　　财务费用　　　　　　　　　　　　　　　　　　　2 000
　　　　　销售费用　　　　　　　　　　　　　　　　　　　7 500
　　　　　税金及附加　　　　　　　　　　　　　　　　　　4 000
　　　　　营业外支出　　　　　　　　　　　　　　　　　　1 200

其营业利润和利润总额计算如下：

营业利润 = 主营业务收入 + 其他业务收入 - 主营业务成本 - 其他业务成本 - 税金及附加
$\quad$ - 销售费用 - 管理费用 - 财务费用
$\quad\quad$ = 1 003 000 + 3 500 - 775 000 - 2 500 - 4 000 - 7 500 - 58 280 - 2 000
$\quad\quad$ = 157 220(元)

利润总额 = 营业利润 + 营业外收入 - 营业外支出
$\quad\quad$ = 157 220 + 3 000 - 1 200
$\quad\quad$ = 159 020(元)

[**例 3 – 31**]　计算和结转应交所得税,企业所得税税率为 25% 。

如上所示,企业利润总额为 159 020 元,应交所得税为 39 755 元(159 020 × 25%)。这项经济业务的发生,一方面表明企业所得税费用增加 39 755 元,记入"所得税费用"这一费用类账户的借方,另一方面表明企业应交所得税增加 39 755 元,记入"应交税费——应交所得税"账户的贷方。同时,企业发生的所得税费用,期末从"所得税费用"账户贷方转到"本年利润"账户的借方。两笔会计分录如下:

㉝借:所得税费用　　　　　　　　　　　　　　　　　　39 755
　　贷:应交税费——应交所得税　　　　　　　　　　　　　39 755

㉞借:本年利润　　　　　　　　　　　　　　　　　　　39 755
　　贷:所得税费用　　　　　　　　　　　　　　　　　　39 755

[**例 3 – 32**]　计算本期净利润,并将本期净利润结转至"利润分配"账户。

净利润 = 利润总额 - 所得税 = 159 020 - 39 755
$\quad\quad$ - 119 265(元)

年末,将"本年利润"账户的贷方余额(即净利润)转到"利润分配"账户的贷方。其会计分录如下:

㉟借:本年利润　　　　　　　　　　　　　　　　　　　119 265
　　贷:利润分配　　　　　　　　　　　　　　　　　　　119 265

[**例 3 – 33**]　企业按照税后净利润的 10% 计提盈余公积。

盈余公积的提取是利润分配的一个环节。这笔经济业务的发生,一方面表明企业获得的净利润(所有者权益的组成部分)被分配掉了一部分,导致企业留存的净利润减少,记入"利润分配"账户的借方;另一方面这个 10% 的净利润经过分配形成企业盈余公积的增加,记入"盈余公积"这个所有者权益类账户的贷方。其会计分录如下:

㊱借:利润分配　　　　　　　　　　　　　　　　　　　11 926.5
　　贷:盈余公积　　　　　　　　　　　　　　　　　　　11 926.5

[**例 3 – 34**]　从税后净利润中拿出 50 000 元向股东分配股利。

这项经济业务的发生,一方面使企业留存的净利润减少,记入"利润分配"账户的借方,另一方面使支付给投资者的利润增加了,记入"应付股利"账户的贷方。其会计分录如下:

㊲借:利润分配　　　　　　　　　　　　　　　　　　　50 000
　　贷:应付股利　　　　　　　　　　　　　　　　　　　50 000

销售及利润形成与分配核算如图 3 – 4 所示。

销售费用

借	贷
㉓ 7 500	㉜ 7 500

营业外支出

借	贷
㉙ 1 200	㉜ 1 200

主营业务成本

借	贷
㉕ 775 000	㉜ 775 000

税金及附加

借	贷
㉖ 4 000	㉜ 4 000

其他业务成本

借	贷
㉘ 2 500	㉜ 2 500

应收账款

借	贷
⑳ 791 000	

银行存款

借	贷
㉑ 206 790	㉓ 7 500
㉒ 33 000	㉙ 1 200
㉔ 102 600	
㉗ 3 955	
㉚ 1 000	

库存商品

借	贷
	㉕ 775 000

原材料

借	贷
	㉘ 2 500

主营业务收入

借	贷
㉛ 1 003 000	⑳ 700 000
	㉑ 183 000
	㉔ 120 000

应交税费

借	贷
	⑳ 91 000
	㉑ 23 790
	㉔ 15 600
	㉖ 4 000
	㉗ 455
	㉝ 39 755

预收账款

借	贷
㉔ 33 000	㉒ 33 000

其他业务收入

借	贷
㉛ 3 500	㉗ 3 500

营业外收入

借	贷
㉛ 3 000	㉚ 3 000

本年利润

借	贷
㉜ 850 480	㉛ 1 009 500
㉝ 39 755	
㉞ 119 265	

利润分配

借	贷
㊱ 11 926.5	㉟ 119 265
㊲ 50 000	

管理费用

借	贷
	㉜ 58 280

财务费用

借	贷
	㉜ 2 000

所得税费用

借	贷
㉝ 39 755	㉞ 39 755

盈余公积

借	贷
	㊱ 11 926.5

应付股利

借	贷
	㊲ 50 000

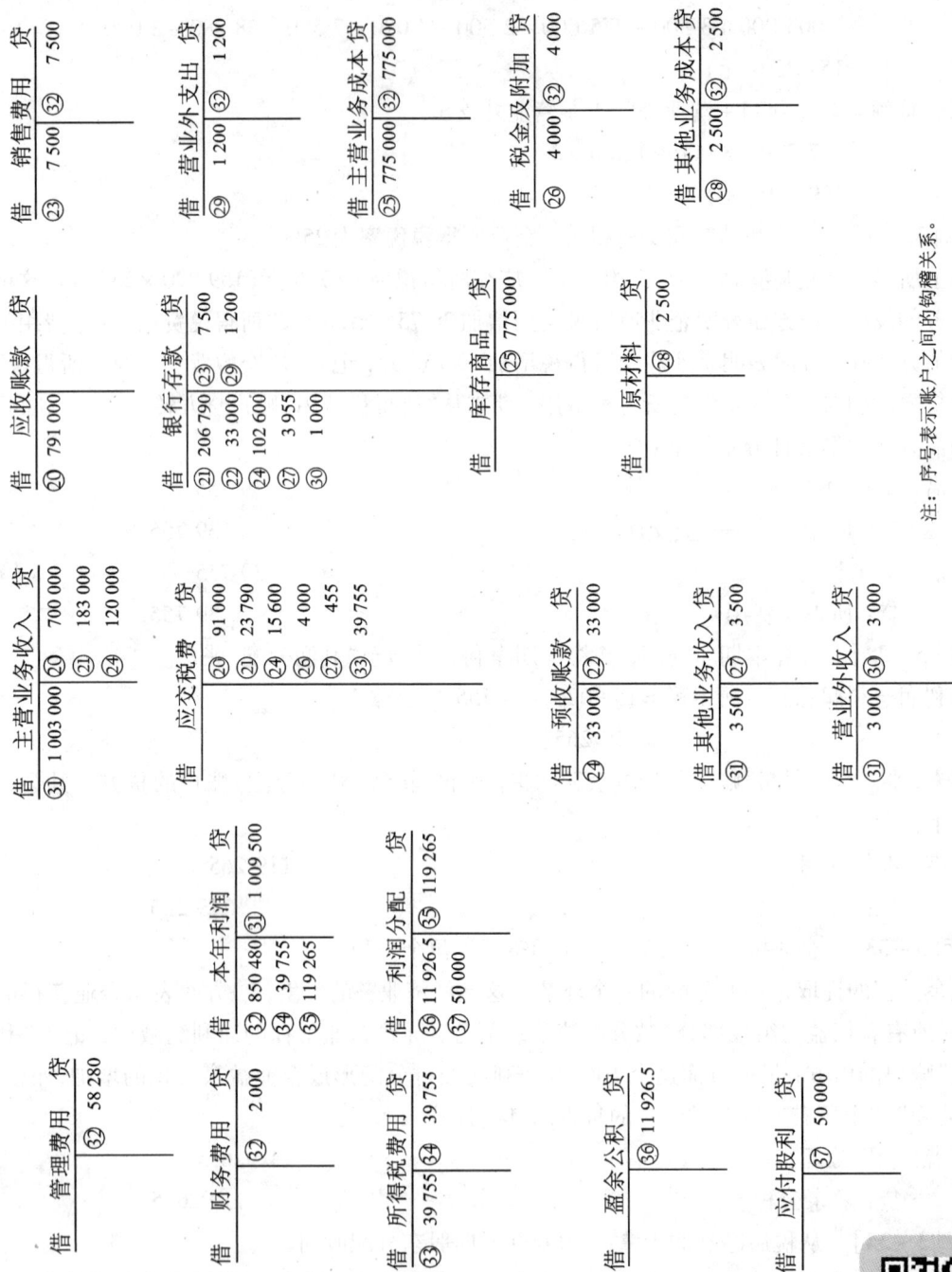

注：序号表示账户之间的钩稽关系。

图3-4 销售及利润形成与分配核算图

及时复习得高分

第七节　资金退出业务核算

除前述生产企业的主要经济业务以外，在企业日常活动中，还可能发生资金退出企业等业务，包括企业购买债券及股票、进行利润分配、归还借款、上交税费以及其他各项业务。其中部分事项的核算已在前面有所提及，本节主要介绍前面所没有讲述的内容。

一、主要账户的设置

核算企业投资及资金退出企业所需要的账户，有些已经在前面几节述及，本节主要对"交易性金融资产""长期股权投资""固定资产清理"等账户进行说明。

(一)"交易性金融资产"账户

该账户是资产类账户，用来反映和监督企业为交易目的而持有的债券投资、股票投资和基金投资等交易性金融资产的公允价值。该账户借方登记取得交易性金融资产的价值，贷方登记出售交易性金融资产收到的金额，期末余额表示企业持有的交易性金融资产的公允价值。本账户按交易性金融资产的类别分别设置明细分类账。

(二)"长期股权投资"账户

本账户是资产类账户，用来反映和监督企业由于各种原因形成的准备长期持有的股权性质的投资，本账户的借方用来登记各种长期股权投资的价值，贷方登记实际收回长期股权投资的价值，该账户期末借方余额表示长期股权投资的成本。本账户一般按被投资单位设置明细分类账。

(三)"固定资产清理"账户

该账户是资产类账户，用来核算企业由于出售、报废、毁损、对外投资、非货币性资产交换、债务重组等原因需要转出企业从而清理固定资产的价值及在清理过程中所发生的清理费用和获取的清理收入等。本账户借方登记固定资产清理所发生的全部投入，包括因出售、报废、毁损及对外投资等原因转出的固定资产净值，清理过程中发生的清理费用等。贷方登记固定资产清理过程中发生的各种回收款项，如出售的价款、残料价值的变现收入等。清理完成，若有借方发生额大于贷方发生额，表示清理过程发生的投入大于清理获得的收入，为固定资产清理净损失，从"固定资产清理"账户贷方转入"营业外支出"账户借方。若借方发生额小于贷方发生额，表示清理过程发生的投入小于清理获得的收入，为固定资产清理净收入，从"固定资产清理"账户借方转入"营业外收入"账户的贷方。经过结转，"固定资产清理"账户无余额。该账户可按被清理的固定资产项目设置明细分类账。

综合来说，企业支付现金、银行存款或其他资产获得交易性金融资产和长期股权投资，是一项资产的减少同时另一项资产的增加,资产总额没有发生变化,这一点和退还投资者投资、偿还债务、清理固定资产及上交税费是不同的,后几者都会导致企业资产总额的减少,是真正意义上的资金退出企业。因此,本章的例题部分只阐述后几者的会计核算,前者在这里不做赘述。

二、资金退出企业的主要经济业务的核算

(一)归还借款和退回投资

企业接受投资者的投入资金,构成企业经营运作必要的资本金,一般是不能随意退回的,特殊情况退回的,登记企业实收资本的减少,记入"实收资本"账户的借方,同时支付现金或者银行存款记入"库存现金""银行存款"账户的贷方。

[例3-35] 按合约规定退回投资者投入资金50 000元,符合相关法律法规的要求。

㊳借:实收资本   50 000

  贷:银行存款   50 000

(二)处置固定资产

企业固定资产由于报废、毁损、对外投资、转让等原因投入清理,应通过"固定资产清理"账户进行核算。

[例3-36] 经批准,出售旧设备一台,账面原值50 000元,已提折旧15 000元,双方协议价38 000元,以银行存款支付了清理费用1 000元,价款收到已存入银行。

这是一笔固定资产出售的经济业务。在这笔业务中,一方面由于固定资产出售,导致企业固定资产的原值减少,从"固定资产"账户贷方转出。同时,原固定资产在企业使用期间累计计提的折旧,应从"累计折旧"账户的借方转出。固定资产原值和累计折旧之间的差额,即固定资产的账面净值,是投入清理时的价值。此外,支付的清理费用也是固定资产清理发生的投入。这两部分的支出都记入"固定资产清理"账户的借方。清理固定资产,获取38 000元价款是固定资产清理过程中的回收收入,记入"固定资产清理"账户的贷方。同时款项存入银行,登记到"银行存款"账户的借方。这笔业务可以分别做如下三笔会计分录:

㊴固定资产投入清理:

借:固定资产清理   35 000

  累计折旧   15 000

  贷:固定资产   50 000

㊵支付清理费用:

借:固定资产清理   1 000

  贷:银行存款   1 000

㊶收取双方约定价款:

借:银行存款   38 000

  贷:固定资产清理   38 000

此时,"固定资产清理"账户借方发生额合计36 000元,贷方发生额合计38 000元,贷方余额2 000元从"固定资产清理"账户借方转入"营业外收入"账户的贷方。经过结转,"固定资产清理"账户余额为零。该笔结转会计分录如下:

㊷借:固定资产清理 2 000

  贷:营业外收入 2 000

在该笔经济业务中,固定资产清理发生了投入,投入了账面净值为35 000元的机器设备一台,另外再投入了清理费用共计1 000元,合计共投入36 000元,清理获得清理收入38 000元,因此在此次清理过程中,清理收入比清理投入多出2 000元形成企业的营业外收入。

在此处,如果清理投入大于清理收入,"固定资产清理"账户的借方合计数大于贷方合计数,应该从该账户的贷方转入"营业外支出"账户的借方,由此形成企业的营业外支出。

企业固定资产除了对外出售、报废、毁损需要清理之外,以固定资产对外进行投资,也需要清理。其处理同上例,所不同的是清理的最终结果导致企业长期股权投资或其他投资的增加。

(三)上交税费

企业向国家缴纳各种税费,会导致资金流出企业,不再参与企业的资金循环与周转。

[**例3-37**] 缴纳所得税39 255元,以银行存款付讫。

㊸借:应交税费——应交所得税 39 255

  贷:银行存款 39 255

(四)支付职工福利费

企业除了向员工支付工资以外,还按工资的一定比例提取福利费、职工教育经费等,这些经费的支出也会导致资金流出企业。

[**例3-38**] 以银行存款支付企业内部幼儿园相关支出共计5 000元,从职工福利费用中予以支出。

㊹借:应付职工薪酬——福利费 5 000

  贷:银行存款 5 000

综合本章,制造企业主要核算内容包括筹资、采购、生产、销售、利润核算和资金退出五个阶段。其核算内容概括如下:

筹资是资金准备过程,在此过程中有代表性的业务包括吸收投资者投资和向金融机构借款,本章中例3-1、例3-2、例3-4是筹资的典型业务,而例3-3是借款的本金及利息的偿还,实际上是资金退出企业的业务。上述业务的发生,使企业拥有了能够正常经营运作的资金,为企业进行日常经营活动提供了基础。

采购过程是生产准备过程,在此过程中发生了一系列与采购直接相关的业务。本章第三节中例3-5、例3-7、例3-8、例3-9都是用不同的方式支付价款采购原材料及支付采购费用,例3-10是材料验收入库,材料采购过程完成。这一节的经济业务的发生,反映了货

借	银行存款	贷		借	实收资本	贷
㊶ 38 000	㊳ 50 000				㊳ 50 000	
	㊵ 1 000					
	㊸ 39 255			借	应交税费	贷
	㊹ 5 000				㊸ 39 255	

借	固定资产	贷		借	应付职工薪酬	贷
	㊴ 50 000				㊹ 5 000	

借	固定资产清理	贷		借	营业外收入	贷
㊴ 35 000	㊶ 38 000				㊵ 2 000	
㊵ 1 000						
㊷ 2 000						

借	累计折旧	贷
	㊴ 15 000	

注：序号表示账户之间的钩稽关系。

图 3 - 5　资金退出企业的核算图

币资金转换为储备资金的整个过程。

生产过程既是产品制造过程，又是人力、物力、财力的消耗过程。为了生产产品需投入材料、人工、机器设备等，本章第四节中的例 3 - 11、例 3 - 12、例 3 - 13、例 3 - 16、例 3 - 17 是核算上述投入的，例 3 - 18 是核算产品完工入库的。上述经济业务的发生，反映了企业的资金由储备资金形式转换为生产资金形式再进一步转换为成品资金形式的全过程。

销售过程是将产品销售出去，并收回增多的货币资金的过程。本章第五节中例 3 - 19、例 3 - 20、例 3 - 21 是销售商品、收回货币资金的业务，例 3 - 22、例 3 - 23、例 3 - 24、例 3 - 25 是支付销售费用和计算相关税费的业务。经过销售过程，资金又从成品资金形式转换为货币资金形式。

本章第六节利润的形成及分配部分，一方面是对其他收入和支出的核算，主要业务有例 3 - 26、例 3 - 27、例 3 - 28、例 3 - 29，另一方面是对收入和费用进行结转，经过结转之后核算出利润并核算利润分配，业务有例 3 - 30、例 3 - 31、例 3 - 32、例 3 - 33、例 3 - 34。经过本部分的核算，企业利润进行分配，货币资金一部分用于购置新原材料进行再生产，一部分以分配利润等形式退出企业。

本章所有账户期初余额、本期发生额及期末余额如图 3 - 6 ~ 图 3 - 8 所示。

借	库存现金	贷
	10 500	
		⑩ 700
		⑯ 980
		1 680
	8 820	

借	应收账款	贷
⑳ 791 000		
791 000		

借	库存商品	贷
	300 000	
⑲ 568 800	㉕ 775 000	
568 800	775 000	
93 800		

借	材料采购	贷
⑥ 30 000	⑪ 82 700	
⑧ 39 000		
⑨ 13 000		
⑩ 700		
82 700	82 700	

借	预付账款	贷
⑦ 50 000	⑧ 44 070	
50 000	44 070	
5 930		

借	制造费用	贷
⑫ 70 000	⑱ 136 000	
⑬ 28 000		
⑭ 36 000		
⑰ 2 000		
136 000	136 000	

借	银行存款	贷
	102 000	
① 3 500 000	③ 302 000	
② 300 000	⑤ 339 000	
④ 339 000	⑥ 33 900	
㉑ 206 790	⑦ 50 000	
㉒ 33 000	⑮ 268 000	
㉔ 102 600	⑰ 3 300	
㉗ 3 955	㉓ 7 500	
㉚ 1 000	㉙ 1 200	
㊶ 38 000	㊳ 50 000	
	㊵ 1 000	
	㊸ 39 255	
	㊹ 5 000	
4 524 345	1 100 155	
3 526 190		

借	原材料	贷
	600 000	
⑪ 82 700	⑫ 578 000	
	㉘ 2 500	
82 700	580 500	
102 200		

借	生产成本	贷
⑫ 500 000	⑲ 568 800	
⑬ 200 000		
⑱ 136 000		
836 000	568 800	
267 200		

图3-6 账户期初余额、本期发生额及期末余额(一)

借	累计折旧		贷
			150 000
㊴	15 000	⑭	44 000
	15 000		44 000
			179 000

借	固定资产		贷
	1 000 000		
①	1 500 000	㊴	50 000
⑤	300 000		
	1 800 000		50 000
	2 750 000		

借	固定资产清理		贷
㊴	35 000	㊶	38 000
㊵	1 000		
㊷	2 000		
	38 000		38 000

借	预收账款		贷
㉔	33 000	㉒	33 000
	33 000		33 000

借	短期借款		贷
③	300 000	②	300 000
	300 000		300 000

借	应付职工薪酬		贷
⑮	268 000	⑬	268 000
㊹	5 000		
	273 000		268 000
	5 000		

借	应付票据		贷
		⑨	14 690
			14 690

借	应付股利		贷
		㊲	50 000
			50 000

借	长期借款		贷
			600 000
		④	339 000
			339 000
			939 000

借	应交税费		贷
⑤	39 000	⑳	91 000
⑥	3 900	㉑	23 790
⑧	5 070	㉔	15 600
⑨	1 690	㉖	4 000
㊸	39 255	㉗	455
		㉝	39 755
	88 915		174 600
			85 685

借	盈余公积		贷
			22 000
		㊱	11 926.5
			11 926.5
			33 926.5

图 3-7 账户期初余额、本期发生额及期末余额(二)

借	实收资本		贷
			1 240 500
㊳	50 000	①	5 000 000
	50 000		5 000 000
			6 190 500

借	利润分配		贷
㊱	11 926.5	㉟	119 265
㊲	50 000		
	61 926.5		119 265
			57 338.5

借	本年利润		贷
㉜	850 480	㉛	1 009 500
㉞	39 755		
㉟	119 265		
	1 009 500		1 009 500

借	主营业务收入		贷
㉛	1 003 000	⑳	700 000
		㉑	183 000
		㉔	120 000
	1 003 000		1 003 000

借	营业外收入		贷
㉛	3 000	㉚	1 000
		㊷	2 000
	3 000		3 000

借	管理费用		贷
⑫	8 000	㉜	58 280
⑬	40 000		
⑭	8 000		
⑯	980		
⑰	1 300		
	58 280		58 280

借	财务费用		贷
③	2 000	㉜	2 000
	2 000		2 000

借	销售费用		贷
㉓	7 500	㉜	7 500
	7 500		7 500

借	其他业务收入		贷
㉛	3 500	㉗	3 500
	3 500		3 500

借	其他业务成本		贷
㉘	2 500	㉜	2 500
	2 500		2 500

借	所得税费用		贷
㉝	39 755	㉞	39 755
	39 755		39 755

借	主营业务成本		贷
㉕	775 000	㉜	775 000
	775 000		775 000

借	税金及附加		贷
㉖	4 000	㉜	4 000
	4 000		4 000

借	营业外支出		贷
㉙	1 200	㉜	1 200
	1 200		1 200

图 3-8　账户期初余额、本期发生额及期末余额(三)

根据本章的相关会计分录,登记总分类账户,分别结算出本期发生额和期末余额,如表3-10所示。在登记总分类账后,编制总分类账试算平衡表,以检查账户记录的正确性。

表 3-10　总分类账试算平衡表

20××年×月×日

会计科目	期初余额		本期发生额		期末余额	
	借方	贷方	借方	贷方	借方	贷方
库存现金	10 500			1 680	8 820	
银行存款	102 000		4 524 345	1 100 155	3 526 190	
应收账款			791 000		791 000	
库存商品	300 000		568 800	775 000	93 800	
材料采购			82 700	82 700		
原材料	600 000		82 700	580 500	102 200	
预付账款			50 000	44 070	5 930	
生产成本			836 000	568 800	267 200	
制造费用			136 000	136 000		
固定资产	1 000 000		1 800 000	50 000	2 750 000	
累计折旧		150 000	15 000	44 000		179 000
固定资产清理			38 000	38 000		
短期借款			300 000	300 000		
应付票据				14 690		14 690
应交税费			88 915	174 600		85 685
预收账款			33 000	33 000		
应付职工薪酬			273 000	268 000	5 000	
应付股利				50 000		50 000
长期借款		600 000		339 000		939 000
实收资本		1 240 500	50 000	5 000 000		6 190 500
盈余公积		22 000		11 926.5		33 926.5
利润分配			61 926.5	119 265		57 338.5
本年利润			1 009 500	1 009 500		
营业外收入			3 000	3 000		
主营业务收入			1 003 000	1 003 000		
其他业务收入			3 500	3 500		
财务费用			2 000	2 000		
管理费用			58 280	58 280		
销售费用			7 500	7 500		
主营业务成本			775 000	775 000		
其他业务成本			2 500	2 500		
营业外支出			1 200	1 200		
所得税费用			39 755	39 755		
税金及附加			4 000	4 000		
合计	2 012 500	2 012 500	12 640 471.5	12 640 471.5	7 550 140	7 550 140

复习思考题

1. 简要阐述制造企业主要经济活动循环过程。
2. 对制造企业基本生产过程进行核算的意义是什么？
3. 企业生产过程应该进行哪些方面的核算？
4. 企业资金来源有哪些？分别应该如何进行核算？
5. 采购原材料的成本由什么构成？
6. 什么是企业的财务成果？财务成果如何进行计算？
7. 企业利润分配的程序是什么？

练习一

【目的】练习资金筹集的核算。

【资料】某企业发生如下业务：

1. 收到甲企业投资款 500 000 元，存入银行。
2. 收到乙企业投入机器设备一台，原值 800 000 元，已提折旧 200 000 元，双方确认价值 600 000 元；投入专利权一项，双方确认价值 150 000 元。
3. 因购置机器设备需要，向银行借入三年期借款 300 000 元，存入银行存款账户。
4. 向银行借款 50 000 元用于日常零星开支。
5. 核算本月应向银行支付利息费用共计 6 000 元，尚未支付。
6. 短期借款 80 000 元到期，用银行存款进行偿还。
7. 向银行支付利息费用 6 000 元。

【要求】分析上述业务，编制会计分录。

练习二

【目的】练习企业材料采购业务的核算和采购成本的计算。

【资料】某企业发生如下业务（企业为一般纳税人，增值税税率13%）：

1. 向某企业购入材料一批共计三类材料：甲材料 1 000 千克，单价 15 元；乙材料 500 千克，单价 20 元；丙材料 2 000 千克，单价 18 元。价税合计用银行存款支付。
2. 支付上述材料的搬运费及运输费共计 7 500 元，以银行存款支付。
3. 购买甲材料 600 千克，单价 16 元，价税款未付，合同约定 20 天后付款。
4. 购买乙材料 800 千克，单价 19 元，价税合计开出期限为 90 天的银行承兑汇票一张。
5. 上述业务 3 中的 600 千克甲材料款到期，以银行存款支付。
6. 预付 1 000 元到某公司，用于购买丙材料。
7. 向某公司购买丙材料共计 1 000 千克，单价 20 元，冲销预付款后不足的部分以银行存款支付。
8. 上述材料全部到货，进行入库前挑选整理，共计发生挑选整理费用 5 900 元，以库存现金支付。
9. 上述材料全部验收入库。

【要求】

1. 分析上述业务，编制会计分录。

2.计算采购成本,编制材料采购成本计算表。

3.分别登记企业"材料采购""原材料"的明细分类账户和总分类账户。

练习三

【目的】练习工业企业生产过程的核算及产品成本计算。

【资料】某企业月初在产品:A产品50件。A产品"生产成本"账户月初借方余额为3 000元(其中原材料1 500元,职工薪酬1 000元,分配制造费用500元)。B产品30件。B产品"生产成本"账户月初借方余额为2 000元(其中原材料1 000元,职工薪酬600元,分配制造费用400元)。本月发生如下业务:

1.企业管理人员张某出差,向企业预借差旅费5 000元,通过银行转账支付。

2.向仓库领用如下材料,用于产品生产:甲材料1 000千克,单位成本17.5元,生产A产品耗用800千克,生产B产品耗用200千克;乙材料800千克,单位成本20元,生产A产品耗用500千克,生产B产品耗用300千克。

3.核算本月应付职工工资共计60 000元,其中A产品生产工人工资20 000元,B产品生产工人工资20 000元,车间管理人员工资12 000元,企业行政管理人员工资8 000元。

4.管理人员张某出差回来,报销差旅费共计5 600元,借款不足部分支付现金。

5.企业计提本月固定资产折旧,其中生产机器设备计提折旧共计5 000元,企业办公用固定资产计提折旧4 000元。

6.企业行政管理部门购买日常办公用品共计4 600元,以银行存款支付。

7.通过银行转账支付本月车间水电费3 000元、行政管理部门水电费1 000元。

8.将企业制造费用总额转入"生产成本"账户,并按照生产工人工资总额进行制造费用分配。

9.月末,A产品100件全部完工并已验收入库,无在产品;B产品全部未完工。

【要求】

1.对上述经济业务进行分析,编制会计分录。

2.登记"生产成本"明细分类账及总分类账。

3.编制产品生产成本计算表,计算产品生产成本。

练习四

【目的】练习产品销售过程的核算。

【资料】某企业本月发生如下销售业务(企业为一般纳税人,增值税税率13%):

1.销售A产品1 000件,单价600元,价款及税款收到并存入银行。

2.销售B产品500件,单价500元,合同约定价款及税款25日后收取。

3.用银行存款支付应由本单位支付的产品销售市内交通费1 200元。

4.销售A产品500件,单价600元,B产品600件,单价500元,合同约定延期收款,现收到对方单位开来商业承兑汇票一张。

5.月末结转已售产品成本,A产品每件400元,B产品每件300元。

6.结算本月专设销售机构人员的工资15 000元。

7.销售产品时由本单位进行包装,使用本单位多次使用的包装物,要求货到对方单位后退回包装物,为防止对方单位损坏或遗失包装物,收取押金1 000元存入银行。

【要求】对上述经济业务进行分析,编制会计分录。

练习五

【目的】练习利润形成过程的核算及利润的计算。

【资料】某企业本月发生如下业务：

1.销售企业多余的原材料乙材料100千克，单价25元，价税合计收取款项2 825元存入银行。

2.上述乙材料成本22.5元每千克，结转已售原材料成本。

3.对外转让专利权所有权一项，收入50 000元，款项存入银行。

4.上述转让的专利权账面价值10 000元，进行成本的转出。

5.核算本月应交房产税共计2 500元。

6.通过银行转账支付本单位用车交通违法罚款共计2 500元。

7.前述购买方遗失包装物，没收原收取包装物押金1 000元。

【要求】

1.根据上述业务编制会计分录。

2.根据练习一到练习五的业务，对所有损益类账户进行结转，编制转账分录。

3.计算本月利润总额。

4.按利润总额的25%计算应交所得税，编制提取所得税费用分录。

5.结转所得税费用账户。

6.按本月净利润的10%计算应提取盈余公积金，并编制提取盈余公积金的会计分录。

7.按本月净利润的15%计算应付给股东的股利，并编制会计分录。

练习六

【目的】对企业会计核算进行全面练习。

【资料】某企业本月月初各个账户余额及本月发生经济业务如下：

账户名称	借方余额	账户名称	贷方余额
库存现金	20 000	短期借款	80 000
银行存款	240 000	应付股利	50 000
其他应收款	1 000	应交税费	50 000
应收账款 其中：新沙厂	42 120 42 120	长期借款	200 000
原材料 其中：甲材料 　　　乙材料	11 200 6 250(500千克，单价12.5元) 4 950(300千克，单价16.5元)		
生产成本 其中：A产品	5 400 5 400		
库存商品 其中：A产品 　　　B产品	130 000 90 000(3 000件，单价30元) 40 000(5 000件，单价8元)		
固定资产	250 000	实收资本	319 720
合计	699 720	合计	699 720

1. 采购员××预支差旅费500元，以现金支付。

2. 购入甲材料100千克，验收入库，计1 200元，增值税税率为13%，以银行支票支付。

3. 购入乙材料4 000千克，单价16元，增值税税率为13%。货款以商业承兑汇票结算，材料已到达并验收入库。

4. 生产车间从仓库领用原材料进行产品生产，生产A产品领用甲材料150千克，乙材料100千克；生产B产品领用甲材料120千克，乙材料80千克；甲材料单位成本12.50元，乙材料单位成本16.50元。

5. 结算本月应付职工工资，按用途归集如下：

A产品生产工人工资   50 000元

B产品生产工人工资   40 000元

车间管理人员工资   20 000元

行政管理部门人员工资   30 000元

6. 向新沙厂出售A产品500件，每件售价60元，增值税税率为13%。货款已收到，存入银行。

7. 通过银行转账向股东支付原已宣告但尚未支付股利50 000元。

8. 车间报销办公费及其他零星开支400元，以库存现金支付。

9. 以银行存款支付车间房屋修理费1 200元。

10. 行政管理人员出差回来报销差旅费960元，原预支1 000元，余款归还现金。

11. 收到投资者投入资金400 000元，存入银行。

12. 出售商品给新华厂：A商品1 800件，每件售价58元；B商品4 400件，每件售价14元。增值税税率为13%，货款尚未收到。

13. 按出售产品的实际销售成本转账(A产品每件30元，B产品每件8元)。

14. 以银行存款支付上月应缴所得税共计50 000元。

15. 向银行借入临时借款50 000元，存入银行，借款期为3个月。

16. 核算本月应负担银行借款利息600元。

17. 以银行支票支付本月电费4 770元，其中：车间生产用电3 978元，行政管理部门用电792元。

18. 以现金支付B产品销售运杂费500元。

19. 计提本月固定资产折旧3 780元，其中：车间用固定资产折旧2 500元，行政管理部门用固定资产折旧1 280元。

20. 购入新机器一台，单价70 000元，增值税税率13%，以银行存款支付。

21. 对外转让一批不需用材料，单价15元，共计转让100千克，增值税税率为13%，款项已收。

22. 结转上述转让材料账面成本1 250元。

23. 以银行存款140 000元发放工资。

24. 收到新沙厂偿还前欠货款42 120元，存入银行。

25. 用库存现金支付销售产品包装费、装卸费等销售费用1 100元。

26. 月末，按直接生产工人工资分配结转本月制造费用。

27. 本月月末A产品全部生产完工，期末无在产品，结转A产品生产成本。B产品全部未完工。

28.月末，结转损益类账户。

29.计算本期利润总额，按利润总额的25%核算应交所得税。

30.结转企业所得税费用且计算净利润。

31.按净利润的10%提取法定盈余公积金。

32.对外宣告发放现金股利100 000元。

【要求】

1.根据上述业务，做出会计分录。

2.登记本月各个明细账户及总分类账户。

3.编制本月总分类账试算平衡表。

第三章复习思考题答案

第四章

企业会计账户分类

本章学习要求

本章进一步分析、归纳运用复式记账的原理来进行账务处理的规律；学习本章，要求了解账户按照经济内容分类和按照用途和结构分类的方法；理解所有账户的共性及内在联系，区分不同账户的特征；掌握各种不同账户的使用方法。

第一节　会计账户分类概述

为了全面核算和监督企业生产经营过程，需要设置和运用一系列的账户。每一个账户都有特定的内容，分别从不同的角度反映企业经济活动的某一方面和某一环节。由于经济活动是一个有机的整体，因此记录和反映经济活动的各个账户之间客观存在着不可分割的联系。这一系列相互联系又有区别的账户，构成了一个完整的账户体系。为了正确设置和运用账户，建立科学的账户体系，必须对账户进行分类研究。

所谓账户的分类，就是按照一定的标准对账户所进行的分组。账户分类具有重要意义：首先，通过账户分类，可以了解账户间的联系和区别，认识同类型账户的共同点和不同类型账户之间的区别，进一步深刻认识各个账户。其次，通过账户分类，分析研究现行账户设置的科学性和完整性，有助于建立科学完善的账户体系。

《企业会计准则——应用指南》设置了 156 个会计账户，本章对一般企业所设置的主要账户都进行了分类介绍。会计账户的分类取决于账户的经济内容及用途和结构。因此，对于各种账户，本章分别从两个方面来进行分类。

一、按照账户的经济内容进行分类

账户的经济内容是指账户所反映的会计对象的具体内容，决定了账户的本质，只有了解账户的经济内容，才能把握账户的本质。账户按照经济内容进行分类是账户分类的基础，账户的其他分类都直接或者间接地依存于账户的经济内容。

二、按照账户的用途和结构进行分类

账户的用途是指通过账户记录能够提供什么核算资料，设置和运用这个账户的目的是什么。账户的结构是指账户的借方和贷方应当怎样登记，其余额是在借方还是在贷方。账户按照用途和结构分类，是在账户按经济内容分类的基础上，对用途和结构基本相同的账户进行的归类。账户按照用途和结构分类是对账户按经济内容分类的必要补充，目的在于掌握各类账户在提供核算资料方面的规律性。

账户按经济内容分类，是基本的、主要的分类；账户按用途和结构的分类，是在按经济内容分类的基础上的进一步分类，是对账户按经济内容分类的必要补充。

第二节　会计账户按经济内容分类

账户按其反映的经济内容可以分为资产类账户、负债类账户、共同类账户、所有者权益类账户、成本类账户和损益类账户。

一、资产类账户

资产类账户是用来反映资产增减变动情况的账户。这类账户按照资产的流动性不同又可以分为以下两类：

（一）流动资产账户类

这类账户反映的是流动资产的变动情况，如"库存现金"、"银行存款"、"原材料"等账户。

（二）非流动资产账户类

这类账户反映的是非流动资产的变动情况，如"固定资产"、"无形资产"等账户。

二、负债类账户

负债类账户是用来反映负债增减变动情况的账户。这类账户按照负债的偿还期限不同，又可以分为以下两类：

（一）流动负债账户类

这类账户反映的是流动负债的变动情况，如"短期借款"、"应付账款"、"应交税费"等账户。

（二）非流动负债账户类

这类账户反映的是非流动负债的变动情况，如"长期借款"、"应付债券"等账户。

三、共同类账户

这类账户用来反映和监督企业和个人及其他单位之间发生的债权、债务往来结算的账户，这类账户既反映债权又反映债务，属于双重性质的账户。

在实际工作中，企业之间发生往来时，单个会计主体有时是债权人，有时是债务人。如各个不同银行相互之间会发生代付、代收款项业务，从而形成了对其他银行的债权或者债务；为了集中反映某银行与对应其他银行的债权债务往来，可以在同一个账户中反映代付和代收的增减变动和结存情况，代收记入账户贷方，形成对对方银行的负债；代付记入账户借方，形成对对方银行的债权；期末余额可能在借方也可能在贷方，借方余额表示债权即资产，贷方余额表示债务即负债。因此该类型账户既有资产类型账户的特点，又有负债类型账户的特点，称为共同类账户。属于本类型的账户有"清算资金往来"、"货币兑换"等。

四、所有者权益类账户

所有者权益类账户是用来反映所有者权益增减变动情况的账户。这类账户按照所有者权益的来源不同，又可以分为以下两类：

(一)投入资本类账户

这类账户反映的是所有者投入资本的变动情况，如"实收资本"账户。

(二)资本增值类账户

这类账户反映资本增值及其变动情况，如"资本公积"、"盈余公积"等账户。

五、成本类账户

成本类账户是用来反映制造企业产品生产成本情况的账户，这类账户主要有"生产成本"、"制造费用"等账户。

六、损益类账户

损益类账户是用来反映企业一定时期内发生损益的账户。这类账户按照损益内容不同，又可以分为以下两类：

(一)收入类账户

这类账户反映企业生产经营过程中取得各种收入的情况，如"主营业务收入"、"其他业务收入"等账户。

(二)费用类账户

这类账户反映企业在生产经营过程中发生各种支出的情况，如"主营业务成本"、"管理费用"等账户。

一般企业主要账户按照经济内容进行分类如表4-1所示。

表 4 - 1 账户按经济内容分类

按经济内容分类	进一步分类	包含账户
资产类账户	流动资产	库存现金 银行存款 其他货币资金 交易性金融资产 应收票据 应收账款 应收股利 应收利息 其他应收款 坏账准备 预付账款 材料采购 在途物资 原材料 包装物 低值易耗品 材料成本差异 库存商品 商品进销差价 委托加工物资 存货跌价准备 发出商品
	非流动资产	长期股权投资 长期股权投资减值准备 固定资产 累计折旧 固定资产减值准备 工程物资 在建工程 固定资产清理 无形资产 累计摊销 无形资产减值准备 长期待摊费用 待处理财产损溢
负债类账户	流动负债	短期借款 应付票据 应付账款 预收账款 应付职工薪酬 应付股利 应付利息 应交税费 其他应付款
	非流动负债	长期借款 应付债券 长期应付款 专项应付款 预计负债 递延所得税负债
共同类账户		清算资金往来 货币兑换 衍生工具 套期工具 被套期项目
所有者权益类账户	投入资本类账户	实收资本
	资本增值类账户	资本公积 盈余公积 本年利润 利润分配
成本类账户		生产成本 制造费用 劳务成本
损益类账户	收入类账户	主营业务收入 其他业务收入 投资收益 汇兑损益 营业外收入
	费用类账户	主营业务成本 税金及附加 其他业务成本 销售费用 管理费用 财务费用 营业外支出 所得税费用 资产减值损失

第三节 会计账户按用途结构分类

账户的用途就是指设置和运用账户的目的，即通过账户记录提供什么核算指标。账户的结构是指在账户中如何登记经济业务，以取得所需要的各种核算指标，即账户的借方登记什么，贷方登记什么，期末账户有没有余额，如果有余额，在账户的哪一方，表示什么。

账户按用途和结构进行分类，一般分为基本账户、调整账户和业务账户三大类。

一、基本账户

基本账户是用来反映和监督资产、负债、所有者权益实有数和增减变动情况的账户。由于这类账户所反映的内容都是经济活动的基本内容，因此称为基本账户。基本账户一般都有余额，期末应该分别列入资产负债表的资产、负债和所有者权益栏目。

基本账户可以进一步分为盘存账户、结算账户、跨期摊配账户和所有者权益账户四小类。

（一）盘存账户

盘存账户核算和监督各项财产物资和货币资金的增减变动以及结存情况。属于这类账户的有"库存现金"、"银行存款"、"原材料"、"库存商品"、"固定资产"等账户。盘存账户借方登记财产物资或货币资金的增加数，贷方登记财产物资或货币资金的减少数，期末如果有余额，余额应该在借方，表示财产物资和货币资金的期末实有数。

"生产成本"账户和"材料采购"账户如果期初和期末有余额，分别表示在产品和在途材料的金额，也具有盘存账户的性质。

盘存账户有两个特点：

(1)所有的盘存账户反映的财产物资和货币资金，都可以通过财产清查的方法确定其实际结存数，核对其实际结存数与账面结存数是否相符，检查实际结存的财产物资和货币资金在管理上和使用上是否存在问题。

(2)除"库存现金"和"银行存款"账户以外，其他盘存账户，如"原材料"、"库存商品"、"固定资产"等账户，都可以通过设置明细账，提供实物数量和金额两种指标。

(二)结算账户

结算账户是用来反映和监督企业同其他单位或个人之间债权、债务结算情况的账户。由于结算业务的性质不同，决定了不同结算账户具有不同的用途和结构。因此，按照结算账户的用途和结构不同，又可以具体分为债权结算账户(又称资产结算账户)、债务结算账户(又称负债结算账户)和债权债务结算账户(又称资产负债结算账户或者往来结算账户)三类。

(1)债权结算账户，是用来反映和监督企业同各债务单位或个人之间的债权结算业务的账户。属于这类账户的有"应收账款"、"预付账款"和"其他应收款"等账户。这类账户的特点是：借方登记本期应收款项或者预付款项的增加数，贷方登记本期应收款项或者预付款项的减少数。债权结算账户期末如有余额，余额应该在借方，表示尚未收回债权的实有数。

(2)债务结算账户是用来反映和监督企业同债权单位和个人之间的债务结算业务的账户，属于这类账户的有"应付账款"、"预收账款"、"短期借款"、"长期借款"、"应付职工薪酬"、"应交税费"、"应付股利"、"其他应付款"等账户。这类账户的特点是：本期借入款项、应付款项或预收款项的增加数记入账户的贷方，本期借入款项、应付款项或预收款项的减少数记入账户的借方。债务结算账户如果有余额，余额应该在贷方，表示企业实际承担的负债数。

(3)债权债务结算账户。这类账户既反映债权结算业务，又反映债务结算业务，是双重性质的结算账户。该类型账户的借方登记的内容有两个，即本期债权的增加额和本期债务的减少额；账户的贷方登记的内容也有两个，即本期债务的增加额和本期债权的减少额。如实务核算时，预付账款不多的企业，可以将预付账款直接记入"应付账款"账户的借方，这样"应付账款"账户可以同时核算和监督企业应付账款和预付账款的增减变动情况，从而成为一个债权债务结算账户。在《企业会计准则——应用指南》中设置的共同账户如"清算资金往来"账户等，亦是具有债权债务双重性质的账户。债权债务结算账户的余额可能有两种情况：①账户月末有借方余额，表示尚未收回的债权净额，也就是尚未收回的债权大于尚未偿付的债务的差额。②账户月末有贷方余额，则表示尚未偿付的债务净额，也就是尚未偿付的债务大于尚未收回的债权的差额。该账户所属明细账的借方余额之和与贷方余额之和的差额，应当与总分类账户的余额相等。

（三）跨期摊配账户

跨期摊配账户是用来反映和监督应由几个会计期间共同负担的费用，并将这些费用在各个会计期间进行分摊的账户。其目的在于按照配比原则的要求，正确计算产品成本或每期费用。属于这类账户的有"长期待摊费用"等账户。该类型账户借方登记实际支付的金额，贷方登记分摊进入本期成本或者费用的金额。其余额在借方，表示尚未分摊完成的部分。

（四）所有者权益账户

所有者权益账户亦称资本账户，是用来反映和监督企业所有者投资的增减变动以及结存情况的账户。属于这类账户的有"实收资本"、"盈余公积"、"资本公积"账户等。这类账户反映的内容都是投资者的权益，既包括投资者的原始投入，又包括在经营过程中形成的归投资者享有的权益。该类账户贷方登记本期所有者权益的增加额，借方登记本期所有者权益的减少额，期末余额在贷方，表示所有者权益的实有额。

二、调整账户

在会计核算中，由于管理上的需要或其他方面的原因，对于某些会计要素，要求用两种数字从不同的方面进行反映。在这种情况下，就需要设置两个账户，一个用来反映其原始数字，另一个用来反映对原始数字的调整数字，将原始数字和调整数字相加或相减，就可以求出调整后的实际数字。这里记录和反映原始数字的账户称为被调整账户，记录和反映调整数字的账户称为调整账户。调整账户是为了调整被调整账户的余额、以求得被调整账户的实际余额而设置的账户。调整账户和被调整账户相互配合，既能全面、完整地反映一个会计对象，又能满足管理上对不同会计信息的需要。

调整账户按其调整方式不同，可以分为备抵账户、附加账户和备抵附加账户三类。

（一）备抵账户

备抵账户是用来抵减被调整账户余额、以求得被调整账户实际余额的账户。

备抵账户的调整方式是以被调整账户的期末余额减去调整账户的期末余额，以求得被调整账户的实际余额。其调整公式为：被调整账户余额－调整账户的余额＝被调整账户的实际余额。备抵账户的特点：被调整账户余额与备抵账户的余额，一定是在相反的方向，如果被调整账户的余额在借方，则备抵账户的余额一定在贷方。反之，被调整账户的余额在贷方，则备抵账户的余额一定在借方。

"累计折旧"账户就是典型的备抵账户，其被调整账户是"固定资产"，"固定资产"账户的期末余额在借方，反映固定资产的历史成本，"累计折旧"账户的期末余额在贷方，反映固定资产已经计提的折旧值，两者相抵，即可以求得固定资产的净值。其他如"坏账准备"账户是"应收账款"账户的备抵账户，"长期股权减值准备"、"固定资产减值准备"账户分别是"长期股权投资"、"固定资产"账户的备抵账户。

（二）附加账户

附加账户是用来增加被调整账户的余额、以求得被调整账户实际余额的账户。附加账户的调整方式与备抵账户正好相反，将被调整账户的余额与调整账户的余额相加求得被调整账户的实际余额。其计算公式为：被调整账户余额＋附加账户余额＝被调整账户的实际余额。附加账户的特点是被调整账户的余额和附加账户的余额，一定是在同一方向。在实际工作中，纯粹的附加账户很少应用。

(三)备抵附加账户

备抵附加账户是同时具备备抵和附加两种调整作用的账户，也就是说既可以用来抵减又可以用来增加被调整账户的余额、以求得被调整账户实际余额的账户。该类型账户在某一时刻发挥的是备抵作用还是附加作用，取决于该账户的余额与被调整账户的余额的方向是否一致。当其余额与被调整账户余额方向相反时，调整方式与备抵账户相同，当其余额与被调整账户余额方向一致时，调整方式与附加账户相同。具有代表性的账户有"材料成本差异"账户。

备抵附加账户的特点是，调整账户与被调整账户反映的经济内容相同，被调整账户反映会计要素某个项目的原始数字，调整账户反映对同一项目原始数字的调整，调整账户不能离开被调整账户而独立存在，有调整账户必有被调整账户。

概括来说，调整账户具有以下三个特点：

(1)调整账户与被调整账户反映的经济内容相同，但用途和结构不同。

(2)被调整账户反映会计要素的原始数字，而调整账户反映的是会计要素的调整数字。因此，调整账户不能脱离被调整账户而独立存在。

(3)调整方式是指原始数字与调整数字通过相加或者相减，求得有特定含义的数字。调整方式是相加还是相减，取决于被调整账户与调整账户的余额是在同一方向，还是在相反方向。

三、业务账户

业务账户是用来核算和监督企业在供应、生产、销售过程中业务活动的账户。其特点是能及时地考核企业财务和成本计划的完成情况，对企业经济效益做全面评价。

业务账户可以分为集合分配账户、成本计算账户、配比账户和财务成果账户四类。

(一)集合分配账户

集合分配账户是用来归集和分配企业生产经营过程中某个阶段所发生的各种费用，反映和监督有关费用计划执行情况以及费用分配情况的账户。属于这类账户的有"制造费用"账户。

集合分配账户的借方登记费用的发生数，贷方登记按照一定标准分配计入各个成本计算对象的费用分配数。除季节性生产的企业以外，这类账户借方归集的费用一般在当期的期末全部分配计入各个成本计算对象中去，所以集合分配账户一般在期末没有余额。

(二)成本计算账户

成本计算账户是用来反映和监督企业生产经营过程中，某一阶段所发生的应计入成本的全部费用，并确定各个成本计算对象实际成本的账户。属于这类账户的有"生产成本"、"材料采购"、"在建工程"等账户。

成本计算账户的结构特点是：借方登记应计入成本的全部费用，包括直接计入各个成本计算对象的费用和按一定标准分配计入各个成本计算对象的费用。贷方登记转出的已完成某一过程的成本计算对象的实际成本。成本计算账户期末余额在借方，表示尚未完成某一过程的成本计算对象的实际成本。成本计算账户应按成本计算对象并区分成本项目设置明细分类账户，进行明细分类核算。

（三）配比账户

配比账户是用来汇集经营过程中所取得的收入和发生的成本、费用，以便在期末进行配合比较，计算确定经营期内财务成果的账户，包括收入账户、支出账户和期间费用账户。

收入账户是用来反映和监督企业在一定会计期间内所取得的各种收入的账户。属于这类账户的有"主营业务收入"、"投资收益"、"其他业务收入"账户等。费用账户是用来反映和监督企业在一定会计期间内所发生应计入当期损益的各种费用的账户。属于这类账户的有"主营业务成本"、"其他业务成本"、"税金及附加"、"所得税费用"等账户。所有的收入账户和费用账户余额期末都结转至"本年利润"账户，期末结转后没有余额。

期间费用是指企业日常活动中不能直接归属于某个特定成本核算对象，在发生时应直接计入当期损益的各种费用，包括管理费用、销售费用、财务费用。期间费用账户的特点是借方登记期间费用的发生额，贷方登记转入"本年利润"账户的期间费用金额，经过结转期末无余额。

（四）财务成果账户

财务成果账户是用来核算和监督企业在一定期间内全部生产经营活动最终成果的账户。属于这类账户的有"本年利润"账户。

财务成果账户的结构特点是：借方登记期末从各个费用账户转入的本期发生的与本期收入相配比的各项费用数，贷方登记期末从各个收入账户转入的本期发生的各项收入数。期末将借方发生额合计和贷方发生额合计进行比较，如果贷方合计余额大于借方合计金额，表示收入合计大于费用合计，差额为企业本期实现的利润总额，记入贷方；若反之，则表示本期费用合计大于收入合计，差额为本期发生的亏损总额，记入借方。

表4-2　账户按用途结构分类

一级分类	二级分类	账户名称
基本账户	盘存账户	库存现金　银行存款　交易性金融资产　原材料　周转材料　库存商品　委托加工物资　生产成本（余额部分）　在途物资（余额部分）　材料采购（余额部分）　在建工程（余额部分）　长期股权投资　工程物资　固定资产
	结算账户	应收票据　应收账款　应收利息　应收股利　其他应收款　预收账款　短期借款　应付账款　预付账款　应付职工薪酬　应交税费　其他应付款　长期借款　长期应付款　应付债券　应付股利　应付利息　应付票据
	跨期摊配账户	无形资产　长期待摊费用
	资本账户	实收资本　资本公积　盈余公积　利润分配

续上表

一级分类	二级分类	账户名称
调整账户	备抵账户	累计折旧　坏账准备　存货跌价准备　长期股权投资减值准备　固定资产减值准备　无形资产减值准备　固定资产清理　以前年度损益调整
	附加账户	
	备抵附加账户	材料成本差异　商品进销差价
业务账户	集合分配账户	制造费用
	成本计算账户	生产成本(本期发生额)　劳务成本(本期发生额)　在途物资(本期发生额)　在建工程(本期发生额)
	配比账户	主营业务收入　其他业务收入　营业外收入　主营业务成本　税金及附加　其他业务成本　管理费用　财务费用　销售费用　所得税费用　投资收益　汇兑损益　资产减值损失　营业外支出
	财务成果账户	本年利润

最后，对本章内容补充说明两点：

(1)账户按用途结构分类不是绝对的，有些账户具有双重性质。例如，"生产成本"、"在途物资"、"在建工程"、"材料采购"等账户，既是盘存账户，又具有成本计算账户的性质；又如"本年利润"账户，既是财务成果账户，又具有配比账户的性质。

(2)在《企业会计制度》和《企业会计准则——应用指南》中都设有"待处理财产损溢"账户，是用以核算企业在财产盘盈、盘亏未处理前的暂记账户，待批准后再转入有关账户。它属于过渡性质的账户，应该在期末结账前处理完毕，结清余额，故未列入账户分类。

复习思考题

1.账户按照经济内容来分类，可以分为几类？各类分别有什么特点？怎么应用？

2.账户按照用途和结构分类，可以分为几个大类？每个大类可以分为几个小类？每一类别的特征是什么？

3.调整账户包括哪些？其共同特点是什么？

练习题

【目的】练习账户按照经济内容、用途结构分类。

【资料】《企业会计准则——应用指南》所规定的所有账户。

【要求】将账户按要求填入下表。

按经济内容分类 / 按用途和结构分类		资产类	负债类	所有者权益类	共同类	成本类	损益类
基本账户	盘存账户						
	结算账户						
	跨期摊配账户						
	资本账户						
调整账户	备抵账户						
	附加账户						
	备抵附加账户						
业务账户	集合分配账户						
	成本计算账户						
	配比账户						
	财务成果账户						

第四章复习思考题及
练习题答案

第五章

会计凭证

本章学习要求

本章主要要求了解会计凭证的定义和分类，掌握原始凭证、记账凭证的填制要求、填制方法，明确会计凭证审核的内容和审核的重要意义，了解会计凭证传递和保管的基本要求。

第一节　会计凭证概述

会计凭证是记录经济业务、明确经济责任、据以登记账簿的书面证明。为了保证会计记录能够如实反映企业的经济活动，保证账户记录的真实性、准确性和完整性，记账必须以会计凭证为依据。

填制和审核会计凭证是会计核算工作的起点，是会计核算的基础工作，也是对经济活动进行核算和监督的基本环节。所有的企业、事业、行政单位在经济业务发生之后，都必须由执行该项经济业务的人员取得或者填制会计凭证，以书面形式反映或者证明经济业务的发生及完成情况。会计凭证应该载明经济业务发生的时间、数量、单价、金额，并由相关责任人签名盖章，以明确其对该项经济业务的真实性、准确性所负的责任。一切会计凭证都必须经过专人进行严格审核，经过审核无误的凭证，才能作为记账的依据。

一、填制和审核会计凭证的意义

准确填制和严格审核会计凭证，对于会计工作任务的完成、实现会计职能、充分发挥会计作用具有重要意义。

（一）保证会计信息的质量

经济管理离不开会计信息，通过会计凭证的取得或填制、审核及传递，可以把日常发生的大量经济业务客观、及时、完整地加以记录，进而进行分类汇总，登记账簿，为经济管理提供真实可靠的数据。任何一笔经济业务的发生，都必须填制或取得会计凭证，把经济业务发生的时间、数量、金额及完成情况记录下来。通过认真填制及严格审核会计凭证，保证经济业务如实反映在会计凭证上，从而为账簿记录提供真实可靠的依据，使账簿、报表与事实相符合，这样就保证了会计核算资料的真实性与准确性，并为分析、检查经济活动和财务收支情况提供准确可靠的原始资料，从根源上保证了会计信息的质量。

（二）发挥会计监督作用

认真填制和审核会计凭证，可以检查和监督经济业务的合理性、合法性，充分发挥会计的监督作用。

一切经济业务都必须填制凭证。凭证上记录了企业现金的收支、款项的结算、费用的开支及财产增减发生的时间、金额及责任人，因此对凭证进行认真审核，可以查明每笔经济业务活动是否执行了计划、预算，是否符合有关政策、法令、制度的规定，是否有违法乱纪和铺张浪费的行为，从而可以严肃财务纪律，防止各种违法行为。

（三）强化企业内部控制

各个单位所发生的经济业务，通过会计凭证记录下来，并经相关人员和部门签章，表明相关人员和部门对经济业务的真实性、准确性与合法性负责任，即使发生了问题，也易于查清楚情况、区分责任，做出正确裁决。这样，能够加强有关部门人员的责任感，促使其严格按照政策、法令、制度、计划和预算办事情，防止违法乱纪和铺张浪费的事情发生。

二、会计凭证的分类

会计凭证按其填制程序和内容不同，可以分为原始凭证和记账凭证两大类。

（一）原始凭证

原始凭证是在经济业务发生或者完成时填制和取得的、载明经济业务的具体内容、明确经济责任、具有法律效力的书面证明。它是组织会计核算的原始资料和重要依据。

原始凭证按照不同的标准又可以分为不同的种类。

（1）原始凭证按照其来源不同，可以分为外来原始凭证和自制原始凭证两种。

①外来原始凭证，是指与外部单位发生业务往来时，从外单位或者个人直接取得的原始凭证，如增值税专用发票、小规模纳税人发票、铁路和航空运输部门的火车票和飞机票、对外支付款项时取得的收据等。

②自制原始凭证，是指单位内部具体经办业务的部门和人员，在执行或者完成某项经济业务时所填制的凭证，如收料单、领料单、销货发票等。

上述原始凭证如表5-1、表5-2、表5-3、表5-4所示。

表5-1 增值税发票

××省增值税普通(专用)发票

发票联

开票日期： 年 月 日

购买方	名　　　　称： 纳税人识别号： 地址、电话： 开户行及账号：				密码区		
货物或应税劳务、服务名称	规格型号	单位	数量	单价	金额	税率	税额
合计							
价税合计（大写）	（小写）						
销售方	名　　　　称： 纳税人识别号： 地址、电话： 开户行及账号：				备注		

收款人： 复核： 开票人： 销售方：（章）

第二联 发票联 购买方记账凭证

表5-2 收据

收　据

年 月 日 No:

付款单位：＿＿＿＿＿＿＿＿＿＿＿＿＿＿＿ 收款方式 ＿＿＿＿＿＿＿＿＿＿＿＿＿
人民币(大写)＿＿＿＿＿＿＿＿＿＿＿＿＿＿＿＿＿＿ ￥＿＿＿＿＿
收款事由：＿＿＿＿＿＿＿＿＿＿＿＿＿＿＿＿＿＿＿＿＿＿＿＿＿

第一联

收款单位：（盖章） 审核： 经手： 出纳：

表5-3 收料单

供货单位： 凭证编号：

发票号码： 年 月 日 收料仓库：

材料编号	规格及名称	计量单位	数量		价格	
			应收	实收	单价	金额
备注：					合计	

第一联

仓库负责人： 记账： 仓库保管： 收料：

表 5 - 4　领料单

领料单位：							凭证编号：

用　　途：　　　　　　　年　月　日　　　　　收料仓库：

材料编号	规格及名称	计量单位	数量		价格		第
			应收	实收	单价	金额	
							联
备注：					合计		

发料：　　　　　记账：　　　　审批：　　　　　领料：

（2）原始凭证按用途进行分类，可以分为通知凭证、执行凭证和计算凭证三种。

通知凭证是指要求、指示或者命令企业进行某项经济业务的原始凭证，如罚款通知书、付款通知单、银行进账单等，如表 5 - 5 所示。

执行凭证是指表明某项经济业务已经完成的原始凭证，如销售发票、收料单、领料单等。

计算凭证是对已经完成的经济业务进行计算而编制的原始凭证，如产品成本计算单、制造费用分配表、工资计算表等。

表 5 - 5　银行进账单

第　　号

收款人	全　　称		付款人	全　　称											收款人的回单或收款通知	此联是收款人开户行交给
	账　　号			账　　号												
	开户银行			开户银行												
人民币（大写）				千	百	十	万	千	百	十	元	角	分			
	票据种类															
	票据张数															
单位主管　　会计　　复核　　记账				收款人开户行盖章												

（3）原始凭证按照填制的手续不同可以分为一次凭证、累计凭证和汇总凭证三种。

一次凭证是指填制手续一次完成的原始凭证。它反映一笔经济业务或者同时反映若干项同类经济业务的内容。日常的原始凭证多属于此类，如现金收据、销售发票等。此外，一般企业的外来原始凭证都属于一次凭证。

累计凭证是指一定时期内记载同类型重复发生的经济业务并在一张凭证中多次填制才能完成的原始凭证。它一般为自制原始凭证。为了简化手续，平时登记发生的经济业务，并计算累计数，期末计算总数后作为记账依据。典型的累计凭证是限额领料单，如表 5 - 6 所示。

表5-6 限额领料单

领料部门：						凭证编号：			
用　途：				年　　月　　日		发料仓库：			

材料类别	材料编号	材料名称及规格	计量单位	领用限额	实际领用	单价	金额	备注

生产部门负责人：				供应部门负责人：				

日期	数量		领料人签章	发料人签章	扣除代用数量	退料			限额结余
	请领	实发				数量	收料人	发料人	

汇总凭证是对于业务内容相同、发生笔数较多的业务，按照一定的要求加以汇总编制出的汇总表，如发出材料汇总表等。

根据上述原始凭证的分类，我们可以归纳如图5-1所示。

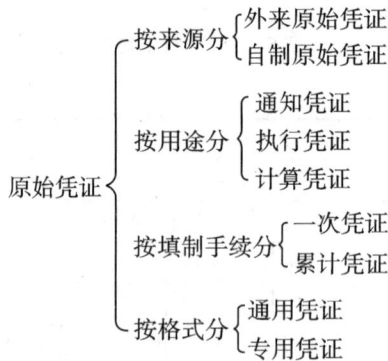

图5-1 原始凭证分类

（二）记账凭证

记账凭证是企业会计部门根据业务部门提交的原始凭证填制的、记载经济业务内容、确定会计分录、据以作为登记账簿依据的会计凭证，因此又被称为分录凭证。业务部门提交的原始凭证或者原始凭证汇总表经过审核无误后，会计部门据以做出记账凭证，在记账凭证上按照登记账簿的要求，确定账户名称、记账方向和金额，因此，记账凭证是登记明细分类账和总分类账的依据。

记账凭证可以按照不同的标准进行分类。

（1）按照记账凭证反映的经济内容进行分类，可以分为收款凭证、付款凭证和转账凭证。企业收到现金或者银行存款填制收款凭证，企业付出现金或者银行存款填制付款凭证，不涉及现金及银行存款收付的其他业务填制转账凭证。收款凭证和付款凭证既是登记库存现金日记账和银行存款日记账、明细分类账和总分类账的依据，同时也是出纳人员收入和付出款项的依据。转账凭证是登记明细分类账和总分类账等有关账簿的依据。三种凭证的格式如表 5 – 7、表 5 – 8、表 5 – 9 所示。

表 5 – 7 收款凭证

应借科目: 年 月 日 字 号

摘要	应贷科目		金额	过账	附件 张
	一级科目	二级科目			
合 计					

会计主管 记账 出纳 复核 制单

表 5 – 8 付款凭证

应贷科目: 年 月 日 字 号

摘要	应借科目		金额	过账	附件 张
	一级科目	二级科目			
合 计					

会计主管 记账 出纳 复核 制单

表 5 – 9 转账凭证

年 月 日 字 号

摘要	会计科目		借方金额	贷方金额	过账	附件 张
	一级科目	二级科目				
合 计						

会计主管 记账 复核 制单

（2）按照记账凭证的用途分类，可以分为分录凭证、汇总凭证和联合凭证三种。分录凭证是根据原始凭证填制，载明会计科目、记账方向和记账金额的凭证，前述收款凭证、付款凭证及转账凭证都属于分录凭证。汇总凭证是对分录凭证加以汇总，据以登记总分类账的记账凭证，如记账凭证汇总表、汇总收款凭证等，其格式如表 5 – 10 所示。联合凭证是既有原始凭证或者原始凭证汇总表的内容，同时具备记账凭证内容的凭证。

表 5 – 10　记账凭证汇总表

　　　　　　　　　　年　　　月　　　日　　　　　　　　　　　总字第　　　　号

会计科目	借方金额	贷方金额	记账
〰〰〰	〰〰〰	〰〰〰	〰〰〰

会计主管　　　　　　　记账　　　　　　审核　　　　　　　制表

　　(3)按照编制方式不同进行分类,可以分为单式记账凭证和复式记账凭证两种。单式记账凭证是指将一项经济业务所涉及的会计科目,分别填制一张记账凭证,每张记账凭证只登记一个会计科目,每笔经济业务填制多张会计凭证,每张凭证上的对应科目只供参考、不凭以记账的一种记账凭证。单式记账凭证按照登记的是借方科目还是贷方科目进行分类,分为借项记账凭证和贷项记账凭证。单式记账凭证的优点是:内容单一,便于分工记账,也便于汇总和凭证传递。其缺点是:凭证张数多,内容分散,在一张凭证上不能完整地反映一笔经济业务的全貌。复式记账凭证是把一笔经济业务的会计分录完整记录下来、每笔业务做一张凭证、每张凭证上面有多个会计科目的记账凭证。其优点是:能完整地反映一笔经济业务的全貌,且填写方便,附件集中,便于凭证的分析和审核;其缺点是:不便于分工记账,也不便于科目汇总。前述记账凭证如收款凭证、付款凭证及转账凭证都属于复式记账凭证,其结构在此不赘述;单式记账凭证结构如表 5 – 11、表 5 – 12 所示。

　　以上是按照不同的标准对记账凭证进行的分类。根据上述分类,我们可以对记账凭证进行归纳,如图 5 – 2 所示。

表 5 – 11　借项记账凭证

对应科目　　　　　　　　　　年　　月　　日　　　　　　　编号

摘要	一级科目	二级科目	金额	记账	附件
					张

会计主管　　　　　记账　　　　　审核　　　　　出纳　　　　　制单

表 5 – 12　贷项记账凭证

对应科目　　　　　　　　　　年　　月　　日　　　　　　　编号

摘要	一级科目	二级科目	金额	记账	附件
					张

会计主管　　　　　记账　　　　　审核　　　　　出纳　　　　　制单

```
                                      ┌── 收款凭证
              按反映的经济内容分类 ──┤── 付款凭证
                                      └── 转账凭证

                                   ┌── 分录凭证
  记账凭证 ──── 按用途分类 ──────┤── 汇总凭证
                                   └── 联合凭证

                                   ┌── 单式记账凭证
              按编制方法分类 ──────┤
                                   └── 复式记账凭证
```

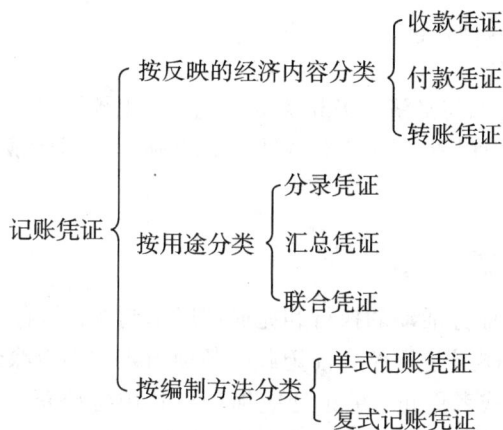

图 5 - 2   记账凭证的分类

及时复习得高分

第二节   原始凭证填制与审核

填制原始凭证是会计工作的起点，是会计核算的基础。原始凭证的质量在一定意义上决定了分类核算和会计报表的质量，我国《会计法》第十条规定了应当办理会计手续、填制原始凭证、进行会计核算的七条事项：

(1)款项和有价证券的收付；

(2)财物的收发、增减和结算；

(3)债权债务的发生和结算；

(4)资本、基金的增减；

(5)收入、费用、支出、成本的计算；

(6)财务成果的计算和处理；

(7)需要办理会计手续、进行会计核算的其他事项。

凡是办理上述规定的事项，必须填制或者取得原始凭证，并及时送交会计部门。会计部门必须对原始凭证进行审核，并根据经过审核的原始凭证及有关资料编制记账凭证。

一、原始凭证的基本内容

经济业务的内容是多种多样的，记录经济业务的原始凭证所包含的具体内容也各不相同，各有其特点与要求。但是每一张原始凭证都必须真实客观地记录和反映经济业务的发生、完成情况，都必须明确有关单位、部门及人员的经济责任。这些共同的要求，决定了每张原始凭证都必须具备以下几项内容：

(1)原始凭证的名称；

(2)填制凭证的日期和凭证的编号；

(3)填制凭证单位的名称和填制人的姓名；

（4）经济业务的内容、数量、计量单位、单价和金额；

（5）接受凭证单位的名称；

（6）经办人员的签名和盖章；

（7）原始凭证的附件（如与经济业务相关的合同、费用预算等）。

上述内容，除第（7）项以外，一般不得缺少，否则，就不能成为具有法律效力的书面证明。

二、原始凭证的填制

原始凭证是根据经济业务活动的执行和完成情况填制的，具有法律效力的书面证明。我国《会计法》第十四条明确规定：原始凭证记载的各项内容均不得涂改；原始凭证文字有错误的，应当由出具单位重开或者更正，更正处应加盖出具单位公章。原始凭证金额有错误的，应当由出具单位重开，不得在原始凭证上面进行更正。为了保证原始凭证能够正确、及时、清晰地反映各项经济业务活动的真实情况，提高会计核算质量，原始凭证的填写必须严格按照如下要求进行：

（1）真实可靠、手续完备。要求严肃认真地记录各项经济业务的实际发生及完成情况，凭证上的日期、经济业务内容、所有数据都必须真实可靠。经办人员和有关部门的负责人都要在凭证上面签字盖章，对凭证的真实性、正确性负责。从外单位取得的原始凭证，必须有填制单位的公章或者专用章；从个人取得的原始凭证，必须有填制人的签名或者盖章。自制原始凭证，必须有部门负责人和经办人员签名或者盖章；对外开出的原始凭证，必须加盖本单位的公章或有关部门的专用章。

（2）内容完整、书写清楚。要求严格按照规定的格式和内容逐项填写经济业务的完成情况。所有项目必须填写齐全，不得省略或者漏填。凭证上面的文字必须工整、清晰，易于辨认，不使用未经国务院颁布的简化字；阿拉伯数字要逐个填写，不得连写；金额前面要冠以币种符号，币种符号与金额之间不留空位，元以后写到角、分，无角和分的以"0"补位，大写金额最后为"元"的应加写"整"字断尾，大写金额与小写金额必须保持一致。一式几联的凭证，必须用双面复写纸套写，单页凭证必须用钢笔填写。凭证填写错误，应按照专门的方法进行更正，不得任意涂改、刮、挖、擦、补。现金和银行存款等收付款凭证填写错误，不能在凭证上面更正，应该按照规定的手续注销留存，另行填写。

（3）连续编号、及时填制。各种凭证都必须连续编号，以备核查。一些事先印好编号的重要凭证作废时，在作废凭证上面加盖"作废"戳记，连同存根联一起保存，不得随意撕毁。所有经办业务的有关部门和人员，在经济业务实际发生或者完成时，必须及时填制原始凭证，做到不拖延、不积压、按规定的程序及时将原始凭证送交到会计部门。

三、原始凭证的审核

我国《会计法》第十四条规定：会计机构、会计人员必须按照国家统一的会计制度的规定对原始凭证进行审核，对不真实、不合法的原始凭证有权不予接受，并向单位负责人报告，对记载不准确、不完整的原始凭证予以退回，并要求按照国家会计制度的规定更正、补充。

为了正确反映经济业务的发生及完成情况，充分发挥会计的监督作用，保证原始凭证的合理、合法和真实性，会计负责人或经其指定的审核人员必须认真、严格审核原始凭证。原始凭证的审核一般包括以下几个方面：

（1）合法性的审核。原始凭证的合法性包括内容的合法性和形式的合法性两个方面。审核原始凭证内容的合法性，主要是审核原始凭证所反映的经济业务内容是否符合国家的有关政策、法令和制度的规定，有无掩盖、伪造、歪曲和颠倒事实等违法乱纪的行为；是否符合本单位的财务计划和预算，是否符合有关开支标准。审核原始凭证形式的合法性，主要是审查原始凭证的形式是否符合规定，如是否有税务部门的监制印章等。

（2）合规性的审核。审核原始凭证的填制是否符合规定的要求，如项目是否填写齐全，数字计算是否准确，大、小写金额是否正确、相符，有无涂改，数字和文字书写是否清晰，有关签名、盖章是否齐全。

原始凭证的审核是一项严肃细致的工作，会计机构和会计人员必须坚持制度、坚持原则、履行职责。在审核过程中发现有问题的凭证，应当区分不同情况做出不同的处理：对于不合法的原始凭证，应当不予受理；对于内容不完整、手续不齐全、书写不清楚、计算有错误的原始凭证，应当退回有关部门或者个人，及时补办手续或者进行更正。

总之，审核原始凭证是会计机构、会计人员结合日常业务进行会计监督的基本形式。它可以保证会计核算的质量，防止发生贪污、舞弊等违法乱纪的行为。

及时复习得高分

第三节　记账凭证填制与审核

记账凭证是会计人员以审核无误的原始凭证或者原始凭证汇总表为依据，对企业的经济业务按照性质分类，确定会计分录，并据以登记账簿的会计凭证，是登记账簿的直接依据。

一、记账凭证的基本内容

由于记账凭证所反映经济业务的基本内容不同，因而在具体格式上也有一定的差异，但是所有记账凭证都必须满足记账的要求，具备下列一些共同的基本内容：

（1）记账凭证的名称；

（2）日期和记账凭证的编号；

（3）会计科目（包括明细科目）、借贷方向和金额（即会计分录）；

（4）经济业务内容摘要；

（5）所附原始凭证的张数；

（6）填制凭证人员、稽核人员、记账人员、机构负责人、会计主管人员签名或者盖章，此外收付款凭证还需要出纳人员盖章。

二、记账凭证填制的要求

记账凭证是登记账簿的直接依据。记账凭证的填制要做到真实可靠、内容完整、填写及时、书写清楚。除此之外，还必须注意以下事项：

（1）准确填写会计分录。必须按照会计准则规定的会计科目填写，不得任意简化或者改动，不得只写科目编号、不写科目名称，必须同时写明记账方向，以便于记账。

（2）各种记账凭证的格式应该相对稳定，特别是在同一年度内，不宜随意更换，以免引起编号、装订、保管方面的不便与混乱。

（3）记账凭证的日期一般填写填制记账凭证当天的日期，但是如果是上个会计期末发生的经济业务推迟到下个会计期初做记账凭证，则要填写上期期末日期。

（4）记账凭证的摘要应该简明扼要，字迹清楚，正确表达经济业务的主要内容，既要防止简而不明，又要防止过于烦琐。

（5）记账凭证在一个月内应连续编号以便查核。在使用通用记账凭证时，可以按经济业务发生的顺序编号；采用收款凭证、付款凭证和转账凭证的单位可采用字号编号法，即按照凭证类别顺序编号，例如：收字第×号、付字第×号、转字第×号。也可以采用双重编号法，例如：总字第×号收字第×号。一笔经济业务需要编制多张记账凭证时，可以采用分数编号法，如某月第 10 笔转账业务需要编制两张凭证，那么编号时可以编为"转字第 $10\frac{1}{2}$ 号"和

"转字第 $10\frac{2}{2}$ 号"两个号数。

（6）记账凭证应该附有原始凭证，并注明所附原始凭证的张数。除期末转账和更正错误的记账凭证可以没有原始凭证以外，其他记账凭证都必须附有原始凭证。如果有两张或者两张以上的记账凭证依据同一张原始凭证编制，则原始凭证附于其中一张记账凭证后，另一张记账凭证上注明"原始凭证×张，附于××号凭证之后"。

（7）记账凭证上必须有填制人员、审核人员、记账人员和会计主管签章，对于收款和付款凭证，必须先审核后办理收付款业务，出纳人员应在收付款凭证上面签章，以明确经济责任。对于已经办妥收款或者付款的凭证和所附的原始凭证，出纳人员要加盖"收讫"、"付讫"戳记，以免重收、重付。

（8）只能填制单式记账凭证。就是在一张凭证上面只填列一个会计科目，一项经济业务涉及几个会计科目，就填制几张记账凭证。为了保持会计科目之间的对应关系，便于核对，在填制一套会计科目时编一个总号，再按凭证张数编几个分号，如第 5 笔经济业务涉及 3 个会计科目，编号则为 $5\frac{1}{3}$、$5\frac{2}{3}$、$5\frac{3}{3}$。在单式记账凭证中，填列借方科目名称的为借项记账凭证，填列贷方科目名称的为贷项记账凭证。为了便于区别，常用不同颜色纸印制。

（9）当发生现金与银行存款之间相互划转的收付业务时，如将现金存入银行或者从银行提取现金时，记账凭证填制可采用两种方法：一种是只填制付款凭证而不填制收款凭证。另一种是同时填制收款凭证和付款凭证，并在两张凭证的对方过账栏中画"√"销号。在记账时，收款凭证只记借方账户，付款凭证只记贷方账户。

三、记账凭证的审核

记账凭证是根据审核无误的原始凭证填制的，是登记账簿的依据。为了保证账簿记录的准确性，记账前必须对已编制的记账凭证由专人进行认真、严格的审核。审核的主要内容有以下几个方面：

（1）按照原始凭证审核的要求，对所附原始凭证进行复核。

（2）对记账凭证所附的原始凭证是否齐全、是否和所附原始凭证的内容相符、金额是否一致进行核对。对一些需要单独保管的原始凭证和文件，应该在凭证上面加注说明。

（3）凭证中会计科目的使用是否准确，应借、应贷金额是否一致，账户的对应关系是否清晰，核算的内容是否符合会计制度的规定等。

（4）记账凭证所需填写的项目是否齐全，有关人员是否都已经签章。

在审核中如发现记账凭证有记录不全或者错误时，应该重新填制或者按照规定办理更正手续。只有经过审核无误的记账凭证，才能据以登记账簿。

及时复习得高分

第四节　会计凭证传递与保管

一、会计凭证的传递

会计凭证的传递是指会计凭证从填制取得起，经过审核、记账、装订到归档处理，在有关部门和人员之间按规定的时间、路线办理业务手续和进行处理的过程。

正确、合理地组织会计凭证的传递，有利于有关部门和人员及时了解经济业务活动情况，加速对经济业务的处理。同时，有利于加强各有关部门的经济责任管理，也有利于实现会计监督职能，充分发挥会计的监督作用。

由于企业生产经营的组织不同，经济业务的内容不同，企业管理的要求也不尽相同。在会计凭证的传递中，也应该根据具体情况，确定每一种凭证的传递程序和方法，作为业务部门和会计部门进行会计处理的规范。

会计凭证的传递应该规定合理的传递程序、传递时间和传递过程中的衔接手续。

各个单位应该根据经济业务的特点、机构设置和人员分工，明确会计凭证的联数和传递程序。既要保证会计凭证经过必要的环节进行处理和审核，又要避免会计凭证在不必要的环节停留，使有关部门和人员及时了解情况、掌握资料、按规定手续进行工作。

关于凭证传递的时间，应该考虑各个部门和人员的工作内容及工作量在正常情况下完成的时间。明确规定各种凭证在各个环节上停留的最长时间，不能拖延和积压凭证，以免影响会计工作的正常秩序。一切会计凭证的传递和处理，都应该在报告期内完成，不允许跨期。否则将影响会计核算的及时性和准确性。

会计凭证传递过程的衔接手续，应该做到既完备严密又简便易行。凭证的收发、交接都应该按照一定的手续办理，以保证会计凭证的安全和完整。

会计凭证传递程序、传递时间和衔接手续明确后，可制成凭证流转图，制定凭证传递程序，规定凭证传递的路线、环节，在各个环节上的时间、处理内容及交接手续，使凭证传递工作有条不紊地进行。

二、会计凭证的保管

各种会计凭证在办理各项业务手续并据以入账后，最终应由会计部门按照《会计档案管理办法》的规定，加以整理、归类、编号并妥善保管。

会计凭证是各项经济活动的原始记录，是重要的经济档案。为了防止会计凭证的散乱丢失，保证会计凭证的安全完整，必须认真负责地对其加以整理、妥善保管。会计凭证整理、保管的要求是：

（1）各种记账凭证，连同所附原始凭证和原始凭证汇总表，要分类按顺序编号，定期装订成册，并加封面、封底，注明单位名称、凭证种类、所属年月和起讫日期、起讫号码、凭证张数等。为防止任意拆装，应该在装订处贴上封条，并由经办人员在封签处加盖骑缝章。

（2）对一些性质相同、数量很多或者各种随时需要查阅的原始凭证，可以单独装订保管，在封面上写明记账凭证的日期、编号、种类，同时在记账凭证上面注明"附加另订"。

（3）各种经济合同和重要的涉外文件等凭证，应该另编目录，单独登记保管，并在有关原始凭证和记账凭证上面注明。

（4）其他单位因有特殊原因需要使用原始凭证时，经本单位领导批准，可以复制，但是应该在专门的登记簿上进行登记，并由提供人员和收取人员共同签章。

（5）会计凭证装订成册，应有专人负责分类保管，年终应该登记归档。会计凭证的保管期限和销毁手续，应严格按照《会计档案管理办法》进行管理，如表5-13、表5-14所示。

（6）会计档案归档之后，应当按照年月顺序排列，以便查阅。对于已归档凭证的查阅、调用和复制，都应该经过批准并且办理一定的手续。会计凭证在保管中应该防止霉烂破损和鼠咬虫蛀，以确保其安全和完整。

表5-13 企业和其他组织会计档案保管期限表

序号	档案名称	保管期限	备注	序号	档案名称	保管期限	备注
一	会计凭证			8	月度、季度、半年度财务会计报告	10 年	
1	原始凭证	30 年		9	年度财务会计报告	永久	
2	记账凭证	30 年		四	其他会计资料		
二	会计账簿			10	银行存款余额调节表	10 年	
3	总账	30 年		11	银行对账单	10 年	
4	明细账	30 年		12	纳税申报表	10 年	
5	日记账	30 年		13	会计档案移交清册	30 年	
6	固定资产卡片	报废清理后保管 5 年		14	会计档案保管清册	永久	
7	其他辅助性账簿	30 年		15	会计档案销毁清册	永久	
三	财务会计报告			16	会计档案鉴定意见书	永久	

表5-14　财政总预算、行政单位、事业单位和税收会计档案保管期限表

序号	档案名称	保管期限			备注
		财政总预算	行政事业单位	税收会计	
一	会计凭证				
1	国家金库编送的各种报表及缴库退库凭证	10年		10年	
2	各收入机关编送的报表	10年			
3	行政单位和事业单位的各种会计凭证		30年		包括：原始凭证、记账凭证和传票汇总表
4	财政总预算拨款凭证和其他会计凭证	30年			包括：拨款凭证和其他会计凭证
二	会计账簿				
5	日记账		30年	30年	
6	总账	30年	30年	30年	
7	税收日记账（总账）			30年	
8	明细分类、分户账或登记簿	30年	30年	30年	
9	行政单位和事业单位固定资产卡片				固定资产报废清理后保管5年
三	财务会计报告				
10	政府综合财务报告	永久			下级财政、本级部门和单位报送的保管2年
11	部门财务报告		永久		所属单位报送的保管2年
12	财政总决算	永久			下级财政、本级部门和单位报送的保管2年
13	部门决算		永久		所属单位报送的保管2年
14	税收年报（决算）			永久	
15	国家金库年报（决算）	10年			
16	基本建设拨、贷款年报（决算）	10年			
17	行政单位和事业单位会计月、季度报表		10年		所属单位报送的保管2年
18	税收会计报表			10年	所属税务机关报送的保管2年
四	其他会计资料				
19	银行存款余额调节表	10年	10年		
20	银行对账单	10年	10年	10年	
21	会计档案移交清册	30年	30年	30年	
22	会计档案保管清册	永久	永久	永久	
23	会计档案销毁清册	永久	永久	永久	
24	会计档案鉴定意见书	永久	永久	永久	

复习思考题

1. 什么是会计凭证？填制和审核会计凭证的意义是什么？

2. 会计凭证可以按照哪些不同的标准进行分类？可以分为哪些类别？

3. 什么是原始凭证？原始凭证应该具备哪些基本的要素？原始凭证审核的主要内容是什么？

4. 什么是记账凭证？记账凭证应该具备哪些基本要素？记账凭证审核的主要内容是什么？

5. 什么是会计凭证的传递？在制定会计凭证的传递程序时应该注意哪些问题？

6. 会计凭证日常保管的要求是什么？

练习题

【目的】练习记账凭证的编制。

【资料】某企业发生如下业务：

1. 从银行提取现金 5 000 元备用。

2. 采购甲材料 10 000 元，增值税税率 13%，价税合计 11 300 元，开出银行承兑汇票一张，材料尚未验收入库。

3. 企业行政管理部员工张三出差回来报销差旅费共计 5 200 元。该员工原向单位借款 6 000 元，余款 800 元以现金交付单位。

4. 应收 A 单位货款 18 000 元到期收款，对方直接通过银行转账至本单位存款账户。

5. 向国家税务部门缴纳本期应交增值税 50 000 元。

【要求】

1. 对业务进行分析，确定应做记账凭证类型。

2. 按要求做出上述业务的记账凭证。

第五章复习思考题及
练习题答案

第六章

会计账簿

本章学习要求

本章要求进一步掌握会计账簿的相关知识。了解会计账簿的含义、设置账簿的意义以及会计账簿的分类；掌握日记账、明细分类账、总分类账的登记方法；熟练运用更正错账方法进行错账更正，会运用对账方法进行对账和结账。

第一节　会计账簿概述

一、设置和登记会计账簿的意义

会计账簿是以会计凭证为依据，对各项经济业务进行全面、系统、连续、分类记录和核算的簿记，它由具有一定格式并且相互联系的账页所构成。簿记是账簿的外表形式，而账户记录是账簿的内容。从外表形式来看，账簿是由若干具有专门格式的账页所装订而成的，将某一个会计科目填入某个账页，该账页就成了记录和核算该会计科目内容的会计账户。

通过填制和审核会计凭证，可以核算和监督每项经济业务的发生和完成情况，但是会计凭证的数量繁多、资料分散，每张记账凭证只能记录一项或几项类似经济业务，因此所提供的资料是零星的。为了全面、系统、连续地反映企事业单位的经济活动和财务收支情况，需要通过设置会计账簿的方法，把会计凭证所记载的大量分散的资料加以分类、整理，从而全面、系统、连续地在账簿上加以记录，为经济管理提供各种会计信息。

合理设置和登记账簿，能系统地记录企业经济活动的各种数据。它对加强企业经济核算、改善和提高经营管理水平具有重要意义，主要表现在以下三个方面：

（1）通过设置和登记账簿，可以系统地登记归纳和积累会计信息资料，为改善企业经营管理、合理使用资金提供资料。通过账簿的序时核算和分类核算，把企业经营活动情况、收支构成情况、财物购置使用保管情况全面、系统地反映出来，用于监督计划、预算的执行和资金的合理使用，促进企业改善经营管理。

（2）通过设置和登记账簿，可以为计算财务成果、编制财务报表提供依据。根据账簿记录的费用、成本和收入、成果资料，可以计算一定时期的财务成果，检查费用、成本、利润计划的完成情况。经核对无误的账簿资料及其加工的数据，为编制财务报表提供总括和具体的资料，是编制会计报表的主要依据。

（3）通过设置和登记账簿，利用账簿的核算资料，为开展财务分析和会计检查提供依据。通过对账簿资料的检查、分析，可以了解企业贯彻有关方针、政策、制度的情况，可以考核各项计划的完成情况。另外，对资金的使用是否合理、费用开支是否符合标准、经济效益有无提高、利润的形成与分配是否符合规定等做出分析、评价，从而找出差距，挖掘潜力，提出改进措施。

二、会计账簿的分类

会计账簿多种多样，为了更好地了解和正确地运用账簿，通常按用途和外表形式的不同对账簿进行分类。

（一）账簿按用途进行分类

我国相关会计法规规定，账簿按用途进行分类可以分为序时账、分类账和备查账。现分别进行说明。

（1）序时账。序时账亦称日记账，是按照经济业务发生的时间先后顺序，逐日逐笔登记经济业务的账簿。日记账又有普通日记账和特种日记账之分，普通日记账把每天发生的所有经济业务，按照时间的先后顺序逐笔进行登记。由于登记普通日记账要花费大量的时间和精力，而且查阅不方便，不适合业务量大的企业使用，后来逐渐被各种特种日记账所取代。特种日记账专门就某一类业务按照时间的顺序逐笔进行记录。如对企业的库存现金设置库存现金日记账，按照时间的先后顺序对库存现金的收入、付出情况逐日逐笔进行登记。我国《企业会计准则》规定，我国的企业单位必须设置库存现金日记账和银行存款日记账。

（2）分类账。分类账是指对全部经济业务按照分类账户进行分类登记的账簿。分类账簿按照账户分类的详细程度不同又可以分为总分类账簿和明细分类账簿。总分类账簿又称总账，按总分类账户开设，用来对会计要素进行总括分类核算。明细分类账簿又称明细账，按照明细分类账户开设，用来提供明细核算资料。

（3）备查账。备查账又称辅助账，是指对一些在序时账簿和分类账簿中记载的经济业务事项进行补充登记的账簿，主要用来记录一些供日后查考的经济事项，如代销商品登记簿、租入固定资产登记簿等。辅助账只是对账簿记录的一种补充，与其他账簿之间不存在严密的依存、钩稽关系。

（二）账簿按照外表形式进行分类

账簿按照外表形式进行分类可以分为订本式账簿、活页式账簿和卡片式账簿。

（1）订本式账簿。订本式账簿是在启用前就把许多账页装订成册的账簿。其优点是可以防止账页的散失和非法抽换；其缺点是账页固定后，不便于分工记账，也不能根据需要增减账页。一般企业的库存现金日记账和银行存款日记账及总分类账采用订本式账簿形式。

（2）活页式账簿。活页式账簿是把账页装订在账夹内，可以随时增添或者取出账页的账簿。其优点是可以根据需要增添或重新排列账页，并且可以组织同一时间分工记账；其缺点是账页容易丢失或抽换。采用活页账，平时按照账页顺序编号，并在会计期末装订成册。装订完毕后，应该按照实际账页顺序编号并加目录。一般企业的明细分类账采用活页式账簿形式。

（3）卡片式账簿。卡片式账簿是指用印有记账格式的卡片，登记各项经济业务的账簿。这种账簿一般用卡片箱装置，可以随取随放，它实际上是一种活页账。除具有上述活页账的优点外，还不需要每年更换，可以跨年使用。固定资产明细账和低值易耗品明细账一般采用此种形式。

第二节　会计账簿设置和格式

会计账簿的设置，包括确定账簿的种类，设计账簿的格式、内容和规定账簿登记的方法。

由于企业、事业、机关等单位生产经营活动的内容不同，会计工作上的账簿设置也不完全一样。但根据会计工作的要求，各单位在设置账簿时一般应遵循以下原则：

第一，全面地、系统地反映本单位的经济活动和财务收支的情况，正确、及时地提供编制会计报表所需要的资料。

第二，账簿体系要组织严密、层次分明，账簿与账簿之间要相互衔接、相互补充、相互制约，既要便于登记，又要便于核对检查。

第三，要在科学、合理、保证需要的基础上，力求简便易用，既避免账簿体系烦琐复杂，也要防止过于简化。

我国《会计法》规定，各个单位发生的各项经济业务事项应当在依法设置的会计账簿上统一登记、核算，不得违反会计法和国家统一的会计制度的规定，私设会计账簿登记核算。

一、日记账的设置和登记

（一）普通日记账

普通日记账把每天发生的所有经济业务，按照时间的先后顺序逐笔进行登记。因此，企业的普通日记账也称为分录账。普通日记账一般分为"借方金额"和"贷方金额"栏目，登记每一分录的借方账户和贷方账户及金额。这种账户不结算余额。普通日记账如表6-1所示。

表6-1　普通日记账

第　　页

年		会计科目	摘要	借方金额	贷方金额	过账
月	日					

(二)特种日记账

我国《企业会计准则》明确规定,我国的企业、事业、行政单位需设置库存现金日记账和银行存款日记账。除此之外,有些单位还设置转账日记账,有的商业企业设置购货日记账和销货日记账。

(1)库存现金日记账。库存现金日记账,是由出纳员根据库存现金收款凭证和付款凭证逐日逐笔按经济业务发生的先后顺序进行登记的。库存现金日记账如表6-2所示,其基本结构为"收入"、"支出"和"结余"三栏。出纳人员在每日业务终了,应将收付款项逐笔登记,并结算出余额,同实存库存现金相核对,借以检查每日现金的收、付、存情况以及库存现金限额的执行情况。

表6-2　库存现金日记账

第　页

年		凭证号码		对方科目	摘要	收入	付出	结余
月	日	字	号					

有的单位不设置库存现金日记账,而是进一步细分为现金收入日记账和现金付出日记账。现金收入日记账和现金付出日记账一般设贷方科目多栏式或者借方科目多栏式。现金收入日记账的要点是:将金额记入有关的"贷方科目"栏内,表明收入现金的来源,同时加记"收入合计"栏目。现金支出日记账要按照对应科目,将金额记入有关的"借方科目"栏内,表明付出现金的去向,同时加记"付出合计"栏目,每日终了应将现金支出日记账的支出合计数记入现金收入日记账的"支出合计"栏,并结算出余额填入余额栏。库存现金收入日记账和库存现金付出日记账格式见表6-3、表6-4。

表6-3　库存现金收入日记账

第　页

年		凭证号码		摘要	贷方科目		收入合计	付出合计	结余
月	日	字	号						

表6－4　库存现金付出日记账

第　页

年		凭证号码		摘要	借方科目				支出合计
月	日	字	号						

(2)银行存款日记账。银行存款日记账是由出纳人员根据审核无误的银行存款收付凭证,序时、逐笔登记的账簿。一般是登记银行存款收入付出情况的日记账,有些单位可能分设为银行存款收入日记账和银行存款付出日记账。

银行存款日记账应按照种类分别设置结算户存款、信用证存款等账簿。对外币银行存款,应该按照不同的币种和开户银行分别设置日记账。

表6－5　银行存款日记账

第　页

年		凭证		摘要	结算凭证		借方	贷方	余额
月	日	字	号		种类	号码			

(3)转账日记账。转账日记账是根据转账凭证登记除现金、银行存款收支业务以外的经济业务的一种序时账簿。设置转账日记账是为了便于集中反映转账业务的发生情况,但也有一些企业不单独设置转账日记账。转账日记账的格式与普通日记账的格式基本一致。

二、分类账的设置和登记

分类账又分为总分类账和明细分类账两大类。

(一)总分类账

总分类账是根据总分类账户进行分类登记的账簿,能够全面、系统地反映企业的经济活动,对明细账起到统御和控制的作用,并为会计报表的编制提供总括的资料。各个单位都必须设置总分类账。

总分类账只采用货币度量,所以其账页基本格式只包括借方、贷方和余额三个栏目,用来登记各个账户增减的金额。

总分类账可以直接根据各种记账凭证逐笔进行登记,也可以把各种记账凭证先编制成汇总记账凭证或者科目汇总表,再据以登记账簿,这主要取决于各个单位采用的账务处理程序。每月应当在将当月全部经济业务登记入账的基础上,计算出各个总分类账户的本月发生额合计和期末余额,作为编制会计报表的主要依据。总分类账结构如表6-6所示。

表6-6 总分类账

会计科目: 第 页

年		凭证		摘要	借方	贷方	借或贷	余额
月	日	字	号					

(二)明细分类账

明细分类账又称明细账,是按明细分类账户进行分类登记的账簿。它能够反映经济活动的详细情况,对总分类账户起到辅助补充的作用,也为编制会计报表提供必要的明细资料。因此,各个单位都要在设置总分类账户的基础上设置各种必要的明细分类账。

明细分类账的账页格式因经济业务的特点和管理的要求不同而不同。比较常用的明细分类账的账页格式有三栏式、数量金额式、多栏式和平行式四种。

(1)三栏式明细分类账。三栏式明细分类账的账页格式与总分类账的账页格式基本一致,即账页内只设借方、贷方和余额三栏,不设数量栏。这种明细分类账适用于只需要进行金额核算,不需要进行数量核算的明细分类账,如"应收账款"、"应付账款"、"预收账款"、"预付账款"等债权债务账户,或者是"短期借款"、"实收资本"等账户。

(2)数量金额式明细分类账。数量金额式明细分类账的基本结构为收入、发出、结存三栏,每栏再设数量、单价、金额三栏,这种明细账适用于既要进行金额核算,又要进行实物数量核算的明细分类账,如"原材料"、"库存商品"等账户的明细核算。它能够提供财产物资收入发出和结存的数量和金额资料,满足开展业务和加强管理的需要。数量金额式明细分类账如表6-7所示。

表6-7 数量金额式明细分类账

会计科目 第 页

年		凭证号数	摘要	收入			发出			结存		
月	日			数量	单价	金额	数量	单价	金额	数量	单价	金额

（3）多栏式明细分类账。多栏式明细分类账是根据经济业务的特点和经营管理的要求，在一张账页内按照有关明细科目分设若干专栏，集中反映有关明细核算资料的账簿。它一般适用于成本类及损益类的明细分类核算，如制造费用的借方栏下可以分设若干专栏：工资和福利费、折旧费、水电费等，企业发生制造费用时，按照费用种类分别记入上述栏目。制造费用借方多栏式明细分类账如表6-8所示。

表6-8　多栏式明细分类账

制造费用明细账　　　　　　　　　　　　　　　　　　　　　　第　页

年		凭证号数	摘要	借方					贷方	余额
月	日			薪酬	折旧	修理	办公	水电		

（4）平行式明细分类账。平行式明细分类账也称横线登记式明细分类账。它的账页结构特点是：将前后密切相关的经济业务在统一横线内进行详细登记，以检查每笔经济业务完成及变动情况。该账页格式可应用于"材料采购"、"在途物资"等明细分类账户相同的账户。

三、辅助账的设置和登记

辅助账属于临时登记用以备查性质，所以也称备查账或者备查登记簿，没有规范统一的格式，根据企业实际需要确定其内容、格式与登记方法。

会计账簿的分类如图6-1所示。

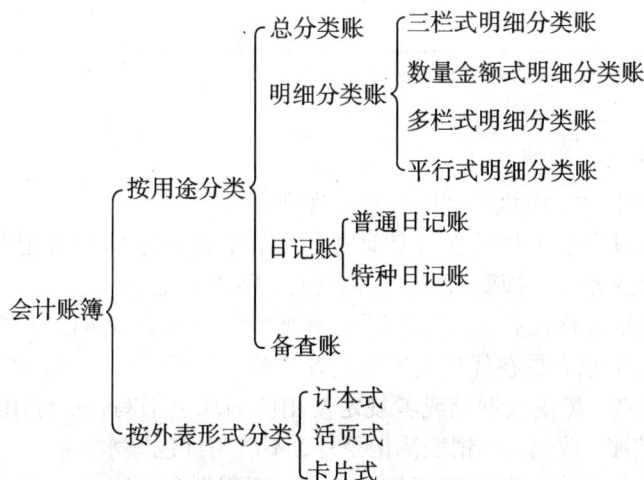

图6-1　会计账簿分类

第三节 会计账簿使用规则

会计账簿是重要的经济档案。为了保证账簿记录的严肃性、合法性、合理性，保证账簿资料的完整性，明确记账责任，在启用和登记账簿时，应当遵守下列规则。

一、账簿的启用规则

启用会计账簿时，应当在会计账簿的封面上写明单位名称和账簿名称。账簿的扉页上填写"账簿启用表"和"经管人员一览表"，详细填明：企业名称、账簿名称、账簿编号、账簿页数、启用日期等，并填明会计主管人员、记账人员姓名，加盖公章或者会计主管人员名章。如果记账人员更换，应该在主管会计监督下办理交接手续，并在表内注明交接日期。移交人和接管人都应该签章，以明确责任。

启用订本式账簿，应当从第一页到最后一页顺序编定页码，不得跳页、缺号。使用活页式账簿时，应当按账户顺序编号，会计期末必须装订成册。装订后再按照实际使用的账页顺序编定页码，另加目录，注明每个账户的名称和页码。

表6-9　账簿启用交接表

账簿名称：　　　　　　　　　　　　　　单位名称：
账簿编号：　　　　　　　　　　　　　　账簿册数：
账簿页数：　　　　　　　　　　　　　　启用日期：
会计主管：　　　　　　　　　　　　　　记账人员：

移交日期			移交人		接管日期			接管人		会计主管	
年	月	日	姓名	盖章	年	月	日	姓名	盖章	姓名	盖章

二、记账规则

在登记账簿的过程中，应该遵循以下基本规则：

（1）必须根据经过审核无误的会计凭证进行登记，每一笔账都要记明日期、凭证编号、摘要和金额，做到数字准确、摘要清楚、登记及时、字迹工整。

（2）账簿登记完毕应该在凭证内"过账"栏目画"√"符号，表示已经登记入账，防止重登或者漏登账簿，并由记账人员在凭证上签名或者盖章。

（3）记账必须用蓝、黑墨水钢笔或者规定使用的圆珠笔书写，不许用铅笔或不符合规定的圆珠笔记账，除结账、改错、冲销账簿记录外，不能用红色墨水。

（4）记账时应按账户页次顺序逐页逐行登记，不得跳行、隔页。若不慎发生此种情况，应该在空页或者空行处用红色墨水对角画线注销，并注明"作废"字样，同时由经手人员和会计机构负责人盖章或者签字。对于各种账簿不得任意抽换和毁损，以防舞弊。

（5）记账要保持清晰、整洁。记账文字和数字都要端正、清楚；摘要栏目要简明扼要、文字规范；金额栏目的数字应该与账页上标明的位数对准；凡需结算出余额的账户，结算出余额后，应在"借或贷"栏内写明"借"或"贷"字样；余额为"0"的账户，应该在"借或贷"栏目内写"平"，在余额栏内写"0"。

（6）账户一张账页记满时，要在该账页的最末一行加计发生额合计数和结算出余额，并在该行摘要栏内写"过次页"，同时新账页的首行抄入上页末行发生额和余额，并在摘要栏内注明"承前页"，以便对账和结账。

（7）订本式的账簿，都编有账页的顺序号，不得任意撕毁。

（8）账簿记录发生错误时，严禁刮擦、挖补、涂改或用药水消除字迹，应该根据错误的情况，按规定的方法进行更正。

三、更正错账规则

由于记账错误的具体情况各不相同，更正错账的方法也不相同。一般常用的更正错账的方法有：画线更正法、红字更正法和补充登记法三种。

（一）画线更正法

在结账之前，如果发现账簿记录有错误，而记账凭证无错误，即纯属文字或数字上的错误，应采用画线更正法更正。

具体做法是：先将错误数字全部画一条红线予以注销。注意不得只画线更正其中个别数字，对已画红线注销的数字，应当保持其原有字迹仍清晰可辨认，以备查核。然后，将正确的数字用蓝字写在画线数字上面，并由记账员在更正处盖章，以明确责任。

例如凭证上面金额为"65 800"元，登账时错登成"68 500"元，不能只画其中的"5"、"8"两个数字，而应将错误数字即"68 500"元全部画线注销，然后再用蓝字在上方写上正确的数字"65 800"元，并由更正人员签章。

（二）红字更正法

红字更正法适用于因记账凭证错误而导致的会计账簿登记错误。具体来说又分以下两种：

（1）记账以后，发现记账凭证中应借应贷符号、科目有错误时，可采用红字更正法更正。更正时先用红字填写一张凭证，在摘要栏写"注销某月某日某号凭证"，其他内容与原来错误凭证完全相同，据此登记入账，以冲销原来的错误记录；然后用蓝字重新填制一张正确的记账凭证，在摘要栏填写"订正某月某日某号凭证"，并登记入账。这样就把原来的错误记录更正过来了。

[**例6-1**] 某企业行政管理部门到仓库领用材料2 600元，误做会计分录如下，并已登记入账。

借：制造费用 2 600
　贷：原材料 2 600

上述会计分录的借方科目错误，正确科目应该是"管理费用"。发现错误进行更正，先用红字填写一张与原错误凭证相同的记账凭证，并据以红字金额登记入账。

借：制造费用 2 600
　贷：原材料 2 600

注：□表示红字。

同时，再用蓝字重新填制一张正确的记账凭证，据以登记入账，其会计分录为：

借：管理费用 2 600

 贷：原材料 2 600

这样就把原来的错账更正过来了。

其账簿记录如图6-2所示。

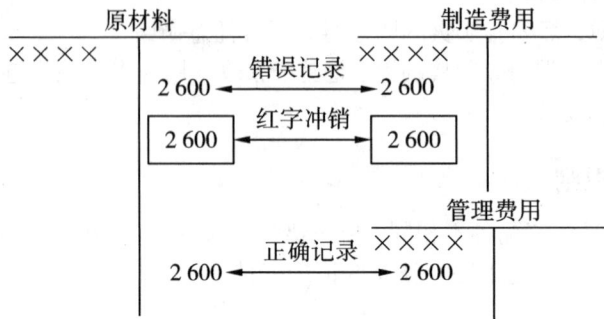

图6-2　红字更正法

（2）在记账以后，发现记账凭证和账簿记录的原记账凭证中应借、应贷会计科目并无错误但金额有错误，且金额错误表现为所记金额大于应记金额。这时可采用红字更正法，将多记的金额（即正确数与错误数之间的差数）用红字填写一张记账凭证，在摘要栏目注明"注销某月某日某号凭证多记金额"字样，用以冲销多记金额，并据以记入账户。

[**例6-2**]　某企业以银行存款归还购料欠款1 000元。误做下列分录，并已登记入账。

借：应付账款 10 000

 贷：银行存款 10 000

上述会计分录中，借贷方会计科目正确，但是金额错误，将1 000元误填写为10 000元，多填写了9 000元。发现错误后，为冲销多记录的金额，应将多记的金额用红字做一张调整凭证如下：

借：应付账款 9 000

 贷：银行存款 9 000

注：□表示红字。

这样就把原来的错误记录进行了更正。

上述账户更正记录如图6-3所示。

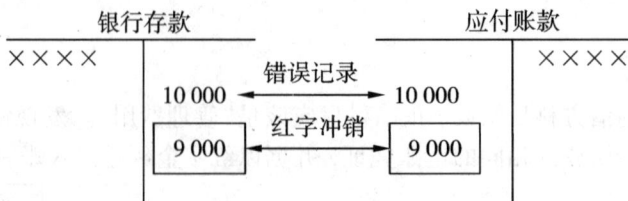

图6-3　红字更正法

（三）补充登记法

记账以后，如果发现记账凭证上应借、应贷的会计科目并无错误，但所填金额小于应填金额，可采用补充登记法更正。其具体做法是用蓝字填写一张凭证，补充少记的金额，摘要栏目填写"补充某月某日某号凭证少记金额"字样，并将其补充登记入账。

[例6-3] 某企业结转已销售产品成本一批，计20 000元，金额误记为2 000元，即记账凭证少记18 000元。原错误分录是：

借：主营业务成本   2 000

   贷：库存商品   2 000

当发现上述错账时，可将少记的18 000元再编制一张记账凭证如下：

借：主营业务成本   18 000

   贷：库存商品   18 000

这样就把原来的错误记录进行了更正。上述账户更正记录如图6-4所示。

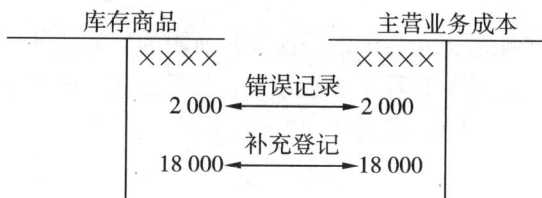

图6-4 补充登记法

四、账簿的更换和保管规则

（一）账簿的更换

为了保持会计账簿的连续性，在每一个会计年度结束之后，新的会计年度开始之时，应当按照会计准则的规定，进行账簿的更换。

账簿更换的具体做法：总分类账、现金日记账和银行存款日记账以及大部分的明细分类账，均应每年更换一次。年初，将旧账簿中各个账户的余额直接记入新账簿中账页的第一行"余额"栏目内，同时在"摘要"栏内加盖"上年结转"戳记，将旧账页最后一行数字下的空格，画一条斜红线注销，并在旧账页最后一行"摘要"栏内加盖"结转下年"戳记。新旧账簿之间余额结转，只需原额抄录，不必填制记账凭证。订本式的账簿，如在年度中间记满后需要更换新账，也与年初更换新账一样，办理同样的手续。

（二）账簿的保管

会计账簿与会计凭证、会计报表一样，都是企业重要的经济档案和历史资料，必须按照国家制定的《会计档案管理办法》妥善保管，不得丢失或任意销毁。

对于活页式账簿，年末结账后，应在首页前加填"账簿启用及交接表"、"经管账簿人员一览表"装订成册，而后加上封面并统一编号，与各种订本式账簿一并归档。

各种账簿应该按年度分类归档，编制目录，妥善保管。这样既保证在需要时能迅速查阅,又保证各种账簿的安全与完整。各种账簿的保管年限和销毁的审批程序,应按照会计制度的规定严格执行。

第四节　会计账簿对账和结账

登记账簿是会计核算的专门方法之一,它包括记账、对账和结账三个相互联系而不可分割的工作环节。

一、对账

对账即核对账目,是指在会计核算中对账簿记录所进行的核对工作。具体来说,就是在结账之前,把账簿上记载的资料进行账证核对、账账核对、账实核对,以保证账证相符、账账相符和账实相符。

(一)账证核对

账证核对是指将各种账簿记录与记账凭证及其所附的原始凭证进行核对。这种核对除在日常编制凭证、记账过程中的复核环节进行以外,每月终了,如果发现账账不符时,尚须追本溯源,进行账簿与会计凭证的检查核对,以确保账证相符。

(二)账账核对

账账核对是指各种账簿之间的有关数字进行核对。账账核对的主要内容包括:

(1)总分类账各账户本月借方发生额合计数与贷方发生额合计数是否相等,借方余额与贷方余额合计数是否相符。

(2)总分类账各账户余额与其所属有关明细分类账各账户余额合计数是否相等。

(3)现金日记账和银行存款日记账的余额与总分类账该账户余额是否相符。

(4)会计部门有关财产物资的明细分类余额,与财产物资保管或使用部门的登记簿所记录的内容是否相符。

以上对账内容可以直接进行核对,对于内容较多的可以通过编制表格进行核对。

(三)账实核对

账实核对是指各种财产物资的账面余额与实存数额相核对。其具体内容包括:

(1)库存现金日记账账面余额与库存现金实际数相核对。

(2)银行存款日记账账面余额与开户银行账目相核对。

(3)各种材料、物资明细分类账账面余额与材料、物资实存数相核对。

(4)各种应收、应付款明细分类账账面余额与有关债务、债权单位的账目相核对。

上述账实核对(包括账物核对、账款核对)工作中,结算款项一般利用对账单的形式进行核对,各种财物一般通过财产清查进行核对。

二、结账

为了总结某一会计期间的经营活动情况,必须定期进行结账。结账是指按照规定把一定会计期间内（月度、季度、年度）所发生的经济业务登记入账，并将各种账户计算出本期发生额合计数和期末余额，以便进一步根据账簿记录编制会计报表。另外，企业因撤销、合并而办理账务交接时，也需要办理结账。

结账工作主要包括以下内容：

首先，在结账前，将本期内所发生的经济业务全部记入有关账簿，既不能提前结账，也不能将本期发生的业务延至下期登账。

其次，为了准确计算当期的经营成果，必须按照权责发生制原则调整和结转有关账项。按照企业会计准则、制度的规定和成本计算的要求，结转各收入、费用、成本账户，计算本期的收入和费用，并最终核算出本期的财务成果。

最后，按照国家税法和有关规定，结转"本年利润"及"利润分配"账户。

经过上述账务处理之后，分别结算出各种日记账、总分类账、明细分类账的本期发生额和期末余额，并按照规定在账簿上办理结账手续。

结账工作通常是为了总结一定时期经济活动的变化情况和结果。因此，月、季、年度终了，一般应给出月度、季度和年度发生额，在摘要栏注明"本月合计"或"本季合计"或"本年合计"字样。在月结、季结数字上端和下端均画单红线，以示区别，但结账数字本身不得以红字书写。在年度合计数上画单红线，下端画双红线，表示封账，即本年度账目到此结束。发生额只有一笔的账户，可以不予结账。

年终结账后，总账和日记账应当更换新账，明细账一般也应更换。但有些明细账如固定资产明细账(卡)等可以连续使用，不必每年更换。

表6-10 总分类账结账

会计科目：

年		凭证号	摘要	借方	贷方	借或贷	余额
月	日						
			年初余额				
			本月发生额及期末余额				
			月初余额				
			本月发生额及期末余额				
			本月发生额及期末余额				
			全年发生额及年末余额				

注：———表示账格原线；·········表示红线；══════表示双红线。

复习思考题

1.什么是会计账簿？设置会计账簿有何重要意义？

2.会计凭证对经济业务的记录和会计账簿对经济业务的记录有何异同？两种记录产生的结果有何不同？

3.订本式账簿和活页式账簿各有何优缺点？分别适用于什么情况？

4.什么是普通日记账和特种日记账？分别在什么情况下设置这两种不同的日记账？

5.总分类账的账页格式有什么特点？

6.明细分类账按照账页格式不同可以分为哪几类？分别适用于什么类型的业务核算？

7.会计账簿的更换和保管要注意哪些事项？

8.为什么要对账？要从哪几个方面来对账？

9.什么是结账？如何进行结账？

练习一

【目的】练习日记账的登记。

【资料】某企业×月×日库存现金余额18 000元，银行存款余额2 100 000元。次日发生如下业务：

1.为向农户采购农产品，从银行提取现金50 000元(银付001号)。

2.向农户支付农产品收购款48 500元(现付001号)。

3.管理部业务员张三出差，预借差旅费5 000元，以现金支付(现付002号)。

4.应付账款到期，以现金支票偿付，金额51 000元(银付002号)。

5.应收票据到期，金额11 600元，款项通过银行转账收取(银收001号)。

6.张三出差回来，报销差旅费4 300元，余款以现金退还企业(现收001号)。

7.销售产品价款30 000元，税款3 900元，价税合计33 900元，款项存入银行(银收002号)。

8.单位零售产品，获得销售现金收入10 000元，税金1 300元(现收002号)。

9.将现金15 000元存入银行(现付003号)。

10.通过银行转账向税务部门缴纳本期应交所得税37 000元(银付003号)。

【要求】登记本期的库存现金日记账和银行存款日记账。

练习二

【目的】练习错账更正。

【资料】某企业经过核对，发现本期发生如下错账：

1.一笔经济业务内容为应收A企业账款50 000元到期，款项收存银行，凭证上登记为：

借：银行存款　　　　　　　　　　　　　　　　　　5 000

　　贷：应收账款　　　　　　　　　　　　　　　　　　　5 000

并以此凭证为依据登记了账簿。

2.一笔面值为 30 000 元的银行承兑汇票到期,对方以现金支票支付,凭证登记为:

借:库存现金   30 000

     贷:应收票据   30 000

并以此凭证为依据登记了账簿。

3.销售货物,价款 50 000 元,税款 6 500 元,价税共计 56 500 元存入银行,会计凭证登记为:

借:银行存款   56 500

     贷:主营业务收入   50 000

        应交税费——应交增值税(销项税额)   6 500

登记账簿时,在银行存款账户借方登记了 5 650 元,在主营业务收入账户贷方登记了 50 000 元,在应交税费账户借方登记了 6 500 元。

4.销售多余原材料获得价款 10 000 元,收取增值税销项税额 1 300 元,款项存入银行,会计凭证为:

借:银行存款   11 300

     贷:主营业务收入   10 000

        应交税费——应交增值税(销项税额)   1 300

并已根据这张凭证登账。

5.采购原材料 80 000 元,税款 10 400 元,价税合计开出三个月期限的银行承兑汇票一张。会计凭证为:

借:材料采购   800 000

    应交税费——应交增值税(进项税额)   104 000

     贷:应付账款   904 000

并根据这张凭证登记了账簿。

【要求】指出上述业务有无错误;如果有错误,请进行更正。

第六章复习思考题及
练习题答案

第七章

账务处理程序

通过本章的学习，要求正确认识账务处理程序的概念、意义，掌握各种账务处理程序的特点、一般步骤、优缺点以及适用范围，并能根据各单位实际情况灵活运用各种账务处理程序。

第一节　账务处理程序概述

一、账务处理程序的基本概念

账务处理程序又称会计核算组织程序或会计核算形式，是指从取得原始凭证到产生会计信息的步骤和方法。其主要内容包括整理、汇总原始凭证，填制记账凭证，登记各种账簿，编制会计报表这一整个过程的步骤和方法。

在会计工作中，不仅要了解会计凭证的填制、账簿的设置和登记、会计报表的编制，还必须明确规定各会计凭证、会计账簿和会计报表之间的关系，使之构成一个有机整体。而不同的账簿组织、记账程序和记账方法的有机结合，就构成了不同的账务处理程序，包括会计凭证怎样编制、审核和传递，各种账簿根据什么凭证来登记，会计报表又根据什么来编制等。

不同的企业，经济业务的性质和特点、经济活动的繁简、规模不一样，决定其适用的账务处理程序也不同。科学的账务处理程序，能保证会计核算的质量，提高会计工作效率，充分发挥会计的核算和监督职能。因此，在设计本单位会计制度时要明确规定选择何种会计账务处理程序。

二、账务处理程序的意义

账务处理程序是否科学合理对整个会计核算工作有着重大的影响。确定合理有效的账务处理程序，对于保障会计信息准确性、及时性有十分重要的意义，也是会计部门和会计人员的一项重要职责。

（1）有利于规范会计核算工作。会计核算工作需要会计部门和会计人员的密切配合，科学有效的会计账务处理程序可以使会计核算过程井然有序，按照不同分工，处理好各个环节的工作。

（2）有利于提高会计核算效率。会计核算效率的高低直接影响着会计信息的及时性与有用性。按照合理的账务处理程序进行会计信息处理，将大大提高会计核算的效率。

（3）有利于提高会计核算质量。保证会计核算的质量是会计工作的基本要求。建立起科学合理的账务处理程序，形成加工和整理会计信息的机制，是保证会计核算质量的关键。

（4）有利于节约会计核算成本。账务处理程序的过程是对人力、物力、财力的消耗过程，因此，要求会计账务处理程序本身也要讲求经济效率。账务处理程序安排是否科学合理，选用的会计凭证、会计账簿和会计报表种类及内容是否适当，在一定程度上也能够节约账务处理成本。

（5）有利于发挥会计核算的作用。会计核算的重要作用是通过会计核算和监督职能体现出来的，在规范会计账务处理程序的基础上，保证了会计核算的质量，提高了会计核算的效率，就能在经营管理等方面更好地发挥会计核算的作用。

三、设立账务处理程序的原则

企业在选用适合本单位的会计核算组织程序时，应遵循以下几项原则：

（1）应从本企业会计主体的实际情况出发。充分考虑本单位经济活动的特点、规模的大小和业务的繁简等实际情况，选用账务处理程序。

（2）应以保证会计核算质量为立足点。确立会计账务处理程序，要能保证准确、完整地提供会计资料，以满足会计信息的使用者了解会计信息并以此做出决策的需要。

（3）应力求降低会计核算成本。在正确、及时、全面、系统地提供本单位经济活动和财务状况的核算资料的前提下，简化核算手续，节省时间，降低核算成本。

（4）应有利于建立会计工作岗位责任制。确定会计账务处理程序，要有利于会计部门和会计人员之间的分工与合作，明确各岗位的职责。

（5）应有利于简化核算手续。应根据简化核算手续的要求，选用账务处理程序。

四、账务处理程序的种类及主要区别

（一）账务处理程序的种类

账务处理程序有多种形式，并可根据实际情况适当调整。目前，我国企业、事业、机关等单位会计核算采用的主要账务处理程序有：记账凭证账务处理程序、科目汇总表账务处理程序、汇总记账凭证账务处理程序、多栏式日记账账务处理程序和日记总账账务处理程序。

各种账务处理程序的基本程序都是：根据原始凭证或者原始凭证汇总表编制记账凭证，登记账簿（包括明细账、日记账、总账），对账，编制会计报表。

各种账务处理程序既有共同点，又有各自的特点。其中，记账凭证账务处理程序是最基本的一种，其他账务处理程序都是由此发展、演变而来的。

（二）账务处理程序的主要区别

各种会计账务处理程序的主要区别在于登记总分类账的依据和方法不同：

1.记账凭证账务处理程序

根据记账凭证登记总账。

2.科目汇总表账务处理程序

根据全部记账凭证进行汇总，编制科目汇总表，然后根据科目汇总表登记总账。

3.汇总记账凭证账务处理程序

定期将全部记账凭证分别归类编制汇总收款凭证、汇总付款凭证和汇总转账凭证，然后根据汇总记账凭证登记总账。

4.多栏式日记账账务处理程序

根据多栏式日记账和转账凭证或转账凭证汇总表登记总账。

5.日记总账账务处理程序

总账采用日记总账的形式，直接根据记账凭证逐笔登记日记总账。

一般来说，根据什么登记总分类账，就称其为什么会计账务处理程序。也就是说登记总分类账的依据和方法决定了会计账务处理程序的种类。在实际工作中，各经济单位可根据实际需要选择其中一种账务处理程序，也可将多种账务处理程序结合起来使用。值得一提的是，由于电算化会计已日趋普及，电算化下的会计账务处理程序既涵盖了上述五种账务处理程序，又有其特点。详细内容参见本章第七节。

第二节　记账凭证账务处理程序

一、记账凭证账务处理程序的概念及特点

（一）记账凭证账务处理程序的概念

记账凭证账务处理程序是对发生的每一笔交易或者事项，都要根据原始凭证填制记账凭证，再直接根据记账凭证登记总分类账的一种会计账务处理程序。这是最基本的账务处理程序，其他账务处理程序都是在此基础上发展演变而成的。

（二）记账凭证账务处理程序的特点

记账凭证账务处理程序的基本特点是：根据记账凭证逐笔登记总分类账。

二、记账凭证账务处理程序下记账凭证、会计账簿和财务报表的设置

（一）记账凭证的设置

在记账凭证账务处理程序下，既可以设置收款凭证、付款凭证、转账凭证等专用记账凭证，也可以设置非汇总记账凭证中的通用记账凭证，作为登记总分类账的依据。

（二）会计账簿的设置

在记账凭证账务处理程序下，需要设置库存现金日记账、银行存款日记账、总分类账和明细分类账。

（1）库存现金日记账和银行存款日记账一般采用收、付、余三栏式订本账。

（2）总分类账簿的格式通常为借、贷、余三栏式订本账。

（3）明细分类账则可以根据管理的需要，采用三栏式、数量金额式、多栏式、横线登记式的活页账、卡片账或订本账。

（三）财务报表的设置

在记账凭证账务处理程序下使用的会计报表主要有资产负债表、利润表、现金流量表、所有者权益变动表及会计报表附注等。由于国家颁布的会计制度中对会计报表的种类和格式已有统一规定，因此，不论在什么样的账务处理程序下，会计报表的种类与格式都不会有大的变动。因此，在研究账务处理程序的过程中，对会计报表的种类与格式问题不再做更多的探讨。

三、记账凭证账务处理程序的基本步骤

在记账凭证账务处理程序下，对经济业务的账务处理要经过以下六个步骤：

（一）编制记账凭证

根据当前会计期审核无误的原始凭证或者原始凭证汇总表填制记账凭证，包括编制付款凭证、收款凭证和转账凭证。

（二）登记日记账

根据审核无误的收款凭证和付款凭证逐笔序时登记现金日记账、银行存款日记账。

（三）登记明细分类账

根据记账凭证和部分原始凭证或原始凭证汇总表逐笔序时登记各种明细分类账，包括三栏式、多栏式和数量金额栏式的明细分类账。

（四）登记总分类账

直接根据收款凭证、付款凭证和转账凭证逐笔登记三栏式总分类账。

（五）对账

月终，将现金日记账、银行存款日记账的余额，以及各种明细分类账余额的合计数，分别与总账中有关账户的余额核对，以检验账簿记录的正确性。

（六）编制会计报表

月终，根据核对无误的总分类账和明细分类账编制会计报表。

记账凭证账务处理程序的基本步骤，如图7-1所示。

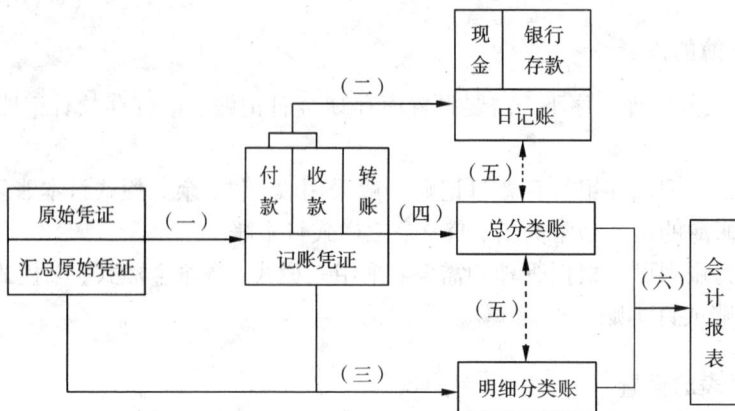

图 7-1 记账凭证账务处理程序

四、记账凭证账务处理程序的优缺点及使用范围

(一)记账凭证账务处理程序的优点

(1)记账凭证能够清晰地反映账户之间的对应关系。在记账凭证账务处理程序下,所采用的是专用记账凭证或通用记账凭证,当一笔经济业务发生以后,利用一张记账凭证就可以编制出该笔经济业务的会计分录。

(2)总分类账上能详细反映经济业务的发生情况。在记账凭证账务处理程序下,不仅对各种日记账和明细分类账采取逐笔登记的方法,对于总分类账的登记方法亦是如此。因而,总分类账能详细登记所发生的经济业务。

(3)总分类账登记简单明了,易于掌握。

(二)记账凭证账务处理程序的缺点

(1)总分类账登记工作量大。对发生的每一笔经济业务都要根据记账凭证逐笔在总分类账中进行登记,实际上与登记日记账和明细分类账的做法一样,是一种简单的重复登记。

(2)账页耗用多,预留账页难以把握。如果是在一个账簿设置多个账户,由于登记业务的多少不确定,对于每个账户应预留的账页也难以把握,预留多了会造成浪费,预留少了会影响账户登记的连续性。

(三)记账凭证账务处理程序的适用范围

综合考虑记账凭证账务处理程序的优缺点,该种账务处理程序适用于规模较小、经济业务量较少的会计主体。如果会计主体已实行电算化处理,则可不考虑工作量大小的问题。

五、记账凭证账务处理程序举例

甲公司采用记账凭证账务处理程序。为简化起见,记账凭证的格式从略,以分录簿代替记账凭证。公司原材料及库存商品的发出成本按一次加权平均法计算。现将智友公司202×

年7月份的有关资料及账务处理程序列示如下。

（1）智友公司全部账户期初余额。该公司202×年7月份全部总账户及部分明细账户期初余额如下：

表7-1　总分类账户余额表

202×年7月1日　　　　　　　　　　　　　　单位：元

账户名称	期初余额	
库存现金	442	
银行存款	159 830	
应收账款	96 000	
应收账款——大洋公司	36 000	
应收账款——北方公司	60 000	
其他应收款——王明	300	
原材料	57 400	
原材料——甲材料（400公斤）	25 400	
原材料——乙材料（800公斤）	32 000	
生产成本（直接材料28 980元，直接人工14 220元，制造费用8 608元）	51 808	
生产成本——A产品（800件）	51 808	
库存商品	192 600	
库存商品——A产品（400件）	57 600	
库存商品——B产品（900件）	135 000	
预付账款	2 000	
固定资产	800 000	
累计折旧		192 960
短期借款		100 000
应付账款		35 580
应付账款——西北公司		29 640
应付账款——东北公司		5 940
应付职工薪酬——职工福利		20 000
应交税费		45 200
应付股利		20 000
应付利息		2 960
实收资本		760 000
盈余公积		103 200
盈余公积——法定公积金		68 800
盈余公积——法定盈余公积		34 400
本年利润		76 500
利润分配——未分配利润		3 980

（2）根据智友公司7月份发生的经济业务编制记账凭证，见表7-2。

表7-2　记账凭证（简化格式）

单位：元

202×年		凭证字号	摘要	账户名称	金额	
月	日				借方	贷方
7	1	银付1	交税金、付股利	应交税费	45 200	
				应付股利	20 000	
				银行存款		65 200
7	2	银收1	收前欠货款	银行存款	96 000	
				应收账款——大洋公司		36 000
				应收账款——北方公司		60 000
7	2	转1	赊购甲材料	材料采购——甲材料	25 440	
				应交税费——应交增值税	3 307.2	
				应付账款——荣荣公司		28 747.2
		银付2		材料采购——甲材料	560	
				银行存款		560
		转2		原材料——甲材料	26 000	
				材料采购——甲材料		26 000
7	3	银付3	付前欠购货款	应付账款——西北公司	29 640	
				银行存款		29 640
7	3	现付1	报市内交通费	管理费用	40	
				库存现金		40
7	6	转3	赊销产品	应收账款——大洋公司	74 580	
				主营业务收入		66 000
				应交税费——应交增值税		8 580
7	7	银付4	现购乙材料	材料采购——乙材料	9 000	
				应交税费——应交增值税	1 170	
				银行存款		10 170
		转4	乙材料入库	原材料——乙材料	9 000	
				材料采购——乙材料		9 000
7	8	转5	赊销产品	应收账款——北方公司	45 200	
				主营业务收入		40 000
				应交税费——应交增值税		5 200
		银付5	代垫运费	应收账款——北方公司	2 000	
				银行存款		2 000

续上表

202×年		凭证字号	摘要	账户名称	金额	
月	日				借方	贷方
7	9	银付6	付前欠购货款	应付账款——东北公司	5 940	
				银行存款		5 940
7	10	转6	王明报差旅费	管理费用	290	
				其他应收款——王明		290
		现收1	王明交余款	库存现金	10	
				其他应收款——王明		10
7	11	银付7	捐赠希望工程	营业外支出	4 000	
				银行存款		4 000
7	12	转7	赊购乙材料	材料采购——乙材料	17 000	
				应交税费——应交增值税	2 210	
				应付账款——西北公司		19 210
		银付8	付乙材料运费	材料采购——乙材料	1 600	
				银行存款		1 600
		转8	乙材料入库	原材料——乙材料	18 600	
				材料采购——乙材料		18 600
7	14	银收2	现销产品	银行存款	119 780	
				主营业务收入		106 000
				应交税费——应交增值税		13 780
		银付9	产品销售运费	销售费用	2 400	
				银行存款		2 400
7	15	转9	赊购甲材料	材料采购——甲材料	37 200	
				应交税费——应交增值税	4 836	
				应付账款——东北公司		42 036
		银付10	付甲材料运费	材料采购——甲材料	2 400	
				银行存款		2 400
		转10	甲材料入库	原材料——甲材料	39 600	
				材料采购——甲材料		39 600
7	16	银付11	付前欠购货款	应付账款——西北公司	19 210	
				银行存款		19 210
7	16	银付12	付车间修理费	制造费用	990	
				银行存款		990

续上表

202×年		凭证字号	摘要	账户名称	金额	
月	日				借方	贷方
7	16	现付2	购办公用品	管理费用	130	
				库存现金		130
7	17	银付13	提现	库存现金	1 000	
				银行存款		1 000
7	18	转11	赊购乙材料	材料采购——乙材料	24 000	
				应交税费——应交增值税	3 120	
				应付账款——西北公司		27 120
		银付14	付乙材料运费	材料采购——乙材料	2 640	
				银行存款		2 640
		转12	乙材料入库	原材料——乙材料	26 640	
				材料采购——乙材料		26 640
7	19	银付15	付前欠购货款	应付账款——荣荣公司	28 747.2	
				银行存款		28 747.2
7	19	银收3	收前欠货款	银行存款	119 780	
				应收账款——大洋公司		74 580
				应收账款——北方公司		45 200
7	20	银付16	付职工医药费	应付职工薪酬——职工福利	3 120	
				银行存款		3 120
7	22	转13	赊销产品	应收账款——大洋公司	51 980	
				主营业务收入		46 000
				应交税费——应交增值税		5 980
7	23	银付17	代垫运费	应收账款——大洋公司	2 100	
				银行存款		2 100
7	27	银付18	付本月水费	制造费用	596	
				管理费用	374	
				银行存款		970
7	28	转14	分配本月电费	制造费用	908	
				管理费用	528	
				应付账款——电业公司		1 436
7	30	转15	盘盈设备	固定资产	6 510	
				待处理财产损溢		6 510

续上表

202×年		凭证字号	摘要	账户名称	金额	
月	日				借方	贷方
7	30	转16	本月耗用材料	生产成本——A产品	58 500	
				生产成本——B产品	58 244	
				制造费用	6 500	
				原材料——甲材料		71 500
				原材料——乙材料		51 744
7	30	转17	分配本月工资	生产成本——A产品	12 800	
				生产成本——B产品	14 400	
				制造费用	2 400	
				管理费用	9 200	
				应付职工薪酬——工资		38 800
7	31	银付19	发工资	应付职工薪酬——工资	38 800	
				银行存款		38 800
7	31	转18	摊销保险费	制造费用	1 200	
				管理费用	800	
				预付账款		2 000
7	31	转19	计提折旧	制造费用	3 220	
				管理费用	1 380	
				累计折旧		4 600
7	31	转20	预提借款利息	财务费用	1 480	
				应付利息		1 480
7	31	银收4	收预订货款	银行存款	34 500	
				预收账款——振兴公司		34 500
7	31	银收5	贷款	银行存款	250 000	
				短期借款		50 000
				长期借款		200 000
7	31	转21	盘盈设备转账	待处理财产损溢	6 510	
				营业外收入		6 510
7	31	银收6	接受投资款	银行存款	90 000	
				实收资本——彭立		90 000

续上表

202×年		凭证字号	摘要	账户名称	金额	
月	日				借方	贷方
7	31	银收7	资本溢价	银行存款	10 000	
				资本公积		10 000
7	31	转22	开票据抵欠款	应付账款——东北公司	37 200	
				应付票据——东北公司		37 200
7	31	银付20	付借款利息	应付利息	4 440	
				财务费用	60	
				银行存款		4 500
7	31	银收8	存款利息	银行存款	719.24	
				财务费用		719.24
7	31	银付21	付明年保险费	预付账款	25 000	
				银行存款		25 000
7	31	银付22	付明年报纸杂志费	预付账款	1 200	
				银行存款		1 200
7	31	银付23	付产品展览费	销售费用	5 000	
				银行存款		5 000
7	31	银付24	购设备	固定资产	157 522	
				应交税费——应交增值税	20 478	
				银行存款		178 000
7	31	转23	分配制造费用	生产成本——A产品	7 442	
				生产成本——B产品	8 372	
				制造费用		15 814
7	31	转24	A产品完工成本	库存商品——A产品	130 550	
				生产成本——A产品		130 550
7	31	转25	已售产品成本	主营业务成本	184 754	
				库存商品——A产品		109 754
				库存商品——B产品		75 000
7	31	转26	销售税金	税金及附加	12 900	
				应交税费		12 900
7	31	转27	结转主营业务收入	主营业务收入	258 000	
				本年利润		258 000
7	31	转28	结转主营业务成本	本年利润	184 754	
				主营业务成本		184 754

续上表

202×年		凭证字号	摘要	账户名称	金额	
月	日				借方	贷方
7	31	转29	结转税金及附加	本年利润	12 900	
				税金及附加		12 900
7	31	转30	结转期间费用	本年利润	20 962.76	
				管理费用		12 742
				财务费用		820.76
				销售费用		7 400
7	31	转31	结转营业外收入	营业外收入	6 510	
				本年利润		6 510
7	31	转32	结转营业外支出	本年利润	4 000	
				营业外支出		4 000
7	31	转33	计算所得税	所得税费用	9 955.56	
				应交税费——应交所得税		9 955.56
7	31	转34	结转所得税	本年利润	9 955.56	
				所得税费用		9 955.56
7	31	转35	提取公积金	利润分配——提取公积金	2 986.67	
				盈余公积——法定公积金		2 986.67
7	31	转36	应付利润	利润分配——应付股利	6 000	
				应付股利		6 000

（3）根据收款凭证和付款凭证登记库存现金日记账和银行存款日记账，见表7－3、表7－4。

表7－3　库存现金日记账

单位：元

202×年		凭证号数	摘要	对方科目	收入	付出	结余
月	日						
7	1		月初余额				442
7	3	现付1	报市内交通费	管理费用		40	402
7	10	现收1	王明交余款	其他应收款	10		412
7	16	现付2	购办公用品	管理费用		130	282
7	17	银付13	提现	银行存款	1 000		1 282
7	31		本月发生额及期末余额		1 010	170	1 282

表7-4 银行存款日记账

单位：元

202×年		凭证号数	摘要	对方科目	收入	付出	结余
月	日						
7	1		月初余额				159 830
7	1	银付1	交税	应交税费		45 200	
7	1	银付1	付股利	应付股利		20 000	94 630
7	2	银收1	收前欠货款	应收账款	96 000		190 630
7	2	银付2	甲材料运费	材料采购		560	190 070
7	3	银付3	付前欠购货款	应付账款		29 640	160 430
7	7	银付4	现购乙材料	材料采购		9 000	
7	7	银付4	应交税费	进项税额		1 170	150 260
7	8	银付5	代垫运费	应收账款		2 000	148 260
7	9	银付6	付前欠购货款	应付账款		5 940	142 320
7	11	银付7	捐赠希望工程	营业外支出		4 000	138 320
7	12	银付8	乙材料运费	材料采购		1 600	136 720
7	14	银收2	现销产品	主营业务收入	106 000		
7	14	银收2	应交税费	销项税额	13 780		256 500
7	14	银付9	销售费用	产品运杂费		2 400	254 100
7	15	银付10	甲材料运费	材料采购		2 400	251 700
7	16	银付11	付前欠购货款	应付账款		19 210	232 490
7	16	银付12	付车间修理费	制造费用		990	231 500
7	17	银付13	提现	库存现金		1 000	230 500
7	18	银付14	乙材料运费	材料采购		2 640	227 860
7	19	银付15	付前欠购货款	应付账款		28 747.2	199 112.8
7	19	银收3	收前欠货款	应收账款	119 780		318 892.8
7	20	银付16	付职工医药费	应付职工薪酬		3 120	315 772.8
7	23	银付17	代垫运费	应收账款		2 100	313 672.8
7	27	银付18	水费	制造费用		596	
7	27	银付18	水费	管理费用		374	312 702.8
7	31	银付19	提发工资	应付职工薪酬		38 800	273 902.8

续上表

202×年		凭证号数	摘要	对方科目	收入	付出	结余
月	日						
7	31	银收4	收预订货款	预收账款	34 500		308 402.8
7	31	银收5	贷款	短期借款	50 000		
7	31	银收5	贷款	长期借款	200 000		558 402.8
7	31	银收6	接受投资款	实收资本	90 000		648 402.8
7	31	银收7	资本溢价	资本公积	10 000		658 402.8
7	31	银付20	付借款利息	应付利息		4 440	
7	31	银付20	付借款利息	财务费用		60	653 902.8
7	31	银收8	存款利息	财务费用	719.24		654 622.04
7	31	银付21	财产保险费	预付账款		25 000	629 622.04
7	31	银付22	报纸杂志费	预付账款		1 200	628 422.04
7	31	银付23	产品展览费	销售费用		5 000	623 422.04
7	31	银付24	购买设备	固定资产		178 000	445 422.04
7	31			本月发生额及期末余额	720 779.24	435 187.2	445 422.04

（4）根据记账凭证、原始凭证及原始凭证汇总表登记"原材料"、"库存商品"、"生产成本"、"应收账款"、"应付账款"明细账，见表7-5至表7-16，其他明细账略。

表7-5 原材料——甲材料明细账

材料编号：   计量单位：公斤

材料类别：   最高存量：

材料名称及规格：甲材料   最低存量：   金额：元

202×年		凭证号数	摘要	收入			发出			结存		
月	日			数量	单价	金额	数量	单价	金额	数量	单价	金额
7	1		月初余额							400	63.5	25 400
7	2	转2	购入	400	65	26 000						
7	15	转10	购入	600	66	39 600						
7	30	转16	发出				1 100	65	71 500			
7	31		本月合计	1 000		65 600	1 100		71 500	300	65	19 500

表7-6 原材料——乙材料明细账

材料编号:　　　　　　　　　　计量单位:公斤
材料类别:　　　　　　　　　　最高存量:
材料名称及规格:乙材料　　　　最低存量:　　　　　　　　　　　　　金额:元

202×年		凭证号数	摘要	收入			发出			结存		
月	日			数量	单价	金额	数量	单价	金额	数量	单价	金额
7	1		月初余额							800	40	32 000
7	7	转4	购入	200	45	9 000						
7	12	转8	购入	400	46.5	18 600						
7	18	转12	购入	600	44.4	26 640						
7	30	转16	发出				1 200	43.12	51 744			
7	31		本月合计	1 200		54 240	1 200		51 744	800	43.12	34 496

表7-7 库存商品——A商品明细账

产品名称:A产品　　　　　　计量单位:件　　　　　　　　　　　　金额:元

202×年		凭证号数	摘要	收入			发出			结存		
月	日			数量	单价	金额	数量	单价	金额	数量	单价	金额
7	1		月初余额		163.188					400	144	57 600
7	31	转24	入库	800	163.188	130 550						
7	31	转25	销售				700	156.792	109 754			
7	31		本月合计	800		130 550	700		109 754	500	156.792	78 396

表7-8 库存商品——B商品明细账

产品名称:B产品　　　　　　计量单位:件　　　　　　　　　　　　金额:元

202×年		凭证号数	摘要	收入			发出			结存		
月	日			数量	单价	金额	数量	单价	金额	数量	单价	金额
7	1		月初余额							900	150	135 000
7	31	转25	销售				500	150	75 000			
7	31		本月合计				500		75 000	400	150	60 000

表7-9　生产成本明细账

产品名称：A产品　　　　　　　　　　　　　　　　　　　　　　　　　　　　　　金额：元

202×年		凭证号数	摘要	借方				贷方	余额
月	日			直接材料	直接人工	制造费用	合计		
7	1		月初余额	28 980	14 220	8 608	51 808		51 808
7	31	转16	领用材料	58 500			58 500		110 308
7	31	转17	分配工资		12 800		12 800		123 408
7	31	转23	分配制造费用			7 442	7 442		130 550
7	31	转24	结转完工产品成本					130 550	
7	31		本月合计	87 480	27 020	16 050	130 550	130 550	0

表7-10　生产成本明细账

产品名称：B产品　　　　　　　　　　　　　　　　　　　　　　　　　　　　　　金额：元

202×年		凭证号数	摘要	借方				贷方	余额
月	日			直接材料	直接人工	制造费用	合计		
7	1		月初余额						
7	31	转16	领用材料	58 244			58 244		58 244
7	31	转17	分配工资		14 400		14 400		72 644
7	31	转23	分配制造费用			8 372	8 372		81 016
7	31		本月合计	58 244	14 400	8 372	81 016	0	81 016

表7-11　应收账款明细账

账户名称：应收账款——大洋公司　　　　　　　　　　　　　　　　　　　　　　　金额：元

202×年		凭证号数	摘要	借方	贷方	借或贷	余额
月	日						
7	1		月初余额			借	36 000
7	2	银收1	收前欠款		36 000	平	0
7	6	转3	赊销产品	74 580		借	74 580
7	19	银收3	收前欠款		74 580	借	0
7	22	转13	赊销产品	51 980		借	51 980
7	23	银付17	代垫运费	2 100		借	54 080
			本月发生额及期末余额	128 660	110 580	借	54 080

表7－12　应收账款明细账

账户名称：应收账款——北方公司　　　　　　　　　　　　　　　　　　　　金额：元

202×年		凭证号数	摘要	借方	贷方	借或贷	余额
月	日						
7	1		月初余额			借	60 000
7	2	银收1	收前欠款		60 000	平	0
7	8	转5	赊销产品	45 200		借	45 200
7	8	银付5	代垫运费	2 000		借	47 200
7	19	银收3	收前欠款		45 200	借	2 000
			本月发生额及期末余额	47 200	105 200	借	2 000

表7－13　应付账款明细账

账户名称：应付账款——西北公司　　　　　　　　　　　　　　　　　　　　金额：元

202×年		凭证号数	摘要	借方	贷方	借或贷	余额
月	日						
7	1		月初余额			贷	29 640
7	3	银付3	还前欠款	29 640		平	0
7	12	转7	赊购乙材料		19 210	贷	19 210
7	16	银付11	还前欠款	19 210		贷	0
7	18	转11	赊购乙材料		27 120	贷	27 120
			本月发生额及期末余额	48 850	46 330	贷	27 120

表7－14　应付账款明细账

账户名称：应付账款——东北公司　　　　　　　　　　　　　　　　　　　　金额：元

202×年		凭证号数	摘要	借方	贷方	借或贷	余额
月	日						
7	1		月初余额			贷	5 940
7	9	银付6	还前欠款	5 940		平	0
7	15	转9	赊购甲材料		42 036	贷	42 036
7	31	转23	签发票据承兑	37 200		贷	4 836
			本月发生额及期末余额	43 140	42 036	贷	4 836

表 7 – 15　应付账款明细账

账户名称：应付账款——荣荣公司　　　　　　　　　　　　　　　　　金额：元

202×年		凭证号数	摘要	借方	贷方	借或贷	余额
月	日						
7	2	转 1	赊购甲材料		28 747.2	贷	28 747.2
7	19	银付 15	还前欠款	28 747.2		平	0
			本月发生额及期末余额	28 747.2	28 747.2	平	0

表 7 – 16　应付账款明细账

账户名称：应付账款——电业公司　　　　　　　　　　　　　　　　　金额：元

202×年		凭证号数	摘要	借方	贷方	借或贷	余额
月	日						
7	28	转 14	计提电费		1 436	贷	1 436
			本月发生额及期末余额		1 436	贷	1 436

（5）根据记账凭证登记总分类账（仅以"库存现金"、"银行存款"、"应收账款"总分类账为例，其他总账略），见表 7 – 17 至表 7 – 19。

表 7 – 17　总账

账户名称：库存现金　　　　　　　　　　　　　　　　　　　　　　　金额：元

202×年		凭证号数	摘要	借方	贷方	借或贷	余额
月	日						
7	1		月初余额			借	442
7	3	现付 1	报市内交通费		40	借	402
7	10	现收 1	王明差旅费余款	10		借	412
7	16	现付 2	购办公用品		130	借	282
7	17	银付 13	提现	1 000		借	1 282
7	31		本月合计及期末余额	1 010	170	借	1 282

表7-18 总账

账户名称：银行存款 金额：元

日期		凭证号数	摘要	借方	贷方	余额
月	日					
7	1		月初余额			159 830
7	1	银付1	支付税金及股利		65 200	94 630
7	2	银收1	收前欠货款	96 000		190 630
7	2	银付2	甲材料运费		560	190 070
7	3	银付3	还前欠款		29 640	160 430
7	7	银付4	购入材料		10 170	150 260
7	8	银付5	代垫运费		2 000	148 260
7	9	银付6	还前欠款		5 940	142 320
7	11	银付7	捐赠		4 000	138 320
7	12	银付8	乙材料运费		1 600	136 720
7	14	银收2	销售收款	119 780		256 500
7	14	银付9	付产品运杂费		2 400	254 100
7	15	银付10	甲材料运费		2 400	251 700
7	16	银付11	还前欠款		19 210	232 490
7	16	银付12	车间修理费		990	231 500
7	17	银付13	提现		1 000	230 500
7	18	银付14	乙材料运费		2 640	227 860
7	19	银付15	还前欠款		28 747.2	199 112.8
7	19	银收3	收前欠款	119 780		318 892.8
7	20	银付16	职工医药费		3 120	315 772.8
7	23	银付17	代垫运费		2 100	313 672.8
7	27	银付18	水费		970	312 702.8
7	31	银付19	发工资		38 800	273 902.8
7	31	银收4	预收货款	34 500		308 402.8
7	31	银收5	贷款	250 000		558 402.8
7	31	银收6	接受投资	90 000		648 402.8
7	31	银收7	资本溢价	10 000		658 402.8
7	31	银付20	付借款利息		4 500	653 902.8
7	31	银收8	存款利息	719.24		654 622.04
7	31	银付21	财产保险费		25 000	629 622.04
7	31	银付22	报纸杂志费		1 200	628 422.04
7	31	银付23	产品展览费		5 000	623 422.04
7	31	银付24	设备购置费		178 000	445 422.04
7			本月合计及余额	720 779.24	435 187.2	445 422.04

表 7 - 19 总账

账户名称：应收账款　　　　　　　　　　　　　　　　　　　　　　金额：元

202×年		凭证号数	摘要	借方	贷方	借或贷	余额
月	日						
7	1		月初余额			借	96 000
7	2	银收 1	收前欠款		96 000	平	0
7	6	转 3	赊销产品	74 580		借	74 580
7	8	转 5	赊销产品	45 200		借	119 780
7	8	银付 5	代垫运费	2 000		借	121 780
7	19	银收 3	收前欠款		119 780	借	2 000
7	22	转 13	赊销产品	51 980		借	53 980
7	23	银付 17	代垫运费	2 100		借	56 080
7	31		本月合计及期末余额	175 860	215 780	借	56 080

（6）核对：总账和日记账核对，总账与所属明细账核对，做到账账相符。为了保证账账核对的核心账簿——总账的准确，根据总分类账编制总分类账户本期发生额及余额试算平衡表，见表 7 - 20，其他核对工作略。

表 7 - 20 试算平衡表

金额：元

账户名称	期初余额		本期发生额		期末余额	
	借方	贷方	借方	贷方	借方	贷方
库存现金	442		1 010	170	1 282	
银行存款	159 830		720 779.24	435 187.2	445 422.04	
应收账款	96 000		175 860	215 780	56 080	
其他应收款	300			300	0	
材料采购			119 840	119 840	0	
原材料	57 400		119 840	123 244	53 996	
生产成本	51 808		159 758	130 550	81 016	
制造费用			15 814	15 814	0	
库存商品	192 600		130 550	184 754	138 396	
预付账款	2 000		26 200	2 000	26 200	
固定资产	800 000		164 032		964 032	

续上表

账户名称	期初余额		本期发生额		期末余额	
	借方	贷方	借方	贷方	借方	贷方
累计折旧		192 960		4 600		197 560
待处理财产损益			6 510	6 510		0
短期借款		100 000		50 000		150 000
应付账款		35 580	120 737.2	118 549.2		33 392
应付票据				37 200		37 200
预收账款				34 500		34 500
应付职工薪酬		20 000	41 920	38 800		16 880
应交税费		45 200	80 321.2	56 395.56		21 274.36
应付股利		20 000	20 000	6 000		6 000
应付利息		2 960	4 440	1 480		0
长期借款				200 000		200 000
实收资本		760 000		90 000		850 000
资本公积				10 000		10 000
盈余公积		103 200		2 986.67		106 186.67
本年利润		76 500	232 572.32	264 510		108 437.68
利润分配		3 980	8 986.67		5 006.67	
主营业务收入			258 000	258 000		
营业外收入			6 510	6 510		
主营业务成本			184 754	184 754		
税金及附加			12 900	12 900		
销售费用			7 400	7 400		
管理费用			12 742	12 742		
财务费用			1 540	1 540		
营业外支出			4 000	4 000		
所得税费用			9 955.56	9 955.56		
合计	1 360 380	1 360 380	2 646 972.19	2 646 972.19	1 771 430.71	1 771 430.71

（7）根据总分类账和明细分类账编制资产负债表和利润表。具体编制本章略。

第三节　科目汇总表账务处理程序

一、科目汇总表账务处理程序的概念及特点

（一）科目汇总表账务处理程序的概念

科目汇总表账务处理程序又称记账凭证汇总表账务处理程序，是指根据各种记账凭证先定期（或月末一次）按会计科目汇总编制科目汇总表，再根据科目汇总表登记总分类账的一种会计账务处理程序。它是在记账凭证账务处理程序的基础上发展、演变而来的一种会计账务处理程序。

（二）科目汇总表账务处理程序的特点

科目汇总表账务处理程序的主要特点是：定期把一定会计期间内所有的记账凭证按科目汇总，编制包括所有科目的汇总表，再据以登记总分类账，每编制一张科目汇总表就登记一次总账。在记账凭证到总账之间插入了一个汇总环节，即编制科目汇总表。因此，在科目汇总表账务处理程序下，总账是根据科目汇总表定期登记的，而不是根据记账凭证逐笔登记的。

二、科目汇总表账务处理程序下凭证、会计账簿和财务报表的设置

（一）记账凭证的设置

在科目汇总表账务处理程序下，一般只需设置通用记账凭证，包括非汇总记账凭证中的通用记账凭证和汇总记账凭证中的通用记账凭证——科目汇总表，也可以设置收、付、转账式记账凭证和科目汇总表作为登记总分类账的依据。企业通常每月末编制一张科目汇总表，如果凭证太多，也可每五天、每十天或者每半个月编制一张科目汇总表。

（二）会计账簿的设置

在科目汇总表账务处理程序下，需要设置库存现金日记账、银行存款日记账、总分类账和明细分类账。

（1）库存现金日记账和银行存款日记账一般采用收、付、余三栏式订本账。

（2）总分类账簿的格式通常为借、贷、余三栏式订本账。

（3）明细分类账则可以根据管理的需要，采用三栏式、数量金额式、多栏式、横线登记式的活页账、卡片账或订本账。

（三）财务报表的设置

在科目汇总表账务处理程序下使用的会计报表主要有资产负债表、利润表、现金流量

表、所有者权益变动表及会计报表附注等。

三、科目汇总表账务处理程序的基本步骤

在科目汇总表账务处理程序下，对经济业务的账务处理程序一般要经过以下七个步骤：

(一)编制记账凭证

根据当前会计期原始凭证或原始凭证汇总表编制收款凭证、付款凭证和转账凭证。

(二)登记日记账

根据审核无误的收款凭证和付款凭证逐笔登记库存现金日记账、银行存款日记账。

(三)登记明细分类账

根据原始凭证或原始凭证汇总表、记账凭证逐笔序时登记各种明细分类账，包括三栏式、多栏式和数量金额式的明细分类账。

(四)编制科目汇总表

根据记账凭证，定期编制科目汇总表。

(五)登记总分类账

根据科目汇总表，每日或定期登记总分类账。科目汇总表每汇总编制一次，就要据以登记总账。

(六)对账

月终，将库存现金日记账、银行存款日记账和明细分类账分别与总账核对，确定各种账簿记录是否正确。

(七)编制会计报表

月终，根据总分类账和明细分类账编制会计报表。

科目汇总表账务处理程序的流程如图 7 - 2 所示。

四、科目汇总表账务处理程序的优缺点及适用范围

(一)科目汇总表账务处理程序的优点

(1)可以利用该表的汇总结果进行账户发生额的试算平衡。科目汇总表的汇总结果体现了一定期间账户借方发生额和贷方发生额之间的相等关系。

(2)在试算平衡的基础上能保证总分类账登记的正确性。采用科目汇总表账务处理程序，总分类账是根据科目汇总表上的汇总数字登记的，由于已经进行了试算平衡，进一步保证了总分类账登记的正确性。

(3)减少了总分类账登记的工作量。采用这种账务处理程序可以在月中定期或月末一次

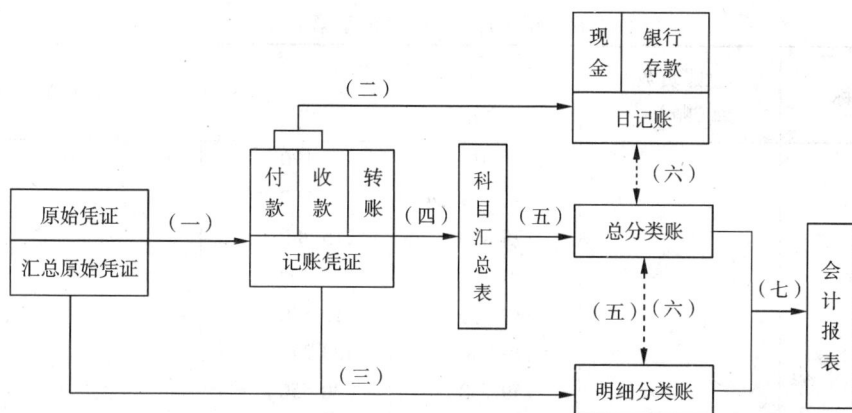

图7-2 科目汇总表账务处理程序

性地登记总分类账。

(4)适用性较强。与记账凭证账务处理程序相比,由于科目汇总表账务处理程序优点较多,任何规模的会计主体都可以采用。

(二)科目汇总表账务处理程序的缺点

(1)经科目汇总表汇总后登记总账,导致总账记录不能显示出各个账户之间的对应关系,不能清晰地反映经济业务的来龙去脉。

(2)编制科目汇总表的工作量较大。采用这种账务处理程序,需要对发生的经济业务首先填制专用记账凭证,还需要定期对专用记账凭证进行汇总,增加了工作量。

(三)科目汇总表账务处理程序的适用范围

科目汇总表账务处理程序适用于规模较大、每日发生经济业务较频繁的企业。

五、科目汇总表账务处理程序举例

采用前面智友公司202×年7月份的资料,并假定它采用科目汇总表账务处理程序。现以智友公司202×年7月份所编制的科目汇总表和据此登记的总分类账(我们仅以发生业务较多的"库存现金"、"银行存款"、"应收账款"3个账户为代表,来理解科目汇总表账务处理程序下总分类账登记工作量的简化)列示如下。日记账和明细分类账的登记,总分类账户本期发生额及余额试算平衡表的编制均同前,不再重复。

(一)根据记账凭证编制科目汇总表

该公司202×年7月份科目汇总表列示如表7-21所示。

表 7−21　科目汇总表

202×年 7 月 1—31 日汇字第 7 号　　　　　　　　　　　　　　　　　　　单位：元

账户名称	总账页数（略）	本期发生额		记账凭证起止号
		借方	贷方	
库存现金		1 010	170	
银行存款		720 779.24	435 187.2	
应收账款		175 860	215 780	
其他应收款			300	
材料采购		119 840	119 840	
原材料		119 840	123 244	
生产成本		159 758	130 550	
制造费用		15 814	15 814	
库存商品		130 550	184 754	
预付账款		26 200	2 000	
固定资产		164 032		
累计折旧			4 600	
待处理财产损益		6 510	6 510	
短期借款			50 000	
应付账款		120 737.2	118 549.2	
应付票据			37 200	1. 收款凭证：
预收账款			34 500	现金收款凭证：1
应付职工薪酬		41 920	38 800	银行存款收款凭证：1 - 8
应交税费		80 321.2	56 395.56	2. 付款凭证：
应付股利		20 000	6 000	现金付款凭证：1 - 2
应付利息		4 440	1 480	银行存款付款凭证：1 - 24
长期借款			200 000	3. 转账凭证：1 - 36
实收资本			90 000	
资本公积			10 000	
盈余公积			2 986.67	
本年利润		232 572.32	264 510	
利润分配		8 986.67		
主营业务收入		258 000	258 000	
营业外收入		6 510	6 510	
主营业务成本		184 754	184 754	
税金及附加		12 900	12 900	
销售费用		7 400	7 400	
管理费用		12 742	12 742	
财务费用		1 540	1 540	
营业外支出		4 000	4 000	
所得税费用		9 955.56	9 955.56	
合计		2 646 972.19	2 646 972.19	

（二）根据科目汇总表登记总分类账

该公司202×年7月份部分总分类账如表7－22至表7－24所示。

表7－22 总账

账户名称：库存现金 单位：元

202×年		凭证号数	摘要	借方	贷方	借或贷	余额
月	日						
7	1		月初余额			借	442
7	31	科目汇总表7号	（略）	1 010	170	借	1 282
7	31		本月合计	1 010	170	借	1 282

表7－23 总账

账户名称：银行存款 单位：元

202×年		凭证号数	摘要	借方	贷方	借或贷	余额
月	日						
7	1		月初余额			借	159 830
7	31	科目汇总表7号	（略）	720 779.24	435 187.2	借	445 422.04
7	31		本月合计	720 779.24	435 187.2	借	445 422.04

表7－24 总账

账户名称：应收账款 单位：元

202×年		凭证号数	摘要	借方	贷方	借或贷	余额
月	日						
7	1		月初余额			借	96 000
7	23	科目汇总表7号	（略）	175 860	215 780	借	56 080
7	31		本月合计	175 860	215 780	借	56 080

第四节　汇总记账凭证账务处理程序

一、汇总记账凭证账务处理程序的概念及特点

（一）汇总记账凭证账务处理程序的概念

汇总记账凭证账务处理程序是指根据原始凭证编制收、付、转专用记账凭证，定期根据收、付、转专用记账凭证分类编制汇总收款凭证、汇总付款凭证和汇总转账凭证，再根据汇总收款凭证、汇总付款凭证和汇总转账凭证登记总分类账的一种会计账务处理程序。它是在记账凭证账务处理程序的基础上发展、演变而来的一种账务处理程序。

（二）汇总记账凭证账务处理程序的特点

汇总记账凭证账务处理程序的特点是定期将收、付、转专用记账凭证按收款凭证、付款凭证、转账凭证加以汇总，然后再根据汇总收款凭证、汇总付款凭证和汇总转账凭证登记总分类账。其总账能全面反映账户之间的对应关系，提供的总分类指标比较详细。

二、汇总记账凭证账务处理程序下凭证、会计账簿和财务报表的设置

（一）会计凭证的设置

为了方便记账凭证的汇总，在汇总记账凭证账务处理程序下不使用通用记账凭证，而使用专用记账凭证，即记账凭证采用收款凭证、付款凭证、转账凭证、汇总收款凭证、汇总付款凭证和汇总转账凭证。

（二）会计账簿的设置

在汇总记账凭证账务处理程序下，需要设置库存现金日记账、银行存款日记账、总分类账和明细分类账。

（1）库存现金日记账和银行存款日记账一般采用收、付、余三栏式订本账。

（2）总分类账簿的格式通常为借、贷、余三栏式订本账。

（3）明细分类账则可以根据管理的需要，采用三栏式、数量金额式、多栏式、横线登记式的活页账、卡片账或订本账。

（三）财务报表的设置

在汇总记账凭证账务处理程序下使用的会计报表主要有资产负债表、利润表、现金流量表、所有者权益变动表及会计报表附注等。

汇总记账凭证账务处理程序的账簿、凭证设置基本上与记账凭证核算程序相同，只不过多了汇总记账凭证，用以汇总分散的记账凭证，以简化总分类账的登记工作。

三、汇总记账凭证账务处理程序的基本步骤

汇总记账凭证账务处理程序有以下七个步骤。

(一)编制记账凭证

根据当前会计期的原始凭证或原始凭证汇总表填制收款凭证、付款凭证和转账凭证。

(二)登记日记账

根据收款凭证和付款凭证逐笔登记现金日记账和银行存款日记账。这些货币资金科目的日记账一般是由出纳人员进行登记和管理的。

(三)登记明细分类账

根据收款凭证、付款凭证、转账凭证或原始凭证、原始凭证汇总表,逐笔登记各明细分类账,包括三栏式、多栏式、数量金额栏式的明细分类账。

(四)编制汇总收、付、转式记账凭证

根据当前会计期审核无误的收、付、转记账凭证,运用特定的方法编制汇总收、付、转记账凭证。

收、付、转专用记账凭证通常定期(5 天、10 天、半月或月末一次)汇总填制,称汇总收款凭证、汇总付款凭证和汇总转账凭证,月末计算合计数。根据汇总记账凭证登记总分类账时,既可以每汇总一次就登记总分类账,也可以月末根据汇总记账凭证本月发生额合计数,只在月末登记一次。

汇总收款凭证根据现金、银行存款的收款凭证分别以现金、银行存款账户借方设置,并按相应的贷方账户汇总。汇总收款凭证只有两张:一张是库存现金汇总收款凭证,另一张是银行存款汇总收款凭证。实行会计电算化的企业,各种汇总记账凭证由计算机自动生成。采用手工记账的企业,可以采用 T 形账编制汇总记账凭证底稿。

汇总付款凭证与汇总收款凭证一样,是根据现金、银行存款的付款凭证分别以现金、银行存款账户贷方设置,并按相应的借方账户汇总。汇总付款凭证只有两张:一张是库存现金汇总付款凭证,另一张是银行存款汇总付款凭证。

汇总转账凭证根据转账凭证按有关账户的贷方分别设置,并按相关的借方账户汇总。汇总转账凭证一般是有多少个贷方账户,就要编制多少张汇总转账凭证。为便于汇总转账凭证的编制,在日常编制凭证时最好是一贷一借或一贷多借。

(五)登记总分类账

月终,根据汇总收款凭证、汇总付款凭证和汇总转账凭证登记总分类账。

(六)对账

月终,将现金日记账的余额、银行存款日记账的余额和明细分类账的余额与总分类账有关账户的余额核对,确定各种账簿记录是否正确。

(七)编制会计报表

月终,根据总分类账、明细分类账编制会计报表。

汇总记账凭证账务处理程序的基本流程如图 7-3 所示。

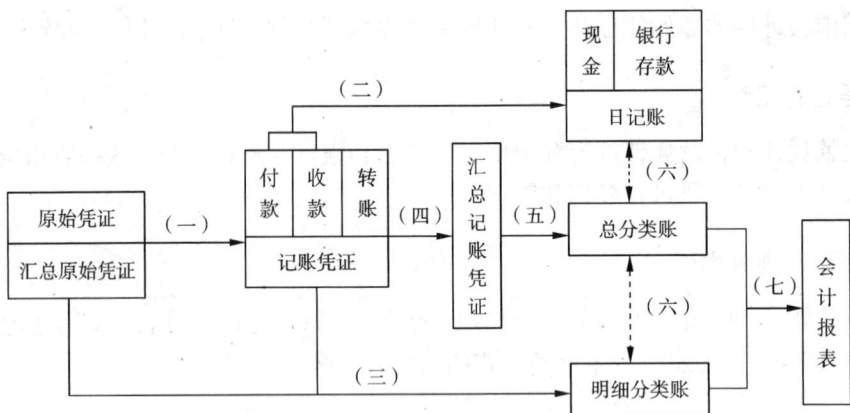

图 7-3　汇总记账凭证账务处理程序

四、汇总记账凭证账务处理程序的优缺点及适用范围

(一)汇总记账凭证账务处理程序的优点

(1)能清晰地反映账户之间的对应关系。采用该账务处理程序,汇总记账凭证是按会计账户对应关系进行分类汇总的,能清晰地反映会计账户的对应关系。

(2)可以大大减少登记总分类账的工作量。采用该账务处理程序,能根据汇总记账凭证上有关账户的汇总发生额定期或者月末一次性登记总分类账,可以使登记总分类账的工作量大大减少。

(二)汇总记账凭证账务处理程序的缺点

(1)定期汇总记账凭证的工作量较大。对发生的经济业务,首先要填制专用记账凭证,还要分类进行汇总,编制作为登记总分类账依据的汇总记账凭证。这样做的工作量是比较大的。

(2)不是按经济业务性质归类汇总的,而是按借贷账户汇总,产生了对记账凭证的分录形式的要求,即要求编制一借一贷、多借一贷的转账凭证。在转账凭证数量较多时,既割裂了经济业务的完整性,也不利于会计核算分工。

(三)汇总记账凭证账务处理程序的适用范围

汇总记账凭证账务处理程序一般适用于规模较大、种类较多且业务发生频繁的大中型企业。

第五节　多栏式日记账账务处理程序

一、多栏式日记账账务处理程序的概念及特点

(一)多栏式日记账账务处理程序的概念

多栏式日记账账务处理程序是指根据原始凭证编制收、付、转式专用记账凭证,根据收款凭证、付款凭证逐笔登记多栏式库存现金日记账、多栏式银行存款日记账,再根据多栏式库存现金日记账、多栏式银行存款日记账和转账凭证登记总分类账的一种账务处理程序。

(二)多栏式日记账账务处理程序的特点

多栏式日记账账务处理程序是在记账凭证账务处理程序的基础上,针对其缺点改良形成的。其主要特点是:设置多栏式现金日记账和多栏式银行存款日记账,据以登记总分类账;对于涉及收款和付款的经济业务,根据多栏式日记账登记总账;对于转账业务,可以根据转账凭证逐笔登记总分类账,也可以根据转账凭证编制的转账凭证科目汇总表登记总账。

二、多栏式日记账账务处理程序下凭证、会计账簿和财务报表的设置

(一)会计凭证的设置

在多栏式日记账账务处理程序下,为方便登记多栏式日记账,记账凭证通常采用收款凭证、付款凭证和转账凭证的格式。如果企业的转账业务较多,可增设转账凭证科目汇总表。

(二)会计账簿的设置

在多栏式日记账账务处理程序下,需要设置多栏式库存现金日记账、多栏式银行存款日记账、总分类账和明细分类账。

(1)多栏式库存现金日记账是将收入栏和支出栏按对应科目设若干专栏,用以序时、分类地反映与现金收支有关的经济业务。在登记多栏式日记账时,如果是现金收入,要将金额记入"对应贷方科目"栏内,同时记入"收入合计"栏内;如果是现金支出,则要将金额记入"对应借方科目"栏内,同时记入"支出合计"栏内;每月终了时在"余额"栏内结出现金余额。

(2)多栏式银行存款日记账的登记方法与多栏式库存现金日记账相似。

(3)总分类账的格式通常为借、贷、余三栏式订本账。

(4)明细分类账则可以根据管理的需要,采用三栏式、数量金额式、多栏式、横线登记式的活页账、卡片账或订本账。

(三)财务报表的设置

在多栏式日记账账务处理程序下使用的会计报表主要有资产负债表、利润表、现金流量表、所有者权益变动表及会计报表附注等。

三、多栏式日记账账务处理程序的核算步骤

多栏式日记账账务处理程序具有以下七个步骤。

（一）编制记账凭证

根据当前会计期的原始凭证或原始凭证汇总表填制收款凭证、付款凭证和转账凭证，不可编制通用凭证。

（二）登记多栏式日记账

根据收、付款记账凭证逐笔登记多栏式现金日记账和多栏式银行存款日记账。

多栏式的现金和银行存款日记账，具有科目汇总表的作用，月终就可根据这些日记账的本月收付发生额和对应科目的发生额直接登记总分类账。运用这种程序时应注意两点：一是现金与银行存款之间的相互划转数额，已经包含在有关日记账的收付合计数里，因此，要避免重复计算。例如，将现金30 000元存入银行，只编制现金付款凭证，不编制银行存款收款凭证。二是转账业务不多的单位不必使用转账凭证科目汇总表，可仍保留转账凭证过账的方法。

（三）登记转账凭证科目汇总表

根据转账凭证定期汇总编制转账凭证科目汇总表。

（四）登记明细账

根据记账凭证、原始凭证或原始凭证汇总表逐笔登记各种明细分类账。

（五）登记总分类账

月终，根据多栏式现金日记账、多栏式银行存款日记账和转账凭证科目汇总表登记总分类账。

（六）对账

月终，将各种明细分类账余额与总分类账中相关账户的余额核对，确定各种账簿记录是否正确。

（七）编制会计报表

月终，根据总分类账和明细分类账有关资料编制会计报表。

多栏式日记账账务处理程序的基本流程如图7-4所示。

四、多栏式日记账账务处理程序的优缺点及适用范围

（一）多栏式日记账账务处理程序的优点

（1）可以简化凭证归类和总分类账的登账工作，效率较高。采用多栏式日记账账务处理

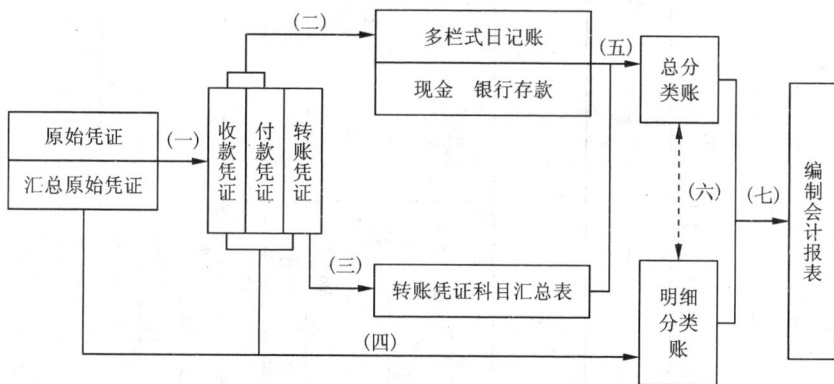

图7-4 多栏式日记账账务处理程序

程序，对业务按照对应的总分类账进行了归类，这样收款凭证和付款凭证的汇总工作与日记账相结合，起到了汇总收款凭证和汇总付款凭证的作用，大大简化了凭证归类和总账的登记工作。

（2）多栏式日记账较好地反映了账户之间的对应关系，便于分析和检查每一项与收、付有关的经济业务。

（二）多栏式日记账账务处理程序的缺点

（1）日记账和总账之间不存在核对关系。"库存现金"和"银行存款"总账对多栏式日记账起不到控制作用，不利于实行会计的内部牵制制度。

（2）如果企业经济业务繁杂，则必然会造成日记账专栏设置较多，账页过于庞大，不便于会计人员记账和分工。

（三）多栏式日记账账务处理程序的适用范围

多栏式日记账账务处理程序适用于经济业务多而简单、会计科目较少、主要为货币资金收付业务的企业。

五、多栏式日记账账务处理程序举例

采用前面智友公司202×年7月份的资料，并假定它采用多栏式日记账账务处理程序。现将智友公司202×年7月份所填制的多栏式库存现金日记账、多栏式银行存款日记账、转账凭证科目汇总表和据此登记的总分类账（仅以"库存现金"、"银行存款"总分类账为代表）列示如下。明细分类账的登记、总分类账户本期发生额及余额试算平衡表、利润表和资产负债表的编制均同前，不再重复。

（1）根据收款凭证、付款凭证登记多栏式库存现金日记账和多栏式银行存款日记账。该公司多栏式日记账列示如表7-25至表7-27所示（单位：元）。

表7-25 多栏式库存现金日记账

202×年 月	日	凭证号数	摘要	收入 其他应收款	收入 银行存款	收入 合计	付出 管理费用	付出 应付职工薪酬	付出 合计	余额
7	1		月初余额							442
7	3	现付1	报市内交通费				40		40	
7	10	现收1	王明差旅费余款	10		10				
7	16	现付2	购办公用品				130		130	
7	17	银付13	提现		1 000	1 000				1 282
7	31		本月合计	10	1 000	1 010	170		170	

表7-26 多栏式银行存款收入记账

对应科目（贷方）

202×年 月	日	凭证号数	摘要	应收账款	主营业务收入	应交税费	预收账款	短期借款	长期借款	实收资本	资本公积	财务费用	收入合计	支出合计	结存
7	1		月初余额												159 830
7	2	银收1	收前欠款	96 000									96 000		
7	14	银收2	现销产品		106 000								106 000		
7	14	银收2	销项税额			13 780							13 780		
7	19	银收3	收前欠款	119 780									119 780		
7	31	银收4	收订货款				34 500						34 500		
7	31	银收5	贷款					50 000					50 000		
7	31	银收5	贷款						200 000				200 000		
7	31	银收6	接受投资款							90 000			90 000		
7	31	银收7	资本溢价								10 000		10 000		
7	31	银收8	存款利息									719.24	719.24		
7	31		本月合计	215 780	106 000	13 780	34 500	50 000	200 000	90 000	10 000	719.24	720 779.24	435 187.2	445 422.04

表7-27 多栏式银行存款支出日记账

202×年 月	日	凭证号数	摘要	对应科目（借方） 应交税费	应付股利	材料采购	固定资产	应付账款	应收账款	营业外支出	销售费用	制造费用	库存现金	应付职工薪酬	管理费用	应付利息	财务费用	预付账款	支出合计
7	1	银付1	交税	45 200															45 200
7	1	银付1	付股利		20 000														20 000
7	2	银付2	甲材料运费			560													560
7	3	银付3	还前欠款					29 640											29 640
7	7	银付4	购乙材料			9 000													9 000
7	7	银付4	进项税额	1 170															1 170
7	8	银付5	代垫运费						2 000										2 000
7	9	银付6	还前欠款					5 940											5 940
7	11	银付7	捐希望工程							4 000									4 000
7	12	银付8	乙材料运费			1 600													1 600
7	14	银付9	产品运杂费								2 400								2 400
7	15	银付10	甲材料运费			2 400													2 400
7	16	银付11	还前欠款					19 210											19 210
7	16	银付12	车间修理费									990							990
7	17	银付13	提现										1 000						1 000
7	18	银付14	乙材料运费			2 640													2 640
7	19	银付15	还前欠款					28 747.2											28 747.2
7	20	银付16	职工医药费											3 120					3 120
7	23	银付17	代垫运费						2 100										2 100
7	27	银付18	水费									596							596
7	27	银付18	水费												374				374
7	31	银付19	发工资										38 800						38 800
7	31	银付20	付借款利息													4 440			4 440
7	31	银付20	付借款利息														60		60
7	31	银付21	财产保险费															25 000	25 000
7	31	银付22	报纸杂志费															1 200	1 200
7	31	银付23	产品展览费								5 000								5 000
7	31	银付24	购设备				157 522												157 522
7	31	银付24	购设备	20 478															20 478
7	31		本月合计	66 848	20 000	16 200	157 522	83 537.2	4 100	4 000	7 400	1 586	39 800	3 120	374	4 440	60	26 200	435 187.2

（2）根据转账凭证编制转账凭证科目汇总表。该公司202×年7月份转账凭证科目汇总表如表7-28所示（单位：元）。

表7-28 转账凭证科目汇总表

202×年7月1日—31日

会计科目	本期发生额		转账凭证起讫号数
	借方	贷方	
应收账款	171 760		
其他应收款		290	
材料采购	103 640	119 840	
原材料	119 840	123 244	
生产成本	159 758	130 550	
制造费用	14 228	15 814	
库存商品	130 550	184 754	
预付账款		2 000	
固定资产	6 510		
累计折旧		4 600	
待处理财产损溢	6 510	6 510	
应付账款	37 200	118 549.2	
应付票据		37 200	
应付职工薪酬		38 800	
应交税费	13 473.2	42 615.56	转账凭证：1-36
应付股利		6 000	
应付利息		1 480	
盈余公积		2 986.67	
本年利润	232 572.32	264 510	
利润分配	8 986.67		
主营业务收入	258 000	152 000	
营业外收入	6 510	6 510	
主营业务成本	184 754	184 754	
税金及附加	12 900	12 900	
销售费用		7 400	
管理费用	12 198	12 742	
财务费用	1 480	820.76	
营业外支出		4 000	
所得税费用	9 955.56	9 955.56	
合计	1 490 825.75	1 490 825.75	

（3）根据多栏式库存现金日记账、多栏式银行存款日记账及转账凭证科目汇总表登记总分类账。该公司部分总分类账如表7-29、表7-30所示（单位：元）。

表7-29 总账

账户名称：库存现金

202×年		凭证号数	摘要	对应科目	借方	贷方	借或贷	余额
月	日							
7	1		月初余额				借	442
		现金日记账	现金日记账过入	其他应收款	10			
		现金日记账	现金日记账过入	管理费用		170		
		现金日记账	现金日记账过入	银行提现	1 000			
7	31		本月合计		1 010	170	借	1 282

表7-30 总账

账户名称：银行存款

202×年		凭证号数	摘要	对应科目	借方	贷方	借或贷	余额
月	日							
7	1		月初余额				借	159 830
7	31	银收日账	银行存款收入日记账过入	应收账款	215 780			
			银行存款收入日记账过入	主营业务收入	106 000			
			银行存款收入日记账过入	应交税费	13 780			
			银行存款收入日记账过入	预收账款	34 500			
			银行存款收入日记账过入	短期借款	50 000			
			银行存款收入日记账过入	长期借款	200 000			
			银行存款收入日记账过入	实收资本	90 000			
			银行存款收入日记账过入	资本公积	10 000			
			银行存款收入日记账过入	财务费用		719.24		
		银支日账	银行存款支出日记账过入	应交税费		46 370		
			银行存款支出日记账过入	应付股利		20 000		
			银行存款支出日记账过入	材料采购		16 200		
			银行存款支出日记账过入	应付账款		83 537.2		
			银行存款支出日记账过入	应收账款		4 100		
			银行存款支出日记账过入	营业外支出		4 000		

续上表

202×年		凭证号数	摘要	对应科目	借方	贷方	借或贷	余额
月	日							
			银行存款支出日记账过入	销售费用		7 400		
			银行存款支出日记账过入	制造费用		1 586		
			银行存款支出日记账过入	管理费用		374		
			银行存款支出日记账过入	库存现金		39 800		
			银行存款支出日记账过入	应付职工薪酬		3 120		
			银行存款支出日记账过入	应付利息		4 440		
			银行存款支出日记账过入	财务费用		60		
			银行存款支出日记账过入	预付账款		26 200		
			银行存款支出日记账过入	固定资产		178 000		
7	31		本月合计		720 779.24	435 187.2	借	445 422.04

第六节 日记总账账务处理程序

一、日记总账账务处理程序的概念及特点

(一)日记总账账务处理程序的概念

日记总账账务处理程序是指设置日记总账，根据经济业务发生以后所填制的各种记账凭证直接逐笔地登记日记总账，并定期编制会计报表的账务处理程序。

(二)日记总账账务处理程序的特点

日记总账账务处理程序的基本特点是设置日记总账，所有账务都在日记总账中顺序、分科目地进行登记，日记总账既是日记账，又是总分类账。对收款和付款业务，应根据收款和付款凭证逐日登记或按月汇总登记；对转账业务，则应根据转账凭证，逐日、逐笔登记。

二、日记总账账务处理程序下凭证、会计账簿和财务报表的设置

(一)记账凭证的设置

在日记总账账务处理程序下，既可以设置收款凭证、付款凭证、转账凭证等专用记账凭证，也可以设置非汇总记账凭证中的通用记账凭证，作为登记日记总账的依据。

（二）会计账簿的设置

在日记总账账务处理程序下，需要设置库存现金日记账、银行存款日记账、日记总账和明细分类账。

（三）财务报表的设置

在日记总账账务处理程序下使用的会计报表主要有资产负债表、利润表、现金流量表、所有者权益变动表及会计报表附注等。

三、日记总账账务处理程序的基本步骤

在日记总账账务处理程序下，对经济业务进行账务处理的程序一般要经过以下六个步骤。

（一）编制记账凭证

根据当前会计期的原始凭证或原始凭证汇总表编制专用记账凭证（收款凭证、付款凭证、转账凭证）。

（二）登记日记账

根据收款凭证和付款凭证逐笔登记现金日记账和银行存款日记账。

（三）登记明细分类账

根据记账凭证、原始凭证或原始凭证汇总表逐笔登记各种明细分类账。

（四）登记总账

月终，根据各种记账凭证登记日记总账。

日记总账的填制方法是：根据收款凭证、付款凭证和转账凭证逐日、逐笔登记日记总账，对每一笔经济业务的借贷方发生额，都应分别登记到同一行对应科目的借方栏或贷方栏内。月终，结算出各科目本期借贷方发生额和余额，并核对相符。

（五）对账

月终，将日记账、各种明细分类账余额与日记总账中相关账户的余额进行核对，确定各种账簿记录是否正确。

（六）编制会计报表

月终，根据日记总账和明细分类账有关资料编制财务会计报表。

日记总账账务处理程序如图 7-5 所示。

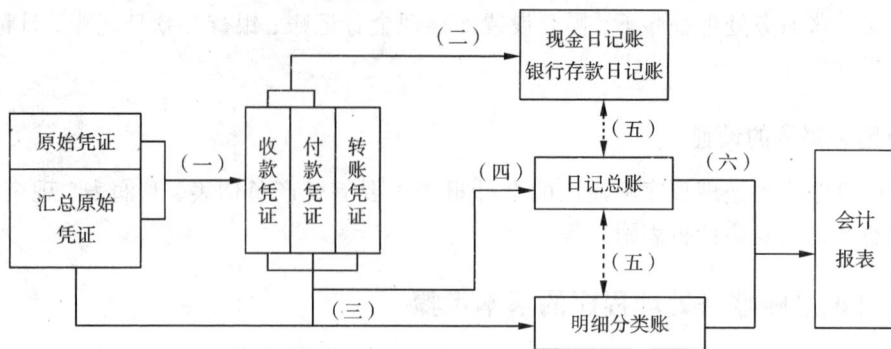

图7-5 日记总账账务处理程序

四、日记总账账务处理程序的优缺点及适用范围

(一)日记总账账务处理程序的优点

1.简化处理流程

用日记总账代替总账,不再单独设总账,简化了流程。

2.能清晰地反映会计账户之间的对应关系

所有会计账户集中在一张账页上,便于了解经济业务的来龙去脉和对应关系。

(二)日记总账账务处理程序的缺点

1.增大了登记日记总账的工作量

如同记账凭证账务处理程序一样,在日记总账账务处理程序下,对于发生的每一笔经济业务都要根据记账凭证在日记总账中登记,实际上登记日记账与登记明细分类账是一种重复登记。

2.不便于记账分工和查阅

使用会计科目比较多的企业,日记总账的账页势必会设计得很大,既不便于进行记账和查阅,也容易登记串行;如果会计人员较多也不利于分工。

(三)日记总账账务处理程序的适用范围

日记总账账务处理程序适用于一些规模较小、经济业务简单、会计科目不多的小型企业。

第七节　会计环境变化对账务处理程序的影响

随着知识经济时代的到来，企业所处的环境与工业时代相比已经发生了巨大的变化。这些变化导致了企业在开展决策时所面对的影响因素更加多样、更加复杂，企业内外的会计信息使用者也因此对会计信息提出了更高的要求：更加注重会计信息的可靠性，更加注重会计信息的相关性，更加注重会计信息的及时性。会计环境的变化已经对会计账务处理程序、会计工作体制构成了冲击。

一、会计电算化与会计账务处理程序

会计电算化是把电子计算机和现代数据处理技术应用到会计工作中的简称。它是用电子计算机代替人工记账、算账和报账，以及部分代替人脑完成对会计信息的分析、预测、决策的过程。随着计算机技术和数据库技术的发展和普及，计算机在会计工作中的应用逐步从单项的数据处理转变成电算化会计信息系统，进而转变到管理信息系统、决策支持系统，直到现代企业全面实施的电脑化管理。

（一）会计电算化的意义

会计电算化是会计发展史上的一次重大变革，在市场经济环境中，其意义不仅在于节省人力、时间，在转换企业经营机制、增强企业竞争力、提高企业经营管理水平等方面都有重要的意义，具体体现在以下四个方面：

1. 提高了会计核算的质量和效率

实现电算化后，只要将记账凭证输入计算机，大量的数据计算、分类、存储等工作，都可以在财会人员的控制下，由计算机自动完成。这样不仅将会计人员从繁重的记账、编表中解放出来，还提高了工作效率，从而保证信息的及时性与准确性。

2. 促进工作职能的转变，提高了会计人员的素质

采用计算机后，提高了会计核算效率，财会人员有更多的时间参与企业的经营管理，这能促成工作职能的转变；财会人员有更多时间进行学习，促使其素质随着电算化的开展而逐步提高。

3. 提高企业现代化管理水平

经济管理所需的信息很大部分是由会计提供的，会计电算化的开展将极大地促进经济管理活动的现代化，使管理水平大大提升。

4. 促进会计不断发展

会计电算化不仅是会计核算工具的变革，还将对会计核算方法、内容、程序，会计资料的保存以及会计理论产生极大的影响，使其在经济管理中发挥更大的作用。

（二）会计电算化工作的内容

1. 建立会计电算化管理体制

实行会计电算化，首先需要建立健全会计电算化管理体制，配备相应的专业人员和管理

人员。实现会计电算化，人才是关键。

2. 开发电算化会计信息系统

电算化会计信息系统是一个人机系统，是由数据处理程序、软件、硬件、人员配备以及管理规程等方面组成的。各单位应根据自身的实际情况，选择与本单位会计电算化相适应的信息系统。

（三）电算化会计信息系统的实施

1. 制定电算化会计信息系统实施计划

电算化会计信息系统的建立是一项系统工程，涉及单位内部的各个方面。一个完整详细的实施计划能对一定时期内需要完成的工作有一个具体的安排，这样才能使人力、财力资源等进行有效的配置。

2. 配备电子计算机系统人员

实现会计电算化需要配备直接开发、使用、维护计算机系统的人员，特别需要培养既懂会计专业知识又懂计算机技术的复合型人才。

3. 配备计算机硬件和应用软件

电子计算机的硬件设备和软件是实现会计电算化的物质基础。在硬件方面，各单位可以根据自身的实际业务规模情况，选择与本单位相适应的机种和机型；在应用软件方面，可根据单位内部管理需要及自身的技术力量，购买或者自行研发软件；在软件设计方面，应按照《会计法》的规定，对其软件及其支撑的会计凭证、会计账簿、财务报告、其他会计资料的登记、更正进行检测，以保证符合国家统一的会计制度的规定，保证各项资料的完整。

4. 建立会计电算化管理制度

为规范会计电算化操作，各会计主体需要建立一套完整的内部管理制度，包括会计电算化岗位责任制度、操作管理制度和硬件、软件维护制度以及电算化会计档案管理制度等。

（四）会计电算化与手工账务处理的联系与区别

1. 联系

（1）目标相同。会计工作的开展无论是会计电算化还是手工核算，其最终目标仍然是为了提供会计信息，参与经营决策，提高经济效益。

（2）都要遵守会计法规及财经制度。会计电算化和手工核算都不能置财经法规于不顾，必须严格地执行财经法规。

（3）会计档案都要进行保管。会计档案是会计重要的历史资料，必须按规定妥善保管。会计电算化形成的大部分会计档案虽然物理介质发生了变化，但其信息资料需同手工会计系统一样加以保存。

（4）都要编制会计报表。会计报表是企业财务状况与经营成果的综合反映，也是国家实现宏观经济管理的依据之一。会计电算化应当同手工会计一样编制出符合要求的会计报表。

（5）都要遵循基本的会计理论与会计方法。会计理论是会计学科的结晶，会计方法是会计工作的总结。会计电算化会引起会计理论与方法的变革，但是建立会计电算化系统应当遵循基本的会计理论与方法，否则将导致系统研制的失败。

（6）会计数据处理技术的基本功能相同。从数据处理的角度来讲，会计电算化与手工核算都应具备五个方面的基本功能：数据的采集与输入、数据的存储、数据的加工、数据的传输、数据的输出。

2. 区别

（1）工具不同。手工核算使用的工具是算盘、电子计算器或一些相关的机械设备。会计电算化使用的工具是电子计算机，数据处理过程由电子计算机完成。

（2）信息载体不同。手工核算的所有信息都以纸张为载体，占用空间大，保管不易，查找困难。会计电算化除必要的会计凭证、账簿、报表之外，均可用光盘、磁盘、磁带等材料作为信息载体，占用空间小，查找方便，保管容易。

（3）记账规则不同。手工核算规定日记账、总账要用订本式账册，明细账可用订本式或活页式账册；账簿记录的错误要用画线法或红字冲销法、补充登记法更正；账页中的空行、空页画红线注销等。会计电算化打印输出的账页是折叠或卷带状的，与手工的账簿明显不同。会计电算化不可能完全采用手工系统改错的方法，比如电算化环境下不存在画线更正法。为了保证审计的追踪线索不致中断，有关会计电算化的法规规定：凡是已经记账的凭证数据不能更改，只能采用红字冲销法和补充登记法更正，以便留下改动痕迹。

（4）账务处理程序不同。手工核算的账务处理程序主要有四种，但是都避免不了重复转抄与重复计算的根本弱点，随之而来的是人员与环节的增多和差错的增多。会计电算化的账务处理程序有两种方案。按目前的开发水平，可采取第一方案，即基本上按手工核算的方式进行移植，但过程却发生了变化，且允许同时采用多种核算形式。

（5）会计工作组织体制不同。在手工系统下，会计部门一般分为若干会计工作，如工资、材料、固定资产、成本等岗位，进行专门的业务核算，设专人负责记账、编制报表工作。在会计电算化中，会计工作岗位的划分已经发生了根本的改变，如设置了数据录入、审核、维护等岗位。

（6）人员构成不同。手工核算下的人员均是会计专业人员，会计电算化中的人员将由会计专业人员、计算机软件人员、硬件人员及操作人员组成。

（7）内部控制方式不同。在会计电算化中，原来的内部控制方式部分地被取消或改变。如原来通过账证核对、账账核对、账表核对的控制方式，基本上已经不复存在，代之以更加严密的输入控制；又如除保留了签字、盖章等控制外，还增设了权限控制、时序控制等。

（五）会计电算化对账务处理程序的影响

汇总记账凭证账务处理程序与科目汇总表账务处理程序，都是由于记账凭证账务处理程序"过账量较大"而设计和使用的简化账务处理程序。但是，这种"简化"也不同程度地掩盖了总账中账户与账户的对应关系，不便于查对账目和分析经济业务的来龙去脉。事实上，在所有账务处理程序中，记账凭证账务处理程序是最简单明了、易于理解的，账务处理结果最能清晰反映经济业务发生的"原生态"，便于查账、对账。只是在手工核算条件下，由于过账量较大而不得不改造为其他的账务处理程序。

在会计电算化环境中，"过账量较大"的问题已经不存在，会计人员在录入记账凭证之后，过账工作由计算机自动完成。记账凭证账务处理程序简单明了、易于理解，便于查账、对账，而多栏式日记账账务处理程序能较好地反映货币资金的运动情况，加强了对货币资金的掌控，所以在电算化环境中记账凭证账务处理程序以及多栏式日记账账务处理程序是主要的账务处理程序。

二、会计电算化环境下会计账务处理程序

会计电算化环境下，会计账务处理程序有了一定的改变，其流程如下：

(一)根据原始凭证或汇总原始凭证填制记账凭证

在电算化环境下，这一步骤又可以分为如下四种不同的完成方式：

(1)根据取得的纸质原始凭证，手工编制记账凭证后录入计算机；

(2)利用高清扫描仪扫描原始票据，然后用光学字符识别(OCR)技术对扫描所得图像进行识别，提取图片中的关键字段信息，生成记账凭证数据；

(3)根据业务模块中的业务内容生成原始凭证，传输进入会计信息系统，会计人员直接在计算机上编制记账凭证；

(4)从业务模块获取业务详情，形成原始凭证，根据设定的规则，在业务模块自动生成记账凭证，传输进入会计信息系统。

(二)审核凭证

在电算化环境下，凭证审核是由负责审核的会计人员对计算机已生成的记账凭证进行审查，对审查通过的记账凭证作审核确认。会计核算软件可根据审核情况进行自动控制，已通过审核的凭证，不能再由凭证录入人员进行修改。未通过审核的凭证，不能进行记账。审核只是对记账凭证做审核标志，不产生新的会计核算数据。

(三)记账

在电算化环境下，记账是由有记账权限的人员，通过记账功能发出指令，由计算机按照记账程序自动进行的。电算化中记账有以下特点：

(1)记账是一个功能项，由计算机自动完成账簿登记。

(2)同时登记总账、明细账和日记账。

(3)各种会计账簿的数据都来源于记账凭证数据，记账只是对记账凭证做记账标记，不产生新的会计核算数据。同样记账完成后查看账簿只是一个数据检索和呈现的过程，并没有生成新的数据文件。

(四)核对账簿和结账

在手工会计核算流程中，对账和结账是两个重要的工作环节，结账前要进行相关账簿的核对，工作量大且复杂；在电算化会计核算中，通过一次性预先定义账户之间的数据对应关系和账户结转关系，对账和结账作为两个步骤由计算机在短时间内同时自动完成。

(五)编制会计报表

在手工核算流程中，会计报表的取数通过手工查阅相关账簿完成，并且每期的会计报表取数方式和数据来源都是一样的，因此，相对于上期的会计报表，本期只是从同一个账户的不同期间里头取数，数据是新的，而取数的过程是重复而烦琐的工作。在会计电算化情况

下，预先定义取数公式，报表编制的过程由计算机根据取数公式自动获取数据，生成报表，取数这个烦琐、重复且易出错的工作，由计算机完成。

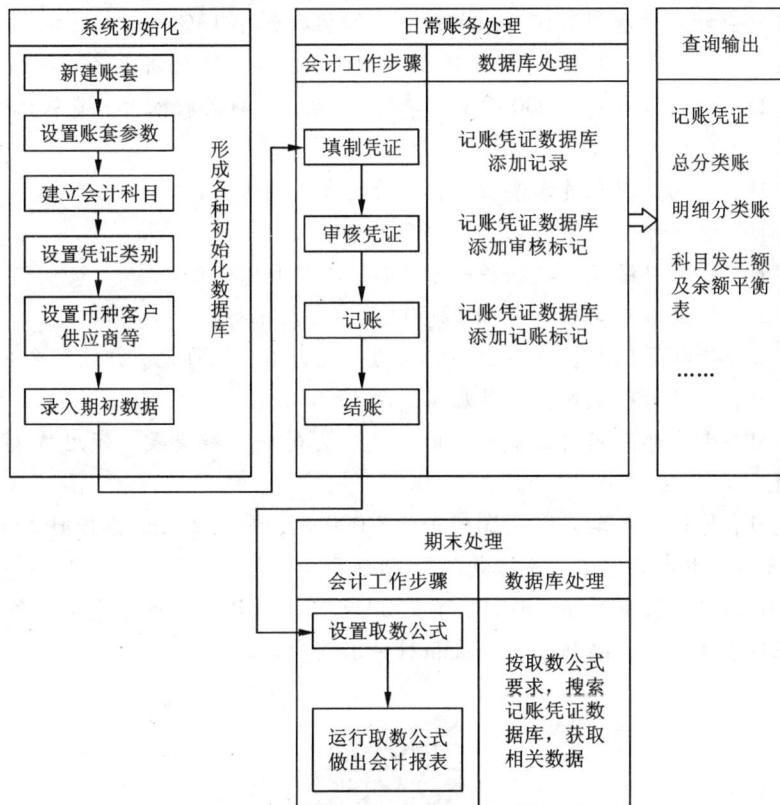

图 7-6　会计电算化环境下账务处理流程

复习思考题

1. 什么是会计账务处理程序？常用会计账务处理程序有几种？各有什么特点？
2. 记账凭证账务处理程序的核算流程是什么？
3. 汇总记账凭证账务处理程序与科目汇总表账务处理程序的核算要求有什么区别？各自适用于什么样的企业？
4. 试述确定账务处理程序的要求。
5. 试述日记总账账务处理程序的优缺点及适用范围。
6. 试述会计电算化与手工账务处理的联系与区别。

练习题

【目的】练习会计分录和科目汇总表的编制，增值税税率13%。

【资料】某企业在202×年12月1日到12月10日发生如下经济业务：

1.12月1日，购入A材料1 000千克，单价10元，材料验收入库，货款已通过银行转账支付。

2.12月2日，行政管理人员李某出差，预借现金1 500元。

3.12月3日，管理部门以现金购买办公用品800元。

4.12月3日，公司以银行存款购买一项设备，单价6 000元。

5.12月4日，收到B公司归还款项12 500元，存入银行。

6.12月4日，行政管理人员李某出差回来报销差旅费1 420元，归还现金80元。

7.12月6日，以银行存款支付本月应付薪酬62 000元。

8.12月6日，生产部门领用A材料500千克，公司一工程需要，领用A材料200千克，材料单价10元。

9.12月7日，计提生产车间固定资产折旧3 000元，管理部门设备折旧2 000元。

10.12月8日，甲产品完工，结转成本30 000元。

11.12月10日，销售甲产品200件，单价20元，收到B公司开来支票，存入银行。

【要求】根据上述业务，编制会计分录和科目汇总表。

第七章复习思考题及
练习题答案

第八章

财产清查

　　财产清查是会计核算的一种方法，本章阐述财产清查的基础知识。学习本章，可以了解财产清查的意义和种类，明确财产清查前的准备工作和财产物资盘存制度，掌握财产清查的方法以及对财产清查结果的处理。

第一节　财产清查概述

一、财产清查的概念

　　财产清查，即财产检查，是指通过对货币资金、实物资产和往来款项的盘点和核对等，确定其实存数量与价值，从而查明其账面记载与实存数量、金额是否相符的会计核算方法。既包括对资产项目的清查，也包括对部分负债项目的清查。

　　我国《会计法》规定：各单位应当定期将会计账簿记录与实物、款项及有关资料相互核对，保证会计账簿记录与实物及款项的实有数相符。

　　为了正确掌握各项财产的真实情况，必须在账簿记录的基础上运用财产清查这一会计方法，对本单位的资金、实物及款项进行定期或不定期的检查，使账簿记录与资金、实物及款项实存数额相符，以确保会计资料的真实性。

二、财产清查的意义

　　企业、机关、事业单位的财产物资，在业务经营及管理过程中存在收发商品的数量、金额错误，检验计量不准等原因，会发生账实不符的现象。这不仅影响会计信息质量，也会给单位带来不必要的损失。

实际工作中可能存在各种因素会导致财产物资的变动，以致结存的实际情况与账簿记录不完全一致，从而出现账实不符的情况。例如：在收发财产物资时，由于计量、检验不准确而发生品种、数量或质量上的差错；在凭证和账簿中，出现漏记、重记、错记或计算上的错误；财产物资在保管过程中发生了自然损耗；由于结算凭证传递不及时而造成了未达账项；由于管理不善或工作人员失职而发生了财产物资的损坏、变质或短缺；由于不法分子的营私舞弊、贪污盗窃而发生了财产物资损失；由于自然灾害或意外事故造成了财产物资损失，等等。

上述原因都会影响到账实的一致性与真实性。因此，财产清查既是一种会计核算方法，也是一项财产管理手段。对各项资金、实物及款项进行定期或不定期的核对与盘点，具有十分重要的意义。

（一）保护财产的安全与完整

通过财产清查，可以查明企业各项财产物资的保管情况是否良好，有无因管理不善等原因造成的霉烂变质、损失浪费，或者被非法挪用、贪污盗窃的情况，以便采取有效措施，改善管理，切实保障各项财产物资的安全完整。

（二）保证会计信息的真实性

通过财产清查，可以查明企业各项财产物资的实有数量，确定实有数量和账面数量之间是否存在差额，查明差额产生的原因并明确其责任，以便采取有效措施，消除差错，改进工作，从而保证账实相符，提高会计信息的准确性。

（三）挖掘财产物资潜力，提高其使用效率

通过财产清查，可以查明各项财产物资的库存和使用情况，合理安排生产经营活动，充分利用各项财产物资，加速资金周转，提高资金使用效率。对储备不足的，应予以补充，确保生产需要；对超储、积压呆滞的财产物资，应及时处理，防止盲目采购和不合理的积压，以便充分挖掘物资潜力，加速资金周转，提高资金使用效率，提高经济效益。

（四）保证财经纪律和结算制度的执行

通过对财产、物资、货币资金及往来款项的清查，可以查明单位有关业务人员是否遵守财经纪律和结算制度，有无贪污盗窃、挪用公款的情况；评价各项资金使用是否合理，是否符合政策和法规，从而保证工作人员自觉地遵纪守法、维护财经纪律。

三、财产清查的种类

财产清查可按不同标准进行分类：

（一）按清查范围分类

财产清查按其清查范围不同，可分为全面清查和局部清查。

1.全面清查

全面清查是对属于本单位的全部财产物资进行的清查。其具体对象包括：库存现金、银行存款等各种货币资金，存货、固定资产等实物资产，应收预付款、预收应付款等各种往来结算款项等。

2.局部清查

局部清查也称重点清查，是根据管理需要对部分财产进行的清查和核对。其具体对象通常包括流动性较大的材料物资和货币资金，也包括因特定目的而清查的特定财产、货币资金和债权债务等。一般来说，各种贵重物资每月至少清查一次，库存现金天天核对，银行存款要定期取得银行对账单进行逐笔核对。

3.适用范围

（1）全面清查范围广、内容多、工作量大，不宜经常进行。一般在年终决算前，或者单位发生撤销、合并、重组、股份制改造、单位主要负责人变动等事项时，应当进行全面清查。

（2）局部清查的范围小，涉及的财产物资和人数都比较少，可根据需要灵活进行。例如，对库存现金，出纳人员应每日清点一次；对于银行存款，要根据银行对账单每月至少核对一次；存货和贵重物资，每月应盘点一次。

（二）按清查时间分类

财产清查按其清查时间不同，分为定期清查和不定期清查。

1.定期清查

定期清查是指根据管理制度的规定和预先计划的安排进行的财产清查。定期清查的范围不确定，可以是全面清查（如年终决算前进行的清查），也可以是局部清查（如月末、季末对货币资金和贵重物资进行的清查）。

2.不定期清查

不定期清查是根据需要进行的临时性清查，也称临时清查。不定期清查可以是全面清查，也可以是局部清查。一般来说，如果更换出纳人员和仓库保管员，单位发生撤销、合并、重组等事项，或者发生贪污盗窃、营私舞弊等事件，或者发生自然灾害、意外事故导致财产毁损，应根据实际情况的需要进行财产清查。

定期清查，不但使财产清查工作制度化，也能很好地协调好企业各相关部门的配合工作，使清查工作实现良好的效果。不定期清查由于具有不可预见性，更能有效保证财经纪律和结算制度的执行。

四、财产清查的一般程序

不同目的的财产清查，应按不同的程序进行，但就其一般程序来说，主要包括以下三个步骤。

（一）成立清查组织

（1）成立财产清查小组。一般由会计部门、财产保管部门以及使用部门人员组成。

（2）组织清查人员学习有关政策规定，掌握有关法律、法规和相关业务知识，以提高财产清查工作的质量。

（二）业务准备工作

（1）制定财产清查计划，确定清查对象、范围，配备清查人员，明确清查任务。

（2）会计部门将总账、明细账等有关资料登记齐全，核对正确，结出余额。

（3）保管部门对所保管的财产物资及账簿、账卡挂上标签，标明品种、规格和数量，以备查对。

（4）准备好各种计量器具和有关清查登记用的表册。

（三）实施财产清查

清查人员根据清查对象的特点，依据清查的目的，采用相应的清查方法，实施财产清查。

需要特别指出的是，现代意义上的财产清查，不仅包括资产实存数量和质量的检查，还应包括资产价值量的测定，并关注资产是否发生减值等情况。

第二节　财产清查的方法

一、财产清查的准备工作

财产清查是一项非常复杂细致的工作，它不仅是会计部门的一项重要任务，而且是各个财产物资经营部门的一项重要职责。为了妥善做好财产清查工作，使它发挥应有的积极作用，必须在清查前，特别是全面清查以前，协调各方面力量，做好充分准备，成立清查组织。

财产清查之前的业务准备工作具体包括以下三方面：

（一）会计部门的准备工作

应在财产清查之前，将有关账簿登记齐全，结出余额，做好账簿准备，为账实核对提供正确的账簿资料。会计人员要做好账簿的登记工作，做到账账相符、账证相符。

（二）财产物资的保管使用等相关业务部门的准备工作

应登记好所经管的全部财产物资明细账，并结出余额。将所保管以及所用的各种财产物资归位整理好，贴上标签，标明品种、规格和结存数量，以便盘点核对。

（三）财产清查组织及人员的准备工作

准备好各种计量器具和清查登记用的清单、表格等。通常有"实存账存对比表"、"未达账项登记表"、"盘存单"、"财产物资清查盈亏明细表"、"库存现金盘点报告表"、"银行存款余额调节表"、"往来款项清查报告单"，以便将盘点结果填入准备好的各种表格，作为调整账面记录的原始凭证和对账记录。

在完成以上各项准备工作以后，清查人员应依据清查对象的特点、预先确定的清查目的，采用合适的清查方法实施财产清查和盘点。

二、财产物资盘存制度

财产清查的重要环节是盘点财产物资的实存数量。为使盘点工作顺利进行，应建立一定的盘存制度。一般来说，财产物资的盘存制度有两种，即永续盘存制和实地盘存制。企业可根据经营管理的需要和财产物资品种的不同，分别采用不同的方法，以达到弄清账实、查明原因、提高经营管理水平的目的。

1. 永续盘存制

永续盘存制又称账面盘存制。它是指平时对各项实物财产的增减变动，依据会计凭证连续登记明细账，随时结算出其账面结存数量及余额的一种盘存方法。采用这种盘存方法，需按实物财产的项目设置数量金额式明细账并详细记录，以便及时地反映各项实物财产的收入、发出和结存的情况。

2. 实地盘存制

实地盘存制又称定期盘存制，也叫以存计销制或依存计耗制。它是指平时只在账簿记录中登记各项实物财产的增加数，不登记减少数，期末通过实物盘点来确定其实有数并根据"期初结存＋本期增加数－本期实存数＝本期减少数"以倒轧出本期实物财产减少数的一种盘存方法。

3. 两类财产物资盘存制度比较

永续盘存制实现记账与财产清查两类核算方法的有效钩稽，从而保证财产安全、信息可靠和财经纪律的有效执行。实地盘存制将记账与财产清查结合进行业务核算，简化了核算工作，同时也形成了一定的"核算隐患"。由于财产物资的种类繁多，占用形态各异，对实物、货币资金、往来款项等应采取不同方式进行清查。

三、财产物资的清查方法

对于企业不同的财产物资，清查方法也有所不同。如库存现金、实物资产主要进行实物盘点，而银行存款及往来款项则采用对账清查。

（一）库存现金的清查

库存现金采用实地盘点法进行清查，即通过盘点现金的实有数，然后将实存数与现金日记账的账面余额进行核对，以查明现金是否账实相符及长短情况。对现金收支，出纳人员每天都需要进行清查，单位组织定期或不定期的专门清查。每天业务终了，出纳员应将现金日记账的账面余额与实存数进行核对，做到账实相符；清查小组清查前，出纳员应将现金收、付款凭证全部登记入账，并结出账面余额。清查小组清查时，出纳员必须在场，并由出纳员将现钞逐张清点，清查人员还应认真审核收付款凭证，注意有无违反现金管理制度的情况（如白条抵库、超额存储和坐支现金等）。盘点完成后，应填制现金盘点报告表，并由清查人员、出纳员签章。现金盘点报告表兼有盘存单和账存实存对比表的作用，是证明现金实有数额的重要原始凭证，也是查明账实不符原因和据以调整账簿记录的重要依据，如表8－1所示。

表 8 - 1　库存现金盘点报告表

单位名称：　　　　　　　　　　　　　　　　　　　　　　　　　　　202×年×月×日

实存金额	账存金额	对比结果		备注
		盘盈	盘亏	

盘点人（签章）：　　　　　　　　　　　　　　　　　　　　　出纳员（签章）：

企业持有的有价证券主要包括：国家债券、金融债券、公司债券、公司股票、基金等。其清查方法与现金相同。

（二）实物资产的清查

实物资产的清查主要包括存货（如原材料、在产品、库存商品、半成品、周转材料等）和固定资产的清查，清查时主要从数量上进行。实物资产具有种类繁多、数量大、储存情况复杂、计量单位不统一等特点，在清查时往往需要结合实际情况，合理选择清查范围，针对不同的清查对象，选用不同的清查方法。实物资产的清查方法最常用的有实地盘点法和技术推算法。

1. 实地盘点法

实地盘点法是指通过对期末库存存货的实物盘点，确定期末存货实有数的方法。

2. 技术推算法

技术推算法是按照一定标准推算出其实有数的一种方法。这种方法适用于堆垛量很大、不便一一清点、单位价值又比较低的实物的清查。如露天堆放的煤、砂石等大宗物资就可以采用技术推算法。使用这种方法时，必须做到测定标准重量比较准确，整理后的形状符合规定要求。只有这样，计算出的实际数额才能接近财产物资实存数。

为了明确经济责任，在进行实物资产清查盘点时，实物保管人员必须在场。对各项财产物资的盘点结果，应逐一填制盘存单（如表 8 - 2 所示），由盘点人员和实物保管人员共同签章，并同账面余额记录核对，确认盘盈盘亏数，填制实存账存对比表，作为调整账面记录的原始凭证。

表 8 - 2　盘存单

单位名称：　　　　　　　　　　　　　　　　　　　　　　　　　　　　编号：

盘点时间：　　　　　　　　　　财产类别：　　　　　　　　　　存放地点：

编号	名称	计量单位	数量	单价	金额	备注

盘点人签章：　　　　　　　　　　　　　　　　　　　　　实物保管人签章：

盘存单是记录实物盘点结果的书面文件，也是反映资产实有数量的原始凭证。为了进一步查明盘点结果同账户余额是否一致，还应编制实存账存对比表，格式如表 8 - 3 所示。

表8-3　实存账存对比表

单位名称：　　　　　　　　　　年　　月　　日

编号	类别及名称	计量单位	单价	实存		账存		对比结果				备注
								盘盈		盘亏		
				数量	金额	数量	金额	数量	金额	数量	金额	

主管人员：　　　　　　　　　会计：　　　　　　　　　制表：

（三）银行存款的清查

银行存款采用与银行对账的方法进行清查。清查前，先检查本单位银行存款日记账记录的正确性与完整性，然后将银行对账单与本单位的银行存款日记账逐笔核对，以查明银行存款的收入、支出和结余的记录是否正确。即将单位登记的银行存款日记账与银行送来的对账单逐笔核对增加额和同一日期的余额。通过核对，往往发现双方余额不一致。其主要原因：一是双方账目可能发生不正常的错账、漏账；二是正常的未达账项，即一方已经入账，另一方由于凭证传递时间影响没有入账的款项。对于查出的错账、漏账，需及时查清并更正；对于未达账项，则应在核实无误后编制银行存款余额调节表，以检查双方账目的一致性。

1. 未达账项

未达账项，包括以下四种情况：

（1）企业送存银行的款项，企业已作为存款增加入账，但银行尚未入账（企业已收、银行未收）；

（2）企业开出支票或其他付款凭证并已作为存款减少入账，但银行尚未付款也未入账（企业已付、银行未付）；

（3）银行代企业收入的款项，银行已作为企业存款增加入账，但企业尚未收到通知，未入账（银行已收、企业未收）；

（4）银行代企业支付的款项，银行已作为企业存款减少，但企业尚未收到通知，未入账（银行已付、企业未付）。

2. 编制银行存款余额调节表

在企业银行存款日记账余额和银行对账单余额的基础上，各自补记对方已入账而本单位尚未入账金额，然后验证经过调节的双方余额是否相等。如果调节后的余额相等，则一般说明企业与银行的记账没有差错。调节后余额是企业目前银行存款的实有数。如若不等，则表明一方或双方记账有错误，应进一步核对，及时查找原因，并按照错账更正方法予以更正。

3. 对未达账项的调整方法

（1）余额调节法。余额调节法又称补记式余额调节法，是指编制调节表时在开户行和企业现有银行存款余额基础上，各自补记对方已入账而自己未入账的款项，然后检查经过调节后的账面余额是否相等的方法。用公式表示如下：

企业银行存款日记账余额＋银行已收入账企业尚未入账账项－银行已付入账企业尚未入

账账项 = 企业银行存款日记账调节后余额

银行对账单余额 + 企业已收入账银行尚未入账账项 – 企业已付入账银行尚未入账账项 = 银行对账单调节后余额

调节完成之后比较"企业银行存款日记账调节后余额"和"银行对账单调节后余额",若两者相等,说明原企业日记账余额与银行对账单余额不相等是由于未达账项引起的,企业和银行没有记账错误;若两者不相等,说明剔除了未达账项这一影响因素之后,还是有企业或者银行某一方甚至于双方都有记账错误,则需要进一步查明错误所在。

【例8-1】 202×年1月31日企业银行存款日记账月末余额为40 000元,银行对账单余额为35 000元。经逐笔核对,发现下列未达账项:

①银行代企业支付水电费5 000元,而企业未收到付款通知;

②企业开出现金支票2 000元,已登记入账,但持票人未到银行支取现金;

③银行代企业收回货款50 000元并登记入账,但企业未收到收款通知;

④企业收到转账支票一张,计52 000元,已登记入账,而银行尚未入账。

从企业的角度来讲,第1项未达账项属于银行已付但企业未付的情况,应该调减企业银行存款日记账;第3项未达账项属于银行已收但是企业未收的情况,应该调增企业银行存款日记账。从银行的角度来讲,第2项未达账项属于企业已付但银行未付的情况,应该调减银行对账单;第4项未达账项属于企业已收但银行未收的情况,应该调增银行对账单。

表8-4 银行存款余额调节表

202×年1月31日   单位:元

项目	金额	项目	金额
企业银行存款日记账余额	40 000	银行对账单余额	35 000
加:银行已收、企业未收	50 000	加:企业已收、银行未收	52 000
减:银行已付、企业未付	5 000	减:企业已付、银行未付	2 000
调节后余额	85 000	调节后余额	85 000

由此可见,经过对未达账项进行调整之后,得出的调节后企业银行存款日记账余额和调节后银行对账单余额相等,说明最初核对的不相等是由于未达账项引起的,不必进一步深究。

上述清查方法也适用于银行借款。

(2)差额调节法。差额调节法是根据未达账项对双方银行存款金额的影响数额进行调节的。其公式如下:

银行对账单余额 – 企业银行存款日记账余额 = 企业未达账项影响的差额 – 银行未达账项影响的差额

使用该公式对上述例子计算如下:

$$35\ 000 - 40\ 000 = -5\ 000(元)$$
$$(50\ 000 - 5\ 000) - (52\ 000 - 2\ 000) = -5\ 000(元)$$

该例中等式两边的差额相等,说明最初核对的不相等是由于未达账项引起的。

212

需要注意的是，编制银行存款余额调节表的目的，只是为了检查账簿记录的正确性，并不是要更改账簿记录，对于银行已经入账而本单位尚未入账的业务和本单位已经入账而银行尚未入账的业务，均不做账务处理，待以后业务凭证到达后，再作账务处理。对于长期搁置的未达账项，应及时查阅凭证和有关资料，查明原因，及时和银行联系，予以解决。

（四）往来账项的清查

往来账项主要包括应收、应付、预收、预付等款项，其清查采用同对方单位核对账目的方法。往来账项清查的流程是：

（1）首先确定本单位的往来款项记录准确无误，总分类账与明细分类账的余额相等，各明细分类账的余额相符。

（2）在保证本单位账簿记录正确、完整的情况下，编制往来款项对账单，通过信函、电函、面询等多种方式，请对方企业核对，确定各种应收、应付款的实际情况。对账单应按明细账户逐笔摘抄，一式两联，其中一联交对方单位核对账目，另一联作为回单联。对方单位核对后将回单联盖章退回本单位；如果发现双方账目不相符，应在回联单上注明，以便进一步查对。

（3）收到回单以后，要据以编制往来款项清查表（格式如表8－5所示），由清查人员和记账人员共同签名盖章。注明核对相符与不相符的款项，对不相符的款项按有争议、无法收回等情况归类，并针对具体情况及时采取措施予以解决。

表8－5　往来账项清查表

总分类账户名称：　　　　　　　　202×年×月×日

明细分类账户		清查结果		核对不符原因分析			备注
名称	账面余额	核对相符金额	核对不符金额	未达账项金额	有争议款项金额	其他	

依据往来账项的清查结果，要及时催收该收回的账款，偿还该偿付的账款，对呆账也应及时审批处理。

第三节　财产清查结果处理

一、财产清查结果处理的基本要求

企业进行财产清查以后，通常都能发现会计工作、财产物资管理工作上存在的问题。如何妥善处理好这些问题是财产清查工作的主要目的之一，也是财产清查发挥积极作用的最终体现。对于财产清查的结果进行处理，不应当只着眼于账务处理，仅仅做到账实相符，更重要的是要提出改进财产物资管理的措施，充分实现会计的管理职能。所以财产物资清查结果的处理应该包括以下几方面要求：

（一）分析账实不符的原因和性质，提出处理意见

通过财产清查所确定的清查资料和账簿记录之间的差异，应认真查明其性质和原因，明确经济责任，提出处理意见，按照相关规定程序进行审批处理。

（二）及时调整账簿记录，保证账实相符

财会部门对于财产清查中发现的差异以及对差异的处理，应及时进行账簿记录的调整，以做到账实相符；应积极处理多余积压财产，清理往来款项。

（三）总结经验教训，建立健全各项管理制度

财产清查后，针对所发现的问题和缺点应当认真总结经验教训。同时，要建立和完善以岗位责任制为中心的财产管理制度，进一步加强财产管理。

二、财产清查结果处理的步骤

为了记录、反映财产的盘盈、盘亏和毁损情况，应设置"待处理财产损溢"账户。"待处理财产损溢"账户是资产类账户，用来核算企业在清查财产过程中查明的各种财产物资的盘盈、盘亏和毁损情况（符合小企业标准的小企业按照《小企业会计准则》的规定不设置"待处理财产损溢"账户，对清查结果直接进行处理）。

盘亏或毁损的资产，在期末结账前尚未经批准处理的，在对外提供财务会计报告时应按上述规定进行处理，并在会计报表附注中做出说明；如果其后批准处理的金额与已处理的金额不一致，应按其差额调整会计报表相关项目的年初数。

（一）审批之前的处理

根据清查结果报告表、盘点报告表等已经查实的数据资料编制记账凭证、记入有关账簿，使账簿记录与实际盘存数相符，同时根据企业的管理权限将处理建议报股东大会或董事会、经理（厂长）会议或类似机构批准；同时，对于发生的财产损失应及时向主管税务机关申请备案确认。

（二）审批之后的处理

审批以后，会计人员应根据发生差异的原因和审批处理意见以及相关准则制度的要求，编制记账凭证、记入相关账簿，保证账簿记录的完整性和准确性。

三、财产清查结果的会计核算

企业盘亏的实物财产，应先通过"待处理财产损溢"账户核算，同时要及时查明原因写出书面报告，并根据企业的管理权限，经股东大会或董事会批准后，在期末结账前处理完毕。盘亏的固定资产，在扣除由过失人或者保险公司等的赔款和残料价值之后的净损失应计入当期营业外支出。盘盈的固定资产,作为前期差错更正处理,通过"以前年度损益调整"账户核算。盘亏的流动资产如存货,视具体情况进行处理,有责任人或者有保险的,向责任人或保险公司追偿;属于自然损耗或计量误差,计入企业管理费用。盘盈的流动资产,冲减企业管理费用。

1.盘盈的会计处理

(1)存货或现金等流动资产盘盈的,一般应冲减管理费用;

(2)固定资产盘盈,应作为前期差错,增加以前年度损益调整。

【例8-2】 西方公司经财产清查,发现盘盈A材料3 200吨。经查明是由于计量上的错误所造成的,按计划成本每吨2元入账。不考虑相关税费,西方公司会计处理如下:

批准前:

借:原材料　　　　　　　　　　　　　　　　6 400

　　贷:待处理财产损溢　　　　　　　　　　　　　6 400

批准后:

借:待处理财产损溢　　　　　　　　　　　　6 400

　　贷:管理费用　　　　　　　　　　　　　　　　6 400

2.盘亏的会计处理

(1)属于定额内损耗部分,计入管理费用;

(2)人为原因造成的财产毁损,应由责任人赔偿,计入其他应收款;

(3)自然灾害和意外事故造成的损失,计入营业外支出。

【例8-3】 东方公司在财产清查中,盘亏设备一台,原值为80 000元,已提折旧50 000元。经查明,应由过失人赔偿5 000元,已批准进行处理。不考虑相关税费,东方公司会计处理如下:

盘亏固定资产时:

借:待处理财产损溢　　　　　　　　　　　　30 000

　　累计折旧　　　　　　　　　　　　　　　50 000

　　贷:固定资产　　　　　　　　　　　　　　　　80 000

批准后处理:

借:其他应收款　　　　　　　　　　　　　　5 000

　　营业外支出　　　　　　　　　　　　　　25 000

　　贷:待处理财产损溢　　　　　　　　　　　　　30 000

无法收回的非股东应收款项,应冲减坏账准备。

确实无法支付的应付账款,直接计入营业外收入。

特别注意:日常发生的待处理财产损溢,必须在年报编制前处理完毕。待处理财产损溢项目不得出现在资产负债表中。

复习思考题

1.财产清查的目的与意义是什么?

2.永续盘存制与实地盘存制有什么区别?两者的适用条件和优缺点各是什么?

3.造成企业账实不符的原因有哪些？

4.什么是未达账项？有哪些表现形式？

5.往来账项应如何清查？

练习题

【目的】练习如何处理盘亏设备。

【资料】乙企业的副厂长张明，将企业的一台闲置设备私自借给朋友使用，未办理任何手续。清查人员在年底盘点时发现盘亏了一台设备，原值为30万元，已经计提折旧6万元，净值为24万元。经查属张副厂长所为。于是，派人向借方追索。但借方声称，该设备已经被人偷走。当问及张副厂长对此处理意见时，张明建议按正常报废处理。

【要求】

1.盘亏的设备按正常报废处理是否符合会计制度要求？

2.企业应怎样正确处理盘亏的固定资产？

第八章复习思考题及
练习题答案

第九章

财务报告

本章学习要求

　　财务报告是会计核算的最终成果。本章主要要求了解财务报告的概念和作用，明确财务报告的分类和编制财务报告的要求，掌握编制财务报告的方法，对会计资料进行分析运用。

第一节　企业财务报告概述

　　企业财务报告是指企业对外提供的反映企业某一特定日期财务状况和某一会计期间的经营成果、现金流量及其他会计信息的报告文件。

一、财务报告的作用

　　(1)从投资者的角度来看，通过财务报告所提供的信息，可以了解企业过去和当前的财务状况、经营成果以及现金流量，评价企业经营者受托责任的履行情况，预测企业未来的盈利能力，并作为投资决策的依据。

　　(2)从债权人的角度来看，通过财务报告了解企业的资金使用情况和资本结构，并评估企业的短期偿债能力、长期偿债能力以及财务风险程度，以便更好地做出有关商业信用、信贷和赊销的决策。

　　(3)从国家经济监管部门的角度来看，通过财务报告可以了解企业的经营情况及财务状况，对企业实行经济监督，检查企业税金的计算和缴纳、资金的筹集和使用、利润的形成和分配等是否符合国家相关法律规定，以便更好地发挥国家各类各级经济部门的监督职能，同时可以在一定范围内反映国民经济计划的执行情况，为国家加强宏观调控提供依据，促进国民经济稳定健康发展。

　　(4)从企业管理层的角度来看，通过财务报表提供的信息，可以了解企业财务状况的变动、经营成果的实现情况以及现金流量的变化，从而分析企业目前资本结构的合理性以及未来的收益前景，指导企业制定良好的短期和长期财务策略，不断提高经济效益，增加企业价值。

（5）从企业员工的角度来看，代表工人利益的工会通过财务报告提供的信息，可以更好地发挥主人翁的作用，了解企业的经营状况，从各方面提出改进建议，提高企业经济效益。同时关注企业是否有能力提升工资和额外福利等。

二、财务报告的构成

我国财政部 2006 年 2 月颁布的《企业会计准则第 30 号——财务报表列报》中规定，财务报告包括资产负债表、利润表、现金流量表、所有者权益变动表及附注。

（一）财务报表

财务报表是财务报告的主体和核心，它是企业将所有已发生的经济活动和财务收支，根据会计准则确认为会计要素后再确认为报表项目而形成的。财务报表主要包括资产负债表、利润表、现金流量表、所有者权益变动表。这些财务报表相互联系，从不同角度向财务报告使用者提供与企业财务状况、经营成果和现金流量相关的信息。

（二）财务报表附注

财务报表附注是对财务报表的补充说明，也是财务报告的重要组成部分。财务报表附注是指对财务报表中列示项目的进一步描述和说明，以及对未能在这些财务报表中列示的项目的说明等。详细内容见本章第六节。

三、财务报告的分类

财务报表可以根据不同标准进行分类。

（一）按财务报表反映的经济内容分类

按财务报表反映的经济内容不同，可以分为静态报表和动态报表。静态报表是指反映某一特定日期企业资产、负债及所有者权益等财务状况的报表，如资产负债表；动态报表是指反映某一特定期间内企业经营成果或现金流入流出情况的报表，如利润表、现金流量表和所有者权益变动表。

（二）按财务报表的服务对象分类

按财务报表的服务对象不同，可以分为外部财务报表和内部财务报表。外部财务报表主要包括资产负债表、利润表、现金流量表、所有者权益变动表及财务报表附注，通常有统一的格式和编制方法，并根据国家规定进行编制和对外报送。内部财务报表是指企业根据经营管理需要自行编制的财务报表，其内容、格式和编制方式等均可由企业自行规定，且不需对外公布。

（三）按财务报表的编制时间分类

按财务报表的编制时间不同，可以分为年度财务报表和中期财务报表。年度财务报表简称年报，中期财务报表是年报以外财务报表的统称，是指以短于一个完整会计年度的报告期

间为编制基础的财务报表，包括月报、季报、半年报等。一般来说，资产负债表和利润表，均报送中期财务报表和年度财务报表；现金流量表、所有者权益变动表、财务报表附注及各种有关附表均为年度财务报表。

(四)按财务报表的编制单位分类

按财务报表的编制单位不同，可以分为个别财务报表和合并财务报表。个别财务报表是指独立核算的企业编制的只反映本企业财务状况、经营成果以及现金流量等情况的财务报表。合并财务报表是指由母公司根据自身及全部子公司的个别财务报表编制的反映企业集团财务状况、经营成果及现金流量的财务报表。

四、财务报告的编制要求

(一)数字真实

企业应当以实际发生的经济业务为依据，根据真实、完整的会计资料，如实反映企业的真实情况。为确保财务报告所提供的信息客观可靠，企业不能弄虚作假，随意编制，不得带有个人主观色彩。编制财务报告主要依据准确无误的账簿记录，因此在编制财务报告前，首先要保证按期结账并认真对账和进行财产清查。按期结账就是按照规定的结账日将所有已经发生的收支、费用及其他各种经济活动事项登记入账，并结出有关账簿的发生额和余额。认真对账和进行财产清查是指在编制财务报告之前，要仔细进行审查和核对并对有关财产物资进行盘点和清查，以保证账证相符、账账相符、账实相符。同时检查相关的会计核算是否按照国家统一会计制度的规定进行。

(二)内容完整

企业必须按照会计制度统一规定的报表种类、格式和内容来编制财务报表，对不同会计期间应编制各类财务报表，且必须编报齐全，不应漏编、漏报报表；凡属财务报表应当填列的报表指标，不论是表内项目还是补充资料以及附注，都应全部填列，不得漏填、漏列报表项目。

(三)说明清楚

财务报告除了报表内容格式统一以外，还需要大量的报表附注内容加以说明。在财务报表附注中应力求简洁明了，用简要的文字和数据对财务报表中主要指标构成与计算方法、特殊情况等需要加以解释的内容进行说明，以使财务报告的使用者更好地了解报告的内容和信息。

(四)指标可比

财务报告在编制时，应当保持企业不同时期的指标和同类企业之间的报表指标在计算和填列方法上尽可能口径一致，不得随意变动。如果由于特殊情况必须变动，应当在报表附注中进行说明。由此，企业内外部不同使用者可以根据财务报告所提供的信息资料在不同企业之间进行比较。

(五)报送及时

财务报告必须按照国家规定的期限及时进行编制并报送,以保证报告的时效性,使报告使用者及时了解编制单位的财务状况、经营成果及现金流量情况,同时便于有关部门及时统计。为保证财务报告的及时报送,企业的会计部门应当加强日常的核算工作,认真做好记账、结账、对账、财产清查等编制财务报告前的各项准备工作。同时要加强企业内部各部门之间以及会计人员之间的协作配合,以确保财务报告的及时编制并报送。

第二节　企业资产负债表编制

一、资产负债表的作用

资产负债表是反映企业在某一特定日期财务状况的财务报表,又称为财务状况表。资产负债表以"资产 = 负债 + 所有者权益"这一会计恒等式为基础,提供企业某一特定日期所拥有或控制的经济资源、所承担的债务以及投资者拥有企业净资产的状况。这些特定日期的资产、负债和所有者权益的信息按照一定的分类标准和顺序排列在一起,如实地反映企业的静态财务状况。

具体来说,资产负债表具有以下几个方面的作用:

(1)可以通过企业某一日期的资产总额及其结构了解企业当下拥有或控制的资源构成及其分布情况,分析资源是否合理配置。

(2)可以通过企业某一日期的负债总额及其结构了解企业目前承担的负债金额及其偿还时间,表明企业未来需要用多少资产或劳务清偿债务。

(3)可以通过企业某一日期的所有者权益总额了解投资者在企业资产中所占份额和构成情况,由此判断企业资本保值增值情况,分析企业财务结构的优劣以及负债的保障程度和企业所面临的财务风险。

总之,报表使用者可以根据资产负债表全面了解企业的资产、负债和所有者权益的静态状况,同时通过前后期资产负债表的对比分析,预测企业未来财务状况的发展趋势,从而做出相应的决策。

二、资产负债表的内容与格式

(一)资产负债表的内容

资产负债表的内容主要根据"资产 = 负债 + 所有者权益"这一会计恒等式确定,分为资产、负债、所有者权益三大部分,各部分内容分别列示。

1.资产类项目

资产类项目按流动性强弱或变现能力大小列示,分为流动资产和非流动资产。流动资产是指预计在资产负债表日起 1 年内(含 1 年)或超过 1 年的一个正常营业周期中变现、出售或耗用的资产,主要包括货币资金、交易性金融资产、应收票据、应收账款、预付账款、其他应收款、存货等项目。非流动资产是指除流动资产以外的资产，应按其性质分类列示，主要包括可供出售金融资产、持有至到期投资、长期应收款、长期股权投资、投资性房地产、固定资产、无形资产、递延所得税资产等项目。

2. 负债类项目

负债类项目按偿还债务期限的长短列示，分为流动负债和非流动负债。流动负债是指预计自资产负债表日起 1 年内或超过 1 年的一个正常营业周期中清偿的负债，主要包括短期借款、应付票据、应付账款、预收账款、应付职工薪酬、应交税费等项目。非流动负债是指除流动负债以外的负债，应按其性质分类列示，主要包括长期借款、应付债券、长期应付款、递延所得税负债等项目。

3. 所有者权益类项目

所有者权益类项目按持久程度列示，分为实收资本（或股本）、资本公积、盈余公积和未分配利润等项目。

（二）资产负债表的格式

资产负债表一般有表首、正表和附注三部分。资产负债表的格式是指资产负债表正表的列报格式，目前常见的主要有两种：账户式资产负债表和报告式资产负债表。

账户式资产负债表，也称横式资产负债表，分为左、右两方，左方列示资产项目，右方列示负债和所有者权益项目。账户式资产负债表的资产各项目合计等于负债和所有者权益各项目的合计，即资产 = 负债 + 所有者权益。账户式资产负债表格式如表 9 - 1 所示。

表 9 - 1　资产负债表（账户式）

编制单位：　　　　　　　　　　年　　　月　　　日　　　　　　　　　　单位：元

项目	期末余额	年初余额	项目	期末余额	年初余额
资产类			负债类		
流动资产			流动负债		
非流动资产			非流动负债		
			负债合计		
			所有者权益类		
			实收资本		
			资本公积		
			盈余公积		
			未分配利润		
			所有者权益合计		
资产合计			负债和所有者权益合计		

报告式资产负债表，也称垂直式资产负债表，分为上、下两个部分，上部列示资产项目，下部列示负债和所有者权益项目，按"资产 - 负债 = 所有者权益"的原理排列，其具体格式如表9-2所示。

表9-2 资产负债表(报告式)

编制单位：　　　　　　　　　年　　月　　日　　　　　　　　　单位：元

项目	期末余额	年初余额
资产类		
流动资产		
非流动资产		
资产合计		
负债类		
流动负债		
非流动负债		
负债合计		
所有者权益类		
实收资本		
资本公积		
盈余公积		
未分配利润		
所有者权益合计		
负债和所有者权益合计		

账户式资产负债表和报告式资产负债表在国外都被广泛应用。我国财务报表列报准则规定，我国企业资产负债表一律采用账户式的格式。

三、资产负债表的编制方法

根据我国财务报表列报的要求，资产负债表应按照一定的方法进行编制。资产负债表中的数据主要来自会计账簿记录，因此在编制资产负债表之前，企业需要对日常的账簿记录进行审核检查，然后根据相关账户的期末余额或有关账户合并分析或调整后的数据进行填列。

(一)资产负债表"年初余额"的填列方法

资产负债表"年初余额"栏内的各项数字，应根据上年年末资产负债表"期末余额"栏内所列数字直接填列。我国企业会计准则规定，报表列报应在各会计期间保持一致，不得随意变更。但如果本年度资产负债表规定的各个项目名称和内容同上年度不一致，应对上年末资产负债表中相关项目的名称和数字按本年度的规定进行调整，填入本表的"年初余额"栏内，并在附注中披露调整的原因和性质，以及调整的各项目金额。

(二)资产负债表"期末余额"的填列方法

资产负债表"期末余额"栏的数字一般应根据资产、负债和所有者权益类账户的期末余额填列。具体填列方法分为以下几种情况：

1. 根据总账账户的期末余额直接填列

资产负债表中的大多数项目都可以根据总账账户的期末余额直接填列，具体项目包括"交易性金融资产"、"短期借款"、"应付票据"、"应付职工薪酬"、"应交税费"、"应付利息"、"应付股利"、"其他应付款"、"预计负债"、"递延所得税负债"、"实收资本"、"资本公积"、"盈余公积"等。

2. 根据多个总账账户的期末余额分析计算填列

资产负债表中有些项目则需要根据几个总账账户的期末余额计算填列，具体项目包括"货币资金"、"存货"、"未分配利润"等。例如，"货币资金"项目，应根据"库存现金"、"银行存款"、"其他货币资金"账户期末余额之和填列。"存货"项目，应根据"材料采购"、"原材料"、"低值易耗品"、"库存商品"、"生产成本"等账户期末借方余额之和，加上或减去"材料成本差异"、"存货跌价准备"等调整类账户的期末余额后计算所得金额填列。"未分配利润"项目，应根据"本年利润"和"利润分配"总账账户期末余额之和填列。

3. 根据总账账户和明细账户的余额分析填列

资产负债表中某些项目需要根据总账账户和明细账户余额分析填列，具体项目包括"应收账款"、"应付账款"、"预收账款"、"预付账款"、"长期借款"、"应付债券"、"长期应付款"、"长期待摊费用"等。例如"长期借款"、"长期应付款"应根据总账账户期末余额扣除其明细账中将于1年内(含1年)到期且企业不能自主将清偿义务展期的长期借款后所得的金额填列，扣除部分在流动负债部分"一年内到期的非流动负债"项目中反映。"长期待摊费用"项目，应根据总账账户余额扣除将于1年内(含1年)摊销数额后的金额填列。

4. 根据有关账户余额减去其备抵账户余额后的净额填列

这些项目包括"应收账款"、"固定资产"、"无形资产"、"生产性生物资产"、"长期股权投资"、"在建工程"等。已计提减值准备的，总账账户余额在减去备抵账户余额后还应扣除相应的减值准备。例如，"应收账款"项目，应根据期末余额减去"坏账准备"账户期末余额之后的净额填列。"固定资产"项目，应减去相应的"累计折旧"、"固定资产减值准备"账户期末余额后的金额填列。

四、资产负债表的编制实例

【例9−1】　甲公司202×年12月31日有关账户的余额表如表9−3所示。

表9−3　甲公司202×年度账户余额表

202×年12月31日　　　　　　　　　　单位：元

账户名称	借方余额	贷方余额	账户名称	借方余额	贷方余额
(1)库存现金	5 000		(27)短期借款		2 400 000
(2)银行存款	3 750 000		(28)应付票据		2 617 000
(3)其他货币资金	270 000		(29)应付账款		3 680 000
(4)交易性金融资产	1 675 000		其中： 明细账借方余额合计	110 000	

续上表

账户名称	借方余额	贷方余额	账户名称	借方余额	贷方余额
(5)应收票据	1 705 000		明细账贷方余额合计		3 790 000
(6)应收账款	14 800 000		(30)预收账款		2 000 000
其中:			其中:		
明细账借方余额合计	15 450 000		明细账借方余额合计	300 000	
明细账贷方余额合计		650 000	明细账贷方余额合计		2 300 000
(7)坏账准备		315 000	(31)应付职工薪酬		225 000
(8)预付账款	850 000		(32)应交税费		835 000
其中:			(33)应付股利		4 155 000
明细账借方余额合计	875 000		(34)其他应付款		153 000
明细账贷方余额合计		25 000	(35)长期借款		5 100 000
(9)其他应收款	330 000		(36)应付债券		5 670 000
(10)材料采购	600 000		(37)长期应付款		2 800 000
(11)原材料	5 800 000		(38)实收资本		35 000 000
(12)包装物	565 000		(39)资本公积		1 635 000
(13)低值易耗品	840 000		(40)盈余公积		3 903 750
(14)材料成本差异		75 000	(41)利润分配(未分配利润)		7 841 250
(15)委托加工物资	375 000				
(16)自制半成品	1 250 000				
(17)产成品	5 685 000				
(18)存货跌价准备		265 000			
(19)长期待摊费用	2 045 000				
(20)长期应收款	750 000				
(21)长期股权投资	5 500 000				
(22)长期股权投资减值准备		120 000			
(23)固定资产	30 900 000				
(24)累计折旧		5 150 000			
(25)在建工程	4 080 000				
(26)无形资产	2 165 000				

根据以上所给资料,现试编资产负债表如表9-4所示。

表9-4 资产负债表

编制单位：甲公司　　　　　　　　　202×年12月31日　　　　　　　　　单位：元

资产	期末余额	年初余额	负债和所有者权益	期末余额	年初余额
流动资产：			流动负债：		
货币资金	4 025 000	560 000	短期借款	2 400 000	4 650 000
以公允价值计量且其变动计入当期损益的金融资产	1 675 000	100 000	以公允价值计量且其变动计入当期损益的金融负债		
衍生金融资产			衍生金融负债		
应收票据	1 705 000	175 000	应付票据	2 617 000	3 515 000
应收账款	15 435 000	14 504 000	应付账款	3 815 000	3 640 000
预付款项	985 000	90 000	预收款项	2 950 000	2 150 000
应收利息			应付职工薪酬	225 000	205 000
应收股利			应交税费	835 000	715 000
其他应收款	330 000	15 000	应付利息		
存货	14 775 000	10 361 000	应付股利	4 155 000	
持有待售资产			其他应付款	153 000	440 000
一年内到期的非流动资产			持有待售负债		
其他流动资产			一年内到期的非流动负债		900 000
流动资产合计	38 930 000	25 805 000	其他流动负债		
非流动资产：			流动负债合计	17 150 000	16 215 000
可供出售金融资产			非流动负债：		
持有至到期投资			长期借款	5 100 000	4 480 000
长期应收款	750 000		应付债券	5 670 000	250 000
长期股权投资	5 380 000	1 830 000	长期应付款	2 800 000	4 300 000
投资性房地产			专项应付款		
固定资产	25 750 000	15 610 000	预计负债		
在建工程	4 080 000	4 555 000	递延所得税负债		
工程物资			其他非流动负债		
固定资产清理			非流动负债合计	13 570 000	9 030 000
生产性生物资产			负债合计	30 720 000	25 245 000
油气资产			所有者权益：		
无形资产	2 165 000	1 285 000	实收资本（或股本）	35 000 000	19 000 000

续上表

资产	期末余额	年初余额	负债和所有者权益	期末余额	年初余额
开发支出			其他权益工具		
商誉			资本公积	1 635 000	515 000
长期待摊费用	2 045 000	700 000	减：库存股		
递延所得税资产			其他综合收益		
其他非流动资产			盈余公积	3 903 750	1 475 000
非流动资产合计	40 170 000	23 980 000	未分配利润	7 841 250	3 550 000
			所有者权益合计	48 380 000	24 540 000
资产总计	79 100 000	49 785 000	负债和所有者权益总计	79 100 000	49 785 000

第三节　企业利润表编制

一、利润表的作用

利润表是反映企业一定会计期间经营成果的财务报表。利润表是根据"收入－费用＝利润"这一会计公式编制的，提供企业一定时期内收入实现、费用耗费以及净利润实现的情况。利润表的作用在于帮助报表使用者判断净利润的质量及风险。此外将利润表和资产负债表提供的信息相结合，可以获得资产收益率、周转率等财务分析的基本资料，从而反映企业的盈利能力和周转情况。利润表也是财务报告使用者获取据以决策的会计信息的重要来源，是主要的财务报表之一。

二、利润表的内容与格式

利润表是根据"收入－费用＝利润"这一会计等式编制的。在利润表中，收入应按照其重要性分项列示；费用应当按照功能分类，划分为从事经营业务发生的成本、管理费用、销售费用和财务费用等。

利润表一般由表首和正表两部分组成，利润表的格式是指利润表正表的格式。由于不同国家和地区对财务报表的信息要求不尽相同，目前比较常用的利润表格式一般分为单步式利润表和多步式利润表两种。

(一)单步式利润表

单步式利润表是将本期所有收入相加，再把所有费用相加，然后将相加所得的两个和相减，计算得出净利润的报表，其具体格式如表9－5所示。

表 9 – 5 利润表(单步式)

编制单位:　　　　　　　　　　　　　年　　　　　　　　　　　单位:元

项目	本期金额	上期金额
一、收入		
营业收入		
公允价值变动收益		
投资收益		
资产处置收益		
其他收益		
营业外收入		
收入合计		
二、费用		
营业成本		
税金及附加		
销售费用		
管理费用		
财务费用		
资产减值损失		
营业外支出		
所得税费用		
费用合计		
三、净利润		

单步式利润表的优点是简单易懂并且便于编制,但没能反映出各类收入和费用支出间的配比关系,不便于报表使用者分析企业的收益构成情况和对企业未来盈利能力的预测,也不利于不同企业之间的比较。

(二)多步式利润表

多步式利润表是将利润表上的收入和费用项目归类后,再从营业收入经过毛利润、营业利润、利润总额,最后计算出当期净利润的报表。

与单步式利润表相比,多步式利润表中各利润指标的排列格式注意了收入和费用支出配比的层次性,并且通过分步计算净利润,准确地揭示了净利润各构成要素之间的内在联系,这样便于报表使用者对企业生产经营情况进行分析和比较;利用多步式利润表,能够将不同的获利能力指标分别反映,有利于对企业未来的获利能力进行预测。

多步式利润表由于能提供更多的信息含量,因而被世界各国广泛采用。我国《企业会计准则——财务报表列报》规定,我国企业采用多步式列报利润表。其计算过程可以分为如下几个步骤:

1.第一步，计算营业利润

计算公式如下：

营业利润＝营业收入－营业成本－税金及附加－销售费用－管理费用－财务费用－资产减值损失＋公允价值变动收益（－公允价值变动损失）＋投资收益（－投资损失）＋资产处置收益（－资产处置损失）＋其他收益

其中：

$$营业收入＝主营业务收入＋其他业务收入$$
$$营业成本＝主营业务成本＋其他业务成本$$

2.第二步，计算利润总额

计算公式如下：

$$利润总额＝营业利润＋营业外收入－营业外支出$$

3.第三步，计算净利润（或净亏损）

计算公式如下：

$$净利润（或净亏损）＝利润总额－所得税费用$$

多步式利润表的具体格式如表9－6所示。

表中，"其他综合收益"是指企业根据其他会计准则规定未在当期损益中确认的各项利得和损失。"综合收益总额"项目反映企业净利润与其他综合收益扣除所得税影响后的净额相加后的合计金额。此外，对于普通股或潜在普通股已公开交易的企业，以及处于公开发行普通股或潜在普通股过程中的企业，还应在利润表中列示每股收益的信息。每股收益又分为基本每股收益和稀释每股收益项目，应当根据每股收益准则的规定计算并填列。

表9－6　利润表（多步式）

编制单位：　　　　　　　　　　年　　　　　　　　　　单位：元

项目	本期金额	上期金额
一、营业收入		
减：营业成本		
税金及附加		
销售费用		
管理费用		
财务费用		
资产减值损失		
加：公允价值变动收益（损失以"－"号填列）		
投资收益（损失以"－"号填列）		
其中：对联营企业和合营企业的投资收益		
资产处置收益（损失以"－"号填列）		
其他收益		

续上表

项目	本期金额	上期金额
二、营业利润(亏损以"－"号填列)		
加：营业外收入		
其中：非流动资产处置利得		
减：营业外支出		
其中：非流动资产处置损失		
三、利润总额(亏损以"－"号填列)		
减：所得税费用		
四、净利润(净亏损以"－"号填列)		
五、其他综合收益的税后净额		
六、综合收益总额		
七、每股收益		
(一)基本每股收益		
(二)稀释每股收益		

三、利润表的编制方法

利润表作为一张动态的财务报表，反映企业一定期间的经营成果，其数据主要来自损益类账户的本期发生额。利润表的栏目分为"本期金额"和"上期金额"两栏。"本期金额"栏反映各项目的本期实际发生数，"上期金额"栏反映上一年度实际发生数。

"本期金额"栏的填列方法包括根据损益类账户的本期实际发生额直接填列和相关项目计算后填列。

根据损益类账户本期实际发生额直接填列的项目主要包括："营业收入"、"营业成本"、"税金及附加"、"销售费用"、"管理费用"、"财务费用"、"资产减值损失"、"公允价值变动收益(或损失)"、"营业外收入"、"营业外支出"、"所得税费用"等。

根据相关项目计算后填列的项目主要包括："营业利润"、"利润总额"、"净利润"等。

"上期金额"栏应根据上一年度同期利润表"本年金额"栏内所列数字填列。如果上期利润表与本期利润表的项目名称和内容不一致，应对上期利润表中有关项目的名称和数字按本期的规定进行调整，填入本表的"上期金额"栏内。

四、利润表的编制实例

【例9－2】　甲公司202×年各损益类账户累计发生额如表9－7所示。

表 9-7　甲公司 202×年损益类账户累计发生额

单位：元

账户名称	借方	贷方
主营业务收入		148 750 000
主营业务成本	104 450 000	
税金及附加	1 453 000	
销售费用	14 467 000	
管理费用	12 900 000	
财务费用	1 975 000	125 000
资产减值损失	50 000	
投资收益		600 000
营业外收入		700 000
营业外支出	380 000	
所得税费用	3 625 000	

根据上述资料，现试编利润表，如表 9-8 所示。

表 9-8　利润表

编制单位：甲公司　　　　　　　　202×年　　　　　　　　单位：元

项目	本期金额	上期金额
一、营业收入	148 750 000	86 250 000
减：营业成本	104 450 000	62 400 000
税金及附加	1 453 000	842 500
销售费用	14 467 000	8 832 500
管理费用	12 900 000	10 150 000
财务费用	1 850 000	1 600 000
资产减值损失	50 000	
加：公允价值变动收益（损失以"-"号填列）		
投资收益（损失以"-"号填列）	600 000	-225 000
其中：对联营企业和合营企业的投资收益		
资产处置收益（损失以"-"号填列）		
其他收益		
二、营业利润（亏损以"-"号填列）	14 180 000	2 200 000
加：营业外收入	700 000	128 380
减：营业外支出	380 000	89 575
三、利润总额（亏损以"-"号填列）	14 500 000	2 238 805
减：所得税费用	3 625 000	559 701
四、净利润（净亏损以"-"号填列）	10 875 000	1 679 104
五、其他综合收益的税后净额		
六、综合收益总额		
七、每股收益		
（一）基本每股收益		
（二）稀释每股收益		

第四节 企业现金流量表编制

一、现金流量表的作用

现金流量表是反映企业一定会计期间内现金及现金等价物流入、流出状况的财务报表。在资产负债表和利润表已经反映企业财务状况和经营成果的基础上，现金流量表进一步表明企业现金流动的整体情况，从现金流入和流出两方面汇总企业一定期间内的经营活动、投资活动和筹资活动的动态情况，以便企业投资者、债权人和其他财务报告使用者了解企业运用经济资源创造现金流量的能力，从而评价企业的未来支付投资利润能力、偿债能力和周转能力，进一步预测企业未来的现金流量。

二、现金流量表的内容与格式

现金流量表是以现金及现金等价物为基础按照收付实现制的原则编制的。我国《企业会计准则》规定，我国现金流量表的结构包括基本报表和补充资料（在附注中披露）两部分。

(一)基本报表

基本报表的内容根据企业业务活动的性质不同划分为经营活动现金流量、投资活动现金流量和筹资活动现金流量三个方面。

1.经营活动现金流量

经营活动是指企业所从事的投资活动和筹资活动以外的所有交易或事项。经营活动产生的现金流量按照性质又分为现金流入和现金流出两部分。经营活动现金流入主要包括销售商品或提供劳务收到的现金以及收到的税收返还等，经营活动现金流出主要包括购买货物或接受劳务支付的现金、支付工资、缴纳税款等。

2.投资活动现金流量

投资活动是指企业长期资产的构建和不包括在现金等价物范围内的投资及其处置活动。投资活动产生的现金流量按照性质又分为现金流入和现金流出两部分。投资活动现金流入主要包括回收投资收到的现金，取得投资收益收到的现金，处置固定资产、无形资产和其他长期资产收到的现金等；现金流出主要包括投资支付的现金，构建固定资产、无形资产和其他长期资产支付的现金等。

3.筹资活动现金流量

筹资活动是指导致企业资本及债务规模和构成发生变化的活动。筹资活动产生的现金流量按照性质又分为现金流入和现金流出两部分。筹资活动现金流入主要包括吸收投资收到的现金、发行股票收到的现金、借入借款收到的现金等，现金流出主要包括偿还债务支付的现金、分配利润和偿付利息支付的现金等。

(二)补充资料

补充资料有三项：一是将净利润调整为经营活动现金流量，二是不涉及现金收支的重大投资和筹资活动，三是现金及现金等价物净变动情况。

现金流量表的具体格式如表9－9所示。

表9－9 现金流量表

编制单位： 年 单位：元

项目	本期金额	上期金额
一、经营活动产生的现金流量		
销售商品、提供劳务收到的现金		
收到的税费返还		
收到其他与经营活动有关的现金		
经营活动现金流入小计		
购买商品、接受劳务支付的现金		
支付给职工以及为职工支付的现金		
支付的各项税费		
支付其他与经营活动有关的现金		
经营活动现金流出小计		
经营活动产生的现金流量净额		
二、投资活动产生的现金流量		
收回投资收到的现金		
取得投资收益收到的现金		
处置固定资产、无形资产和其他长期资产收回的现金净额		
处置子公司以及其他营业单位收到的现金净额		
收到其他与投资活动有关的现金		
投资活动现金流入小计		
构建固定资产、无形资产和其他长期资产支付的现金		
投资支付的现金		
取得子公司及其他营业单位支付的现金净额		
支付其他与投资活动有关的现金		
投资活动现金流出小计		
投资活动产生的现金流量净额		
三、筹资活动产生的现金流量		
吸收投资收到的现金		
取得借款收到的现金		
收到其他与筹资活动有关的现金		
筹资活动现金流入小计		
偿还债务支付的现金		
分配股利、利润或偿还利息支付的现金		
支付其他与筹资活动有关的现金		
筹资活动现金流出小计		
筹资活动产生的现金流量净额		
四、汇率变动对现金及现金等价物的影响		
五、现金及现金等价物净增加值		
加：期初现金及现金等价物余额		
六、期末现金及现金等价物余额		

现金流量表附注中披露的补充资料如表9-10所示。

表9-10 现金流量表附注

补充资料	本期金额	上期金额
1.将净利润调节为经营活动现金流量		
净利润		
加:资产减值准备		
固定资产折旧、油气资产折耗、生产性生物资产折旧		
无形资产摊销		
长期待摊费用摊销		
处置固定资产、无形资产和其他长期资产的损失(收益以"-"号填列)		
固定资产报废损失(收益以"-"号填列)		
公允价值变动损失(收益以"-"号填列)		
财务费用(收益以"-"号填列)		
投资损失(收益以"-"号填列)		
递延所得税资产减少(增加以"-"号填列)		
递延所得税负债增加(减少以"-"号填列)		
存货的减少(增加以"-"号填列)		
经营性应收项目的减少(增加以"-"号填列)		
经营性应付项目的增加(减少以"-"号填列)		
其他		
经营活动产生的现金流量净额		
2.不涉及现金收支的重大投资和筹资活动		
债务转为资本		
一年内到期的可转换公司债券		
融资租入固定资产		
3.现金及现金等价物净变动情况		
现金的期末余额		
减:现金的期初余额		
加:现金等价物的期末余额		
减:现金等价物的期初余额		
现金及现金等价物净增加额		

三、现金流量表的编制方法

与基于权责发生制的资产负债表和利润表不同的是,现金流量表是基于收付实现制编制的财务报表,因而需要将按照权责发生制确认的净利润调整为按照收付实现制确认的经营活动现金流量。编制现金流量表的方法有直接法和间接法两种。

直接法是通过现金流入、流出的主要类别,直接根据企业有关账户的会计记录分析填列,反映来自企业经营活动的现金流量。这种方法下,凡不涉及现金的收入、费用及营业外收支项目均不需列入现金流量表。

间接法是根据利润表中的净利润，调整为现金流量，即从净利润中加上未支付现金的支出，如折旧、摊销等，再减去未收到现金的销货应收款等项目，求出实际的现金流量。

我国财政部规定，企业应采用直接法报告经营活动的现金流量，同时采用间接法在现金流量表补充资料中披露将净利润调节为经营活动现金流量的信息。具体操作时通常是先编制工作底稿，然后根据工作底稿来编制现金流量表。

第五节　企业所有者权益变动表编制

一、所有者权益变动表的作用

所有者权益变动表是反映企业一定时期股权构成与各个组成部分增减变化情况的财务报表。所有者权益变动表提供了企业一定时期所有者权益的变动情况，不仅包括所有者权益总量的增减变动，也包括所有者权益变动的重要结构性信息，尤其反映直接计入所有者权益的利得和损失。所有者权益变动表在一定程度上体现了企业的综合收益，便于报表使用者准确理解所有者权益增减变动的根源，从而对企业的保值增值情况做出正确判断。

二、所有者权益变动表的内容与格式

所有者权益变动表也是一张动态报表，其组成部分包括：实收资本、资本公积、库存股、盈余公积和未分配利润的当期增减情况。根据《企业会计准则——财务报表列报》的规定，所有者权益变动表至少应单独列示反映下列信息的项目：

(1)净利润。

(2)会计政策变更和前期差错更正的累积影响金额。

(3)所有者投入资本和向所有者分配利润等。

(4)按规定提取的盈余公积。

(5)所有者权益各组成部分的期初和期末余额及其调整情况。

所有者权益变动表以矩阵的形式列示：一方面，按照所有者权益各组成部分及总额列示交易或事项对所有者权益的影响；另一方面，列示导致所有者权益变动的交易或事项。

所有者权益变动表的具体格式如表9－11所示。

三、所有者权益变动表的编制要求

"上年金额"栏应根据上一年度所有者权益变动表"本年金额"栏内所列数字填列。如果上一年度所有者权益变动表与本年所有者权益变动表的项目名称和内容不一致，应对上一年度所有者权益变动表中有关项目的名称和数字按本年度的规定进行调整，填入本表的"上年金额"栏内。

"本年金额"栏应根据"实收资本"、"资本公积"、"库存股"、"盈余公积"、"未分配利润"等账户的发生额分析列示。

所有者权益变动表各项目应按照规定的方法编制。

表9－11　所有者权益变动表

编制单位：　　　　　　　　　　　　　　　　　　年　　　　　　　　　　　　　　　　　　　　　　　　　　　　　单位：元

项目	本年金额							上年金额						
	实收资本（或股本）	资本公积	减：库存股	其他综合收益	盈余公积	未分配利润	所有者权益合计	实收资本（或股本）	资本公积	减：库存股	其他综合收益	盈余公积	未分配利润	所有者权益合计
一、上年年末余额														
加：会计政策变更														
前期差错更正														
二、本年年初余额														
三、本年增减变动金额（减少以"-"号填列）														
（一）综合收益总额														
（二）所有者投入和减少资本														
1. 所有者投入资本														
2. 股份支付计入所有者权益的金额														
3. 其他														
（三）利润分配														
1. 提取盈余公积														
2. 对所有者（或股东）的分配														
3. 其他														
（四）所有者权益内部结转														
1. 资本公积转增资本（或股本）														
2. 盈余公积转增资本（或股本）														
3. 盈余公积弥补亏损														
4. 其他														
四、本年年末余额														

本年年初余额＝各项目上年年末余额＋会计政策变更和前期差错更正

本年年末余额＝本年年初余额±本年增减变动金额

本年增减变动金额＝净利润＋直接计入所有者权益的利得和损失＋所有者投入和减少资本＋利润分配＋所有者权益内部结转

第六节　企业会计报表附注的内容

会计报表附注是对会计报表的补充说明，也是财务会计报告的重要组成部分。会计报表附注是指对会计报表中列示项目的进一步文字描述和说明，以及对未能在这些会计报表中列示的项目的说明等。

会计报表附注应当按照规定披露附注信息，其主要内容包括以下方面：

一、企业的基本情况

（1）企业的注册地、组织形式和总部地址；

（2）企业的业务性质和主要经营活动，如企业所处行业、所提供的主要产品或服务、客户性质等；

（3）公司名称；

（4）财务报告的批准者和批准报出日。

二、财务报表的编制基础

企业应声明在持续经营的基础上进行财务报表列报，且根据实际发生的交易和事项按照有关法律规定进行确认和计量。

三、遵循企业会计准则的声明

企业应声明编制的财务报表符合企业会计准则的要求，真实、完整地反映了企业的财务状况、经营成果和现金流量等有关信息。

四、重要会计政策和会计估计

企业应当披露重要的会计政策的确定依据和财务报表项目的计量基础，不重要的会计政策可以不进行披露；同时企业需要对会计估计中所采用的关键假设和不确定因素的确定依据进行披露。

五、会计政策和会计估计变更以及差错更正的说明

企业应按照企业会计准则的规定，披露有关会计政策和会计估计变更以及差错更正的信息。

六、报表重要项目的说明

企业应按资产负债表、利润表、现金流量表、所有者权益变动表的顺序及其项目列示的

顺序，以文字和数字描述相结合的方式进行披露，报表重要项目的构成或当期增减变动情况，同时报表重要项目的明细金额合计，应当与报表项目金额相衔接。

七、其他需要说明的重要事项

其他需要说明的重要事项包括或有和承诺事项、资产负债表日后非调整事项、关联方关系及其交易等，具体的披露要求须遵循相关企业会计准则的规定。

第七节　企业财务报告分析

一、财务报告分析的作用

企业财务报告分析，就是运用一定的技术分析方法，对财务报告提供的有关资料进行计算分析、评价判断的行为过程。

通过财务报告分析，可评价企业的财务状况、经营成果以及现金流量的状况，预测企业的发展前景，以便财务报告使用者对企业做出正确的判断和决策。

对于财务报告使用者来说，相对于财务报告本身的数据，更有意义的是数据与数据之间的关系。财务报告分析的目的就在于通过动态使用财务报告，揭示数据之间的关系，指出其变动趋势，从而提高会计报告信息的决策相关性，促进企业内部管理，并为外部投资者提供决策依据，促进证券市场正常运行。

二、财务报告分析的指标

财务报告中有大量的数据，可以采用比率计算的方法分析这些数据之间的相关性，对财务报告进行评价和判断。财务报告分析一般围绕企业的营运能力、偿债能力、营利能力和发展能力这四个方面进行。

（一）营运能力分析

营运能力是指企业资产管理效率的高低。衡量企业营运能力的指标主要包括应收账款周转率、存货周转率、流动资产周转率等。

1. 应收账款周转率

应收账款周转率是指企业赊销收入净额与应收账款平均余额之间的比率，是分析企业年内应收账款转为现金的平均速度，衡量企业应收账款周转速度和管理效率的指标。其计算公式如下：

$$应收账款周转率（次）=\frac{赊销收入净额}{平均应收账款余额}$$

$$平均应收账款余额=\frac{期初应收账款余额+期末应收账款余额}{2}$$

一般来说，应收账款周转率越高，意味着企业平均收回货款的速度越快，应收账款的管理效率越高，资产的流动性越强，可以减少和避免坏账损失的发生。然而，过高的应收账款周转率，也可能表明企业在赊销政策方面过于严苛，从而限制企业销售量的扩大，降低企业的营利水平。

应收账款的周转速度也可以用应收账款周转天数体现，即应收账款每周转一次所需要的天数。其计算公式如下：

$$应收账款周转天数 = \frac{365}{应收账款周转率(次)}$$

2. 存货周转率

存货周转率是指企业销货成本与存货平均余额之间的比率，是分析企业某一期间存货转为现金的平均速度，衡量企业销售商品能力及存货管理水平的指标。其计算公式如下：

$$存货周转率(次) = \frac{销货成本}{平均存货余额}$$

$$平均存货余额 = \frac{期初存货余额 + 期末存货余额}{2}$$

一般来说，存货周转率越高，意味着企业存货周转的速度越快，存货的占用水平越低，变现速度越快，资产的流动性越强。然而，过高的存货周转率，也可能表明企业在存货管理方面经常缺货，采购频繁，由于库存不足可能丧失销售机会，缺货风险较大。此外，在使用存货周转率这一指标时，需注意发出存货计价的会计处理方式（先进先出法、加权平均法、个别计价法）的不同，会产生不同的影响。

存货的周转速度也可以用存货周转天数体现，即存货每周转一次所需要的天数。其计算公式如下：

$$存货周转天数 = \frac{365}{存货周转率(次)}$$

3. 流动资产周转率

流动资产周转率是指企业销售收入净额与平均流动资产总额之间的比率，是分析企业流动资产周转能力的指标。其计算公式如下：

$$流动资产周转率(次) = \frac{销售收入净额}{平均流动资产总额}$$

$$平均流动资产总额 = \frac{期初流动资产总额 + 期末流动资产总额}{2}$$

流动资产周转率越高，意味着企业周转速度越快，资源的利用效率越高。同样，流动资产的周转速度也可以用流动资产周转天数来体现。其计算公式如下：

$$流动资产周转天数 = \frac{365}{流动资产周转率(次)}$$

（二）偿债能力分析

偿债能力是指企业偿付到期债务的能力。衡量企业偿债能力的指标主要包括流动比率、速动比率、资产负债率等。

1. 流动比率

流动比率是指企业流动资产与流动负债之间的比率，是分析企业用流动资产去偿付流动负债的能力，衡量企业资金流动性大小的指标。其计算公式如下：

$$流动比率 = \frac{流动资产}{流动负债}$$

流动比率越高，表明企业拥有足够的流动资产来偿还负债。但是从企业经营的角度来看，流动比率过高，可能意味着企业有过多的资金滞留在流动资产上，因而影响这部分资金的使用效率，导致企业的盈利能力降低。一般来说，流动比率保持在 2:1 较为合适。

然而合适的流动比率也并不一定表明企业有足够的现金可以偿债，因为流动资产也可能是存货或应收账款，因此，还要进行进一步分析。

2. 速动比率

速动比率是指企业速动资产与流动负债之间的比率，是分析企业用随时可以变现的资产去偿付流动负债的能力，衡量企业近期偿债能力的指标。其计算公式如下：

$$速动比率 = \frac{速动资产}{流动负债}$$

速动比率在计算公式中将存货从流动资产中剔除，因为存货的价值具有较大的不确定性，并且变现的速度较慢。速动比率越高，表明企业偿还流动负债的能力越强。但是从另一方面来看，为了在偿债能力和盈利能力之间找到一个平衡，企业并不愿意将速动比率维持在一个过高的水平上。一般来说，速动比率保持在 1:1 较为合适。

3. 资产负债率

资产负债率是指负债总额与资产总额之间的比率，是分析企业总资产中债权人所提供部分的比重，衡量如果企业发生清算，债权人利益受保护程度的指标。其计算公式如下：

$$资产负债率 = \frac{负债总额}{资产总额}$$

资产负债率越高，意味着企业总资产中债权人所提供的部分越多，企业负债压力便越大，债权人的债权保障程度就越低。一般来说，资产负债率保持在 0.5 较为合适。

（三）营利能力分析

营利能力又称为获利能力，是指企业获取利润的能力。衡量企业营利能力的指标主要包括销售利润率、净资产报酬率、总资产报酬率等。

1. 销售利润率

销售利润率是指企业利润与销售收入之间的比率，即每 1 元销售收入所获得的利润，是分析企业销售收入收益水平的指标。其计算公式如下：

$$销售利润率 = \frac{营业利润额}{销售收入额} \times 100\%$$

销售利润率越高，意味着企业销售收入的收益水平越高，企业营利能力越强。

2. 净资产报酬率

净资产报酬率也称为所有者权益报酬率，是指企业净利润与净资产的比率，是分析企业营利能力的重要指标。其计算公式如下：

$$净资产报酬率 = \frac{净利润}{净资产平均余额} \times 100\%$$

$$净资产平均余额 = \frac{期初净资产余额 + 期末净资产余额}{2}$$

净资产报酬率越高，意味着企业投资者自有资本获取净收益的能力越强，享有的净利润越高，企业的营利能力越强；反之则相反。

3.总资产报酬率

总资产报酬率是指企业净利润与资产总额之间的比率，反映企业运用全部资产的营利能力。其计算公式如下：

$$总资产报酬率 = \frac{净利润}{平均资产总额} \times 100\%$$

$$平均资产总额 = \frac{期初资产总额 + 期末资产总额}{2}$$

总资产报酬率越高，意味着企业投入产出水平越高，资产利用效果越好，企业营利能力越强；反之则相反。

(四)发展能力分析

发展能力是指企业经营规模、财务成果等增长的能力。衡量企业发展能力的指标主要包括销售增长率、总资产增长率等。

1.销售增长率

销售增长率是指企业本年销售收入较上年销售收入的增长额与上年销售收入之比，是分析企业发展能力的基本指标。其计算公式如下：

$$销售增长率 = \frac{本年销售增长额}{上年销售收入} \times 100\%$$

销售增长率越高，意味着企业销售收入增长速度越快，市场前景越好；反之，如果销售增长率为负，表明企业销售收入下降，市场份额萎缩。

2.总资产增长率

总资产增长率是指企业本年总资产较同年年初总资产的增长额与年初资产总额之比，是分析企业发展能力的补充指标。其计算公式如下：

$$总资产增长率 = \frac{本年总资产增长额}{年初资产总额} \times 100\%$$

总资产增长率越高，意味着企业资产规模的扩张速度越快；反之，如果总资产增长率为负，则表明企业资产减少，规模缩小。

复习思考题

1.财务报告有什么作用？
2.编制财务报告的基本要求是什么？
3.财务报表有哪几种？它们的基本内容是什么？作用是什么？
4.对于一家企业，可以从哪几方面进行财务分析？具体的财务分析指标有哪些？

练习一

【目的】练习资产负债表的编制。

【资料】甲公司为增值税一般纳税人，适用的增值税税率为13%。原材料和库存商品均按实际成本核算，商品售价不含增值税，其销售成本随销售同时结转。202×年1月1日资产负债表(简表)如下：

资产负债表(简表)

编制单位：甲公司　　　　　　　　202×年1月1日　　　　　　　　单位：万元

资产	年初余额	负债和所有者权益	年初余额
货币资金	200	短期借款	100
交易性金融资产	70	应付账款	100
应收票据	60	应付票据	40
应收账款	60	应付职工薪酬	20
预付款项	10	应交税费	50
存货	300	应付利息	40
固定资产	1 000	长期借款	300
在建工程	100	实收资本	1 100
无形资产	70	盈余公积	100
长期待摊费用	10	未分配利润	30
资产总计	1 880	负债和所有者权益总计	1 880

202×年甲公司发生如下交易或事项：

1. 购入材料一批，发票账单已经收到，增值税专用发票上注明的货款为100万元，增值税额为13万元。材料已验收入库，款项已经支付。

2. 销售库存商品一批，该批商品售价为300万元，增值税为39万元，实际成本为220万元，商品已发出。该批销售符合收入确认条件，款项尚未收到。

3. 计算并确认短期借款利息7万元。

4. 计算并确认坏账准备2万元。

5. 计提行政管理部门用固定资产折旧10万元。

6. 分配工资费用，其中企业行政管理人员工资10万元，在建工程人员工资5万元。

7. 计算并确认应交城市维护建设税3万元(教育费附加略)。

8. 转销无法支付的应付账款30万元。

9. 本年度实现利润总额100万元，所得税费用和应交所得税均为25万元(不考虑其他因素)；提取法定盈余公积7.5万元。

【要求】

1. 编制甲公司202×年度上述交易或事项的会计分录(不需编制各损益类科目结转本年利润以及利润分配的有关会计分录)。

2. 填列甲公司202×年12月31日的资产负债表。

资产负债表(简表)

编制单位：甲公司 202×年12月31日 金额单位：万元

资产	年末余额	计算过程	负债和所有者权益	年末余额	计算过程
货币资金			短期借款		
交易性金融资产			应付账款		
应收票据			应付票据		
应收账款			应付职工薪酬		
预付款项			应交税费		
存货			应付利息		
固定资产			长期借款		
在建工程			实收资本		
无形资产			盈余公积		
长期待摊费用			未分配利润		
资产总计			负债和所有者权益总计		

练习二

【目的】练习利润表的编制。

【资料】长江公司属于工业企业，为增值税一般纳税人，适用13%的增值税税率，售价中不含增值税。商品销售时，同时结转成本。202×年11月30日损益类有关科目的余额如下表所示：

科目名称	借方余额	科目名称	贷方余额
主营业务成本	1 000	主营业务收入	1 750
税金及附加	14.5	其他业务收入	50
其他业务成本	30	投资收益	40
销售费用	40	营业外收入	30
管理费用	250	公允价值变动损益	30
财务费用	20		
资产减值损失	80		
营业外支出	17		

202×年12月份长江公司发生如下经济业务：

1. 销售商品一批，增值税专用发票上注明的售价为200万元，增值税为26万元，款项尚未收到。该批商品的实际成本为 120 万元。

2. 本月发生应付职工薪酬 150 万元，其中生产工人工资 100 万元，车间管理人员工资 10 万元，厂部管理人员工资 25 万元，销售人员工资 15 万元。

3. 本月收到增值税返还 50 万元。

4. 本月摊销自用无形资产成本 20 万元。

5. 本月主营业务应交城市维护建设税 5 万元、教育费附加 0.5 万元。

6. 12 月 31 日，某项交易性金融资产公允价值上升 2 万元。

7. 12 月 31 日，计提坏账准备 5 万元，计提存货跌价准备 10 万元。

8. 12 月 1 日以 100 万元取得一项可供出售金融资产，12 月 31 日其公允价值为 120 万元。

9. 该期所得税费用为 145 万元。（此笔业务不用做分录）

【要求】

1. 编制长江公司 202×年 12 月份相关业务的会计分录。

2. 编制长江公司 202×年度利润表。

利润表

编制单位：长江公司 　　　　　　　202×年 　　　　　　　单位：万元

项目	本期金额
一、营业收入	
减：营业成本	
税金及附加	
销售费用	
管理费用	
财务费用	
资产减值损失	
加：公允价值变动收益（损失以"－"号填列）	
投资收益（损失以"－"号填列）	
资产处置收益（损失以"－"号填列）	
其他收益	
二、营业利润（亏损以"－"号填列）	
加：营业外收入	
减：营业外支出	
三、利润总额（亏损总额以"－"号填列）	
减：所得税费用	
四、净利润（净亏损以"－"号填列）	

练习三

【目的】练习现金流量表项目的计算。

【资料】甲股份有限公司 202×年有关资料如下：

1. 当期销售商品实现收入 100 000 元；应收账款期初余额 20 000 元，期末余额 50 000 元；预收账款期初余额 10 000 元，期末余额 30 000 元。假定不考虑坏账准备和增值税因素。

2. 当期用银行存款支付购买原材料货款 48 000 元，当期支付前期的应付账款 12 000 元，当期购买原材料预付货款 15 000 元，当期因购货退回现金 6 000 元。

3. 当期实际支付职工工资及各种奖金 44 000 元。其中，生产经营人员工资及奖金 35 000 元，在建工程人员工资及奖金 9 000 元。另外，用现金支付离退休人员退休金 7 000 元。

4. 当期购买工程物资预付货款 22 000 元，向承包商支付工程款 16 000 元。

5. 当期购入某公司股票 1 000 股，实际支付全部价款 14 500 元。其中，相关税费 200 元，已宣告但尚未领取的现金股利 300 元。

6. 当期发行面值为 80 000 元的企业债券，扣除支付的佣金等发行费用 8 000 元后，实际收到款项 72 000 元。另外，为发行企业债券实际支付审计费用 3 000 元。

7. 当期用银行存款偿还借款本金 60 000 元，偿还借款利息 6 000 元。

8. 当期用银行存款支付分配的现金股利 30 000 元。

【要求】根据上述资料，计算甲股份有限公司现金流量表中下列项目的金额：

1. "销售商品、提供劳务收到的现金"项目。

2. "购买商品、接受劳务支付的现金"项目。

3. "支付给职工以及为职工支付的现金"项目。

4. "购建固定资产、无形资产和其他长期资产所支付的现金"项目。

5. "投资支付的现金"项目。

6. "吸收投资收到的现金"项目。

7. "偿还债务支付的现金"项目。

8. "分配股利、利润或偿付利息支付的现金"项目。

第九章复习思考题及
练习题答案

图书在版编目（CIP）数据

基础会计学 / 李红梅等主编. —2 版. —长沙：
中南大学出版社，2020.2
ISBN 978 - 7 - 5487 - 3965 - 4

Ⅰ. ①基… Ⅱ. ①李… Ⅲ. ①会计学 Ⅳ. ①F230

中国版本图书馆 CIP 数据核字（2020）第 012576 号

基础会计学（第二版）

主编 李红梅 张 波 李香花 李世辉

□**责任编辑** 彭达升
□**责任印制** 易红卫
□**出版发行** 中南大学出版社

社址：长沙市麓山南路　　　　邮编：410083
发行科电话：0731 - 88876770　　传真：0731 - 88710482

□**印　　装** 长沙雅鑫印务有限公司

□**开　　本** 787 mm×1092 mm 1/16　□**印张** 15.75　□**字数** 400 千字
□**版　　次** 2020 年 2 月第 1 版　□2020 年 2 月第 1 次印刷
□**书　　号** ISBN 978 - 7 - 5487 - 3965 - 4
□**定　　价** 40.00 元